EVA-MARIA KRÄMER

DER KOSMOS
HUNDE
FÜHRER

EVA-MARIA KRÄMER

DER KOSMOS
HUNDE
FÜHRER

**Mit allen FCI-Hunderassen
aktualisierte Neuausgabe**

**FRANCKH-
KOSMOS**

Mit 380 Farbfotos von Dähler (1), Gaudois (1), Hiemstra (1), Hippler (1), Ilbeck (2), Izakova (1), Japan Kennel Club (2), Kleinschmidt (1), Kocbec (5), Kotulla (1), Kováčová-Pecárová (11), Krämer (341), Lindgren (1), Lissner (1), Pcholkin/Axelrod (1), Polk (1), Popelier (4), Reinhard/Okapia (1), Schmidt (1), Svenska Kennel Klubben (1), Takahara (1), Vavourakis (1) und Wemmer (1).

Umschlaggestaltung von T. Beyer-Eynck, Berlin, unter Verwendung von 4 Fotos der Autorin. Die Umschlagvorderseite zeigt einen Hollandse Smoushond (oben links), einen Shetland Sheepdog (oben rechts), einen Rauhhaarteckel (Mitte) und eine Familie Polnischer Hirtenhunde (Owczarek Podhalanski, unten), die Umschlagrückseite die Autorin mit einem Bobtailwelpen. (Foto: C. Dunkel).

Auf Seite 2 sind zwei Pointer abgebildet.

Die Deutsche Bibliothek – CIP-Einheitsaufnahme

Der **Kosmos-Hundeführer** : mit allen FCI-Hunderassen / Eva-Maria Krämer. – Aktualisierte Neuausg. – Stuttgart : Franckh-Kosmos, 1995
    ISBN 3-440-07153-7
NE: Krämer, Eva-Maria

3. Auflage
© 1995, Franckh-Kosmos
Verlags-GmbH & Co., Stuttgart
Alle Rechte vorbehalten
ISBN 3-440-07153-7
Lektorat 1. Aufl.: Iris Kick
Lektorat 2. und 3. Aufl.: Angela Wolf
Herstellung: Die Herstellung, Stuttgart
Printed in Germany / Imprimé en Allemagne
Satz: G. Müller, Heilbronn
Reproduktion: Master Image Pte. Ltd., Singapur
Druck und buchbinderische Verarbeitung: Druckhaus Neue Stalling GmbH & KG, Oldenburg

Der Kosmos-Hundeführer

Zu diesem Hundeführer

Für mich war die Zusammenstellung dieses Hundeführers ein mehr als 10jähriges Abenteuer, das sicherlich mit Erscheinen des Buches nicht zu Ende ist, denn immer wieder tauchen neue Hunderassen auf, oder Neues über vorhandene wird bekannt. Der Aufbau meines Foto- und Informationsarchivs führte mich durch ganz Europa, von Ungarn bis Schottland, von Portugal bis Norwegen. Bis auf wenige Ausnahmen konnte ich alle Rassen selbst fotografieren, sie dabei kennenlernen und wertvolle Informationen sammeln. Meine Recherchen gingen oft abenteuerliche Wege, führten kreuz und quer durch die Welt von Japan über Amerika nach Rußland und Australien. Kontakte mit Züchtern von längst vergessenen Rassen kamen über Botschaften zustande, der Zufall spielte manchmal eine Rolle, wie beim Cane Corso aus Italien, auf den ich in letzter Minute über eine amerikanische Hundezeitung stieß. Ich danke an dieser Stelle für die unersetzliche Hilfe meiner ausländischen Freunde, insbesondere Dr. Alzbeta Kováčová-Pecárová, ohne die ich einige osteuropäische Rassen nicht hätte aufnehmen können, Branka und Marjan Kocbek, die für mich die seltenen jugoslawischen Rassen aufspürten, Manuel Borges, Joao Valente und Marleen van Wolferen, die mir bei den portugiesischen Rassen halfen,

Tonny Popelier und Madeleine Hiemstra, ohne die ich die vielen Laufhunde nicht bewältigt hätte. Dank den Vertretern der Rassezuchtvereine, mit denen ich die Texte abstimmen durfte, insbesondere Paul Kühlwetter für seine Jagdhundeberatung. Dank auch den Hundebesitzern, die mir mit viel Geduld ihre Vierbeiner als Fotomodelle zur Verfügung stellten, und last, not least meinem Mann, ohne dessen Verständnis das Buch nie zustande gekommen wäre. Danken möchte ich auch Frau Iris Kick vom Verlag für die ausgesprochen angenehme Zusammenarbeit, Voraussetzung für das Gelingen des Werks.

Der Hundeführer enthält alle FCI- und von nationalen Verbänden anerkannten Rassen ebenso wie nicht offiziell anerkannte, die zum Teil zuchtbuchmäßig erfaßt werden bzw. „Rassen", die für bestimmte Aufgaben gezielt gezüchtet werden, die aber nicht unbedingt reinrassig sein müssen. Sicherlich gibt es davon noch mehr, und die Grenze zu ziehen war manchmal schwer. So ließ ich einige amerikanische „Rassen" weg, weil sie praktisch für Europa bedeutungslos sind.

Wenn dieser Hundeführer dem Hundefreund interessante Lektüre bietet und dem angehenden Hundebesitzer hilft, seinen passenden Gefährten zu finden, hat er seine Aufgabe erfüllt.

Lohmar, im Frühjahr 1990   *Eva-Maria Krämer*

Vorwort zur 3. Auflage

Der Hundeführer hat erfreulich hohen Anklang bei Hundefreunden in aller Welt gefunden und ist zu einem Standardwerk geworden. Ich freue mich, Ihnen eine neue, überarbeitete Ausgabe vorlegen zu können. Wie erwartet, sind neue Rassen hinzugekommen, totgeglaubte wieder aufgelebt, andere endgültig verschwunden.

Einiges Kopfzerbrechen bereitet die Auflösung der Sowjetunion. Das Hundewesen in diesem Gebiet ist dabei, sich zu organisie-

ren. Bis zur nächsten Neuauflage können wir vielleicht FCI-anerkannte Dachverbände nenen und die verschiedenen Rassen, jeweils national anerkannt, zuordnen. Im Augenblick ist dies leider nicht möglich. Auch die Staaten des ehemaligen Jugoslawien müssen die nationale Zuordnung ihrer Rassen klären; noch sind alle Rassen offiziell „jugoslawische Rassen".

Ich wünsche den Lesern auch für dieses Buch Lesespaß und Information rund um die Rassehunde dieser Welt.

Seelscheid, im Frühjahr 1995   *Eva-Maria Krämer*

Rassehunde – Rassezucht

Die systematische Rassezucht und damit auch die Gründung der Vereine zur Erhaltung bestimmter Rassen fällt in Deutschland auf das Ende des vorigen Jahrhunderts. 1863 fand die erste Hundeausstellung in Hamburg statt, 1880 wurde der erste Rassezuchtverband gegründet, weitere folgten.

Die Rassezuchtvereine sind unter dem VDH, dem Verband für das Deutsche Hundewesen e.V., zusammengeschlossen, der wiederum Mitglied der FCI, Fédération Cynologique Internationale in Thuin, Belgien, ist. Als internationalem Dachverband unterliegt der FCI u.a. die Vereinheitlichung des Ausstellungs- und Zuchtwesens und der Rassestandards in allen ihr angeschlossenen Ländern der Erde. Es handelt sich hier um die Mehrzahl aller Länder, in denen Rassehundezucht betrieben wird. Der vom Mutterland einer Rasse erstellte Standard, der von der FCI anerkannt wurde, ist bindend für alle ihr angeschlossenen Zuchtverbände.

Es gibt jedoch eine ganze Reihe anderer nationaler und internationaler Verbände, die ebenfalls die Rassehundezucht verfolgen, aber nicht der FCI angeschlossen sind.

Die hohe Anpassungsfähigkeit an die Umwelt und das soziale Rudelleben des Wolfes waren Voraussetzung für die Entwicklung des Haushundes. Die Vielfalt der Hunderassen ist nicht nur durch die verschiedenen Verwendungszwecke der gezüchteten Tiere, sondern auch durch ihre unterschiedliche Größe, Haarbeschaffenheit, Farbe und Gebäudeform entstanden. Die bis zum Beginn der Rassezucht übliche Kreuzung verschiedener Rassen nach den Gesichtspunkten der Gebrauchstüchtigkeit hatte zur Ausbildung aller nur denkbaren Varianten geführt, die nun rein weitergezüchtet wurden. Durch züchterische Auslese und Kreuzungen sind auch in neuerer Zeit neue Rassen entstanden, z.B. Eurasier, Kromfohrländer, Pudelpointer. In jüngster Zeit finden immer häufiger bodenständige, sehr einheitliche Hundetypen aus aller Herren Länder Anerkennung als Rassehunde, z.B. Spanischer Wasserhund, Anatolischer Hirtenhund oder Thai Ridgeback.

Aufgabe der Rassezuchtvereine ist die Überwachung der Zucht nach tierschützerischen Gesichtspunkten, die Wahrung der Reinrassigkeit und die Zugrundelegung des Standards bei der Zucht. Hierzu werden Zuchtbestimmungen erstellt. Nur der Züchter, der sich ganz genau daran hält, kann seine Welpen in das Zuchtbuch des Rassezuchtvereins eintragen lassen. Jeder Welpe bekommt damit eine Ahnentafel ausgestellt, die Aufschluß über seine Vorfahren über einige Generationen hinweg gibt. Die Ahnentafel ist der Garantieschein für die Reinrassigkeit eines Hundes und Voraussetzung für die Zulassung zu Zuchtschauen und der Zucht. Dem Züchter erschließt sie außerdem die Qualität der Vorfahren und damit den Zuchtwert eines Hundes. Die Ahnentafel ist demnach das wesentliche Dokument für die Rassehundezucht überhaupt.

In den letzten Jahren geriet die Rassehundezucht in Mißkredit. Nicht ganz zu Unrecht, denn wo gewisse Menschen ein Geschäft wittern, machen sie vor übelsten Praktiken nicht halt, um ihren Geldbeutel zu füllen. Auf Masse und Profit gezüchtete Welpen haben keine artgerechte Aufzucht, sind oft verhaltensgestört und krank. Aber es gibt auch Züchter, die sich an alle Bestimmungen halten und keinen Gewinn anstreben, jedoch vom Erfolgszwang auf Schönheitsschauen so getrieben werden, daß sie skrupellos mit Hunden züchten, die sie ihrem Ziel näherbringen, jedoch vom gesundheitlichen oder charakterlichen Standpunkt aus nicht zur Zucht verwendet werden dürften. Der unkritische Käufer fördert und finanziert die schwarzen Schafe unter den Hundezüchtern! Schrecken Sie nicht vor dem Kauf eines Rassehundes zurück, bedenken Sie jedoch, daß eine Hunderasse nicht einem Markenzeichen gleichzusetzen ist, mit dem Fließbandprodukte gekennzeichnet werden. Der richtige Hund beim richtigen Herrn ist das Geheimnis vieler gemeinsamer, glücklicher Jahre. Die richtige Partnerwahl unter der Vielzahl reizvoller Hunderassen zu treffen, soll Ihnen der Hundeführer erleichtern.

Einige Tips zum Kauf eines Rassehundes

Der erste Schritt vor der Anschaffung eines Hundes sollte eine kritische Selbstprüfung sein: Habe ich Zeit und Platz für einen Hund, will ich mich eingehend mit seinen Bedürfnissen befassen, kann ich ihn mir leisten? Ist man sich seiner Möglichkeiten und Wünsche bewußt, muß nüchtern überlegt werden, welche Rasse sinnvoller Weise in Frage kommt. Aussehen alleine darf nicht ausschlaggebend sein. Bedürfnisse, Eigenarten, Auslauf und Pflegeaufwand müssen abgewogen werden. Der größte Vorteil des Rassehundes gegenüber dem Mischlingshund ist, daß man ziemlich genau im voraus weiß, was man sich mit dem Welpen ins Haus holt. Mischlinge dagegen stecken voller – nicht immer angenehmer – Überraschungen. Meiden Sie jedoch unbedingt Rassen, deren Äußeres die Lebensqualität der Hunde einschränkt, und fördern deren Zucht nicht durch Ihre Nachfrage! Erfragen Sie beim VDH Ausstellungstermine, wo Sie die Rasse Ihrer Wahl leibhaftig bewundern und unverbindliche Kontakte knüpfen können. Besorgen Sie sich ein Buch, das nur dieser Rasse gewidmet ist. Besuchen Sie stets mehrere Züchter und kaufen Ihren Welpen dort, wo die Hunde Ihren Vorstellungen entsprechen und die Welpen eine menschbezogene Aufzucht genießen, d. h. Vertrauen zum Menschen deutlich zeigen. Rassehundezucht ist teuer und aufwendig. Welpenpreise um die DM 1000,– und mehr sind nicht ungewöhnlich. Vorsicht bei Billigangeboten, renommierte Züchter haben in der Regel keine Absatzschwierigkeiten! Bei keiner Rasse sind ängstliche oder aggressive Hunde in friedlicher Situation normal. Natürlich darf jeder Hund den Eindringling verbellen und je nach Rasse auch böse werden, aber unter der freundlichen Einwirkung des Züchters muß er sich in Gegenwart der Fremden beruhigen und neutral verhalten. Belasten Sie sich nicht mit einem Hund, der nervlich unserer Umwelt nicht gewachsen ist oder für die Menschen eine Bedrohung darstellt. Akzeptieren Sie keine Ausreden und Entschuldigungen, gehen Sie zum nächsten Züchter.

Bei der Rassewahl sollte man bedenken, daß sehr große Hunde eine relativ geringe Lebenserwartung haben. Einige Rassen leiden unter Erbkrankheiten. Stärkste allgemeine Bedrohung dürfte die Hüftgelenksdysplasie (HD) sein. Kaufen Sie nur von Elterntieren, die geröntgt und möglichst frei von HD sind. Fragen Sie bei dem Rassezuchtverein, ob und welche Krankheiten es gibt. In der Regel sehen die Zuchtbestimmungen die Bekämpfung vor. Ich habe bewußt auf das Aufführen solcher Krankheiten und Mängel verzichtet, weil ich sie nicht von allen Rassen weiß, meist nur wenige Hunde einer Rasse betroffen sind und bei entsprechender züchterischer Bekämpfung ein Problem von heute morgen keines mehr ist oder eine heute „gesunde" Rasse morgen schon Probleme haben kann. Auch der sorgfältigste Züchter kann nur bis zu einem gewissen Grade für die Gesundheit eines Welpen verantwortlich zeichnen. Er soll aber nach bestem Wissen und Gewissen nur gesunde und charakterlich einwandfreie Hunde zur Zucht verwenden.

Zur Handhabung des Hundeführers

In der **Überschrift** wird die in Deutschland gebräuchliche Rassebezeichnung angegeben, ebenso wie das Herkunftsland und die FCI-Nummer, falls die Rasse von der FCI anerkannt ist, sowie die Gruppe, in die die Rasse eingeordnet wird.

Die **Rassebeschreibungen** schildern das erwünschte, typische *Charakterbild*. Dank generationenlanger Auslese auf bestimmte Merkmale ist die Wahrscheinlichkeit groß, daß ein Hund einer Rasse die gewünschten Eigenschaften auch zeigt. Trotzdem gibt es angeborene Abweichungen, denn das weit gefächerte Rudel- und Jagdverhalten von Urahn Wolf beeinflußt noch immer unsere Rassehunde. Aufzucht und Haltung prägen das Verhalten in hohem Maße, ebenso können sog. „kinderliebe" Rassen aufgrund schlechter Erfahrungen zur Gefahr für Kinder und normalerweise menschenfreundliche Hunde bissig werden. Es ist wichtig, zu wissen, was man will und dies dem Züchter auch zu sagen. Aufgrund seiner Erfahrung kann er den geeigneten Welpen heraussuchen. Hinweise zur Kinderfreundlichkeit beziehen sich auf familieneigene Kinder unter der Voraussetzung, daß die Eltern Kind und Hund vernünftig füreinander erziehen und stets unter Kontrolle haben. Hunde sind kein Kinderspielzeug!

Auf nähere *Beschreibung des Aussehens* habe ich verzichtet und möglichst Fotos typischer Exemplare gewählt, viele sind Champions und Siegertiere, die für sich sprechen. Den Standardwortlaut bekommt man beim Zuchtverein. Wesentlich ist, daß Mensch und Hund charakterlich zusammenpassen und der Mensch den Bedürfnissen des Hundes gerecht wird.

Wir haben den Führer **nach Größe der Hunde geordnet,** die an der Schulter gemessen wird, und der Einfachheit halber Maximalangaben gewählt, die bei vielen Rassen unterschritten werden. Hündinnen sind in der Regel kleiner als Rüden. In der Gruppe der über 70 cm messenden Hunde wünscht man oft möglichst große Exemplare. Die Größenangaben sind demnach nur eine Orientierungshilfe, weil die Größe ein wesentliches Auswahlkriterium für die Anschaffung ist und die Rassebestimmung erleichtert. Innerhalb der Größengruppen sind die Rassen nach Ähnlichkeit und Verwandtschaft geordnet. Die Größengruppen wurden durch verschiedenfarbige Griffleisten gekennzeichnet.

Die im Kasten aufgeführten Angaben wurden dem Standardwortlaut entnommen („o.A." bedeutet: ohne Angabe im Standardtext).

Am Ende der Beschreibung nennen wir den *Zuchtverband*. Da sich die Anschriften der meist ehrenamtlichen Vereinsfunktionäre häufig ändern, erfragen am besten beim VDH. Dort bekommen Sie von der Welpenvermittlung Züchteranschriften. Bei Rassen, die in Deutschland noch nicht vertreten sind, wenden Sie sich bitte an den Zuchtverband des Herkunftslandes (Adressen siehe S. 319). Bei den nicht anerkannten Rassen können wir leider keine Adressen angeben.

Gruppeneinteilung der FCI-anerkannten Rassen
Stand Mai 1994, * = vorläufig aufgenommene Rassen; mit Angabe der Seitenzahlen

Gruppe 1:
Hüte- und Treibhunde
(ausgenommen Schweizer Sennenhunde)

Sektion 1: Schäferhunde
Australian Kelpie, 137
Groenendael, 204
Tervueren, 204
Malinois, 204
Lakenois, 204
Schipperke, 49
Slovensky Cuvac, 270
Deutscher Schäferhund, 206
Gos d'Atura, 152
Ca de Bestiar, 284
Beauceron, 241
Briard, 242
Berger Picard, 240
Pyrenäenschäferhund, à face rase, 115
Collie Langhaar, 202
Collie Kurzhaar, 202
Bearded Collie, 163
Border Collie, 138
Shetland Sheepdog, 75
Old English Sheepdog, 169
Welsh Corgi Pembroke, 46
Welsh Corgi Cardigan, 46
Bergamasker, 208
Maremma-Abruzzen-Hund, 270
Kroatischer Schäferhund, 109
Komondor, 297
Kuvasz, 272
Mudi, 109
Puli, 107
Pumi, 100
Holländischer Schäferhund, 203
Schapendoes, 131
Saarloos Wolfhond, 293
*Tschechoslowakischer Wolfshund, 293
Podhalaner, 270
Poln. Niederungshütehund, 130

Cao da Serra de Aires, 162
Cao de Fila de S. Miguel, 192
Südrussischer Owtcharka, 261

Sektion 2: Treibhunde
(ausgenommen Schweizer Sennenhunde)
Australian Cattle Dog, 136
Bouvier des Flandres, 256

Gruppe 2: Pinscher und Schnauzer – Molosser – Schweizer Sennenhunde

Sektion 1:
Pinscher und Schnauzer
1.1 Pinscher
Dobermann, 267
Pinscher, 121
Affenpinscher, 55
Zwergpinscher, 44
Österr. Kurzhaariger Pinscher, 122
1.2 Schnauzer
Riesenschnauzer, 266
Schnauzer, 120
Zwergschnauzer, 62
1.3 *Holländischer Smoushond,* 95
1.4 *Schwarzer Russischer Terrier,* 288

Sektion 2: Molosser
2.1 Doggenartige Hunde
Dogo Argentino, 235
Fila Brasileiro, 292
Shar Pei, 135
Broholmer, 291
Deutscher Boxer, 234
Deutsche Dogge, 303
Rottweiler, 257
Perro de Presa Mallorquin, 192
Bordeaux-Dogge, 259
Bulldog, 88

Bullmastiff, 231
Mastiff, 302
Mastino Napolitano, 285
Tosa, 232

2.2 Berghunde
Anatolischer Hirtenhund, 304
Neufundländer, 289
Hovawart, 274
Leonberger, 301
Landseer, 300
Mastin Espanol, 298
Mastin de los Pirineos, 298
Pyrenäen-Berghund, 298
Aidi, 209
Sarplaninac, 273
Cao de Castro Laboreiro, 191
Cao da Serra da Estrela, 275
Rafeiro do Alentejo, 290
St. Bernhardshund, 269
Karstschäferhund, 210
Kaukasischer Owtcharka, 260
Mittelasiat, 262
Tibet-Dogge, 230

Sektion 3:
Schweizer Sennenhunde
Appenzeller Sennenhund, 173
Berner Sennenhund, 258
Entlebucher Sennenhund, 114
Großer Schweizer Sennenhund, 268

Gruppe 3: Terrier

Sektion 1:
Hochläufige Terrier:
Deutscher Jagdterrier, 90
Airedale Terrier, 197
Bedlington Terrier, 93
Border Terrier, 66
Foxterrier Glatthaar, 78

12

FCI-anerkannte Rassen, die aufgrund der Recherchen für dieses Buch als ausgestorben gelten dürfen:

Hüte-, Treib- und Hirtenhunde

Türkischer Hirtenhund mit Stachelhalsband und kupierten Ohren zum Schutz gegen Wölfe.

Früher hütete der Mensch seine Herde alleine. Er ging meist vor der Herde her, die ihm bzw. einem handzahmen Leittier willig folgte. Der Hirte führte starke, gegen Witterungsunbill durch dichtes, derbes, manchmal zottiges Haar geschützte Hunde mit sich. Sie bewachten die Herden bei Nacht vor Wölfen und anderen Raubtieren sowie zweibeinigen Dieben. Den empfindlichen Hals schützte ein stachelbewehrtes Eisenhalsband. Als Beschützer der Lebensgrundlage des Menschen hatten diese Hunde für die Hirten unschätzbaren Wert und wurden mit großer Sorgfalt gezüchtet, wenn auch nicht nach unseren Vorstellungen der Rassehundezucht. In erster Linie zählte ihre Leistungsfähigkeit. Ähnlichkeiten in der Erscheinung ergaben sich durch Verwandtschaftszucht in entlegenen Gebieten und die Anforderungen, die die Umwelt an die Hunde stellte, z. B. Gebäude je nach Gelände, Fellfarbe je nach Umfeld, Art des Fells je nach Witterung usw. Heute finden wir die **Hirtenhunde** bei ihrer ursprünglichen Arbeit nur noch in den Gebirgsregionen Süd- und Osteuropas sowie in Asien, wo es Wölfe und Bären gibt. Alle Hirtenhunde sind ihrer ursprünglichen Aufgabe heute noch verbunden, was sich in ihrem Charakter

Schäferhund bei der Arbeit.

verdeutlicht. Sie sind in der Regel keine Schmeichler und allem Fremden gegenüber unnahbar bis mißtrauisch. Allen ist ausgeprägter Wach- und Schutztrieb eigen, der sich besonders mit beginnender Dunkelheit ausdrückt. Völlige Selbständigkeit und Unabhängigkeit gewohnt, brauchen sie eine konsequente, aber keinesfalls grobe Erziehung, die beim Besitzer sehr viel Hundeverstand voraussetzt. Oftmals besitzen die Hirtenhunde ausgeprägten Rangordnungssinn und müssen von klein an lernen, sich dem Menschen unterzuordnen. Schnellwüchsig, kräftig und temperamentvoll brauchen sie einen Herrn, der ihnen auch körperlich gewachsen ist. Grundsätzlich muß beim Kauf eines Hirtenhundes sehr wohl abgewogen werden, ob man sich für diesen Hund eignet. Niemals darf man ihn leichtfertig einkaufen oder sich als problemlos aufschwätzen lassen. Hirtenhunde sind keine einfachen Hunde und gehören in die Hand von Menschen, die ganz besondere Freude daran haben, sich mit einem ursprünglichen Hundecharakter, der wenig Abhängigkeit vom Menschen zeigt, zu beschäftigen.
Treibhunde sind wehrhafte, robuste, derbe Hunde voller Kraft und Durchsetzungsvermögen. Früher brachten die Viehhändler

Rinder, Schafe und Schweine oft über lange Strecken vom Erzeuger zum Markt. Der Hund trieb das Vieh in dichtem Pulk voran und schützte es vor Dieben. Der Rottweiler ist ein typischer Treibhund.

Die **Hütehunde** entwickelten sich erst, als Wolf und andere Raubtiere weitgehend ausgerottet waren. Die schweren Hirtenhunde hatten ihre Schuldigkeit getan. Manche überlebten als Schutzhunde großer Anwesen. Die Landwirtschaft breitete sich weiter aus, die Schafherden wurden größer, denn die industrielle Verarbeitung von Wolle zu Tuchen, nicht zuletzt der „Schießwolle" für Kriegszwecke, eröffnete einen schier unerschöpflichen Markt. Jetzt brauchte der Schäfer einen wendigeren, kleineren Hund, der weniger selbständig arbeitete als der Hirtenhund. Nicht schützen, sondern treiben und zusammenhalten der Herden waren seine Aufgaben. Der Schäferhund muß auf Fingerzeig seines Herrn reagieren und trotzdem in gewissen Situationen auch ohne Anweisungen Entscheidungen treffen. Sicherlich zog der Schäfer für diese Aufgabe kräftige Bauernhunde heran, die durch engen Kontakt mit Mensch und Tier die Voraussetzungen für die neuen Tätigkeiten mitbrachten. Überall in der Alten Welt entwickelten sich bodenständige Hütehunde, deren Äußeres durch die Anforderungen an die Hunde vom Gelände und der Witterung her bestimmt wurden. Die treibenden Hunde, die große Herden auf langen Wanderungen begleiten, sind allgemein robuster, besitzen Schutztrieb und brauchen eine konsequentere Erziehung als die örtlich hütenden Hunde, die dem Schäfer bei der Handhabung der Schafe an den Pferchen helfen. Aus ersteren rekrutieren sich viele moderne Gebrauchshunderassen, wie z. B. der Deutsche Schäferhund, die belgischen und französischen Schäferhunde. Letztere finden wir im Typ der Collies, Schapendoes, Puli oder polnischen Niederungshütehunde wieder. Sie sind alle sehr wachsam und bellfreudig.

Hütehunde sind Arbeitshunde. Ein Schäfer hat nicht viel Zeit, um einen Hund auszubilden, er muß möglichst rasch möglichst perfekt arbeiten. Dazu gehören angeborene Arbeitswilligkeit und enge Verbundenheit zum Herrn. Beides bringen die Hütehunde mit. Das macht sie wiederum zum bevorzugten Begleithund, denn sie sind intelligent, stellen sich auf den Menschen ein und sind recht einfach zu erziehen. Sie besitzen keine so starken Triebe wie z. B. manche Jagd- oder Windhunde, wenn auch manchmal die Neigung zum Wildern vorhanden ist, denn der Hütetrieb beruht auf den tief im Hund verwurzelten Jagdmethoden seiner Vorfahren. Bei guter Erziehung ist das aber auch kein Problem. Fast alle Hütehunde bzw. Schäferhunde könnte man durchaus als sensibel bezeichnen, manche neigen zur Unterwürfigkeit. Auf offenes, selbstbewußtes, unerschrockenes Wesen ist darum in der Zucht besonders zu achten. Dies wird oft zugunsten der Schönheitszucht vernach-

Vorsichtig versucht der Border Collie, die Schafe auf die andere Zaunseite zu treiben.

lässigt. Wer einen solchen Hund kaufen möchte, sollte deshalb dem Charakter der Zuchttiere besonderes Augenmerk schenken und ängstliche ebenso wie aggressive Tiere meiden.

Die FCI-Gruppeneinteilung ist etwas verwirrend, denn Hirtenhunde wurden sowohl bei den Hüte- als auch bei den Berghunden eingeordnet; Treibhunde in die Gruppen 1.1, 1.2, 2.2 und Hütehunde in die Gruppen 1.1, 3.1, 5.3 und 9.5.

Haus- und Hofhunde

Hierunter fassen wir all die Rassen zusammen, deren Aufgabenbereich sich auf das Anwesen ihres Herrn erstreckt. Die **Pinscher und Schnauzer** (FCI-Gruppe 5.4) waren von jeher Stallhunde. Ihre wichtigste Aufgabe war das Kurzhalten von Ratten und Mäusen, was ihnen die Bezeichnung „Rattler" einbrachte. Zum Schutze vor Verletzungen schnitt man ihnen die Ohren ab. In einer Zeit, als Pferde kostbarer Besitz und lebensnotwendiges Transportmittel waren, waren die Hunde einfach unentbehrlich. Sie führten, verglichen mit vielen anderen Hunden, sicherlich nicht das schlechteste Leben in der Wärme der Ställe bei sich reichlich vermehrender Nahrung. Der ständige Umgang mit Stallburschen, Kutschern und Reitern, Lärm und oftmals Hektik, ließ nervenfeste, robuste Hunde heranwachsen. Schneid, Draufgängertum und Geschicklichkeit beim Rattenfang zeich-

nete die Hunde aus. Selbstverständlich durften sie keinerlei Neigung zum Streunen zeigen. Der **Deutsche Spitz** gilt als der Wachhund schlechthin. Seit dem Mittelalter prägte er das Bild des bäuerlichen Alltags, gewann aber auch in den Städten als nimmermüder Wächter viele Freunde. Erst in jüngerer Zeit wurde der Spitz von „neuen" Rassen verdrängt und geriet ziemlich in Vergessenheit. Heute empfiehlt die Jägerschaft Bewohnern von abgelegenen Höfen die Haltung eines Spitzes, da er kaum zum Wildern neigt. Der Spitz ist Fremdem gegenüber mißtrauisch und abweisend, stets aufmerksam und wachsam, reviertreu und läßt sich leicht erziehen. Man darf den Deutschen Spitz keinesfalls mit den nordischen Spitzen vergleichen.
Molosser (FCI-Gruppe 2.2) nennt man schwere doggenartige Hunde, wie man sie schon in der Antike zur Großwildjagd und im Krieg als Kampfhunde einsetzte. Die meisten doggenartigen Nachkommen der alten Kampfhunde sind nach wie vor zuverlässige Beschützer ihrer Familien und deren Besitz, die bei Gefahr kompromißlos kämp-

Der Schnauzerwelpe verspricht, ein zuverlässiger Haus- und Hofhund zu werden.

fen. Bei manchen Rassen wurde die Kampfbereitschaft gefördert, bei manchen weggezüchtet. Einige machten in letzter Zeit von
sich reden, weil sie von geltungssüchtigen
Menschen als „lebendige Waffen" mißbraucht wurden. Man verlangte sogar schon
Führerscheine für solche Kampfhunde. Tatsächlich brauchen sie eine konsequente
Erziehung, frühe Gewöhnung an Menschen
und Tiere und verantwortungsvolle Züchter, die nur mit ausgeglichenen, nerven-
festen Hunden züchten. Falsch geprägt
und künstlich scharfgemacht, können die
großen, starken, schmerzunempfindlichen
Hunde natürlich außer Kontrolle geraten
und gefährlich werden.
Einige unter „Berghunde" = Hirtenhunde in
Gruppe 2.2 eingereihte Rassen sind typische Haus- und Hofhunde. Der Hovawart
wurde aus Bauern- und Schäferhunden herausgezüchtet und gehört zu den anerkannten Diensthunden. Landseer, Neufundländer, Leonberger und St. Bernhardshund
gelten als freundliche Familienhunde, die
wenig Angriffslust, im Höchstfall Verteidigungsbereitschaft bei ernster Bedrohung,
zeigen sollen.

Der Berner Sennenhund beweist Geschick bei der
Ausbildung zum Katastrophenhund.

Die Schweizer Sennenhunde sind typische
Bauernhunde, die sich in der Abgeschiedenheit der Alpentäler entwickelten. Der kleine
Entlebucher und der etwas größere Appenzeller sind lebhafte Viehtreiberhunde, ausgesprochen wachsam und immer im Dienst,
während der Große Schweizer und der Berner den Hof bewachten oder die Milchkarren zogen.

Große Schweizer Sennenhunde sind Nachfahren
alter Bauernhunde aus dem Alpenraum.

Spitze und Hunde
vom Urtyp

sind in der FCI-Gruppe 5 erfaßt. Sie bezieht sich auf den Hundetyp und nicht auf den Aufgabenbereich. Diese ursprünglichen Hunde mit spitzem Fang, spitzen Stehohren, quadratischem Gebäude und Ringelrute verdanken ihr noch sehr uriges Verhalten den für Mensch und Hund gleichermaßen schwierigen Lebensbedingungen. Das unentbehrliche Arbeitstier Hund mußte mit minimaler menschlicher Fürsorge überleben und arbeiten. Ein vom Menschen abhängiges Geschöpf wäre nicht von Nutzen, sondern eine Belastung. Einen anhänglichen Hausgenossen brauchten weder die Eskimos, noch die Jäger der Tundra und Taiga, des Kongos oder die Beduinen. Zu den Spitztypen zählen die nordischen Hunde ebenso wie die japanischen Jagdhunde, der afrikanische Basenji und der Kanaan Hund aus Israel ebenso wie der Dingo. Unter den nordischen Hunden finden wir Schlittenhunde, Jagd- und Hütehunde. Abgesehen vom japanischen Spitz sind die bodenständigen Hunde Japans in der Hauptsache Jagdhunde. Reine Begleithunde sind die Deutschen Spitze, der italienische und japanische Spitz, der Chow Chow und als Kreation der letzten Jahre der Eurasier. Allgemeines kann man über die Arbeitsweisen und den Charakter der Hundetypen in dieser Gruppe nicht aussagen. Beide werden in den Rassebeschreibungen ausführlich abgehandelt.

Gesellschafts- und
Begleithunde

Unter der FCI-Gruppe 9 faßte man Rassen zusammen, die weder einem bestimmten Arbeitsgebiet noch Aussehen zuzuordnen sind. Sie haben das zweifelhafte Vergnügen, allein zur Freude des Menschen zu leben, und sind alle angenehme Hausgenossen. Verständlicherweise finden wir die Zwerg- und Schoßhunde in dieser Gruppe. Diese Luxusgeschöpfe benötigen größte Aufmerksamkeit ihrer Menschen, sei es, daß ihr üppiges Fell sorgfältige, stundenlange Pflege braucht oder sie gar keines haben! Auf die Haltung eines Zwerghundes muß man sich einstellen, er hat seine Eigenheiten, die beachtet werden müssen. Deshalb sollte man sich vor dem Kauf einer solch winzigen Persönlichkeit gut beraten lassen und informieren. Besonders die kurznasigen Hunde sind mit übergroßen Augen und Atemnot nicht immer glückliche Geschöpfe! Fast alle sind schwierig zu züchten, sei es, daß die Köpfe zu groß sind und die Geburt erschweren, oder die Mütter ihre Welpen unmittelbar nach der Geburt nicht betreuen können. Da die Zwerge nur wenige Welpen gebären, sind alle Zwerghunde kostbar, teuer und kaum reinrassig und rassetypisch im Hundehandel zu bekommen; denn die Zucht ist nicht lukrativ.

Jagd- und Windhunde, Terrier

Der Begriff Jagdhunde umfaßt alle Hunde, die im weitesten Sinne dem Menschen bei der Jagd behilflich sind. Wölfe beherrschen alle Finessen der Jagd, im Rudel gibt es aber Einzeltiere, die bestimmte Jagdtechniken besonders gut beherrschen und so eine Arbeitsteilung ermöglichen, die das Überleben des Rudels sichert. Diese tief im Erbgut des Hundes verankerten Fähigkeiten macht sich der Mensch seit wenigstens 10 000 Jahren zunutze und schuf durch Zuchtauslese Jagdspezialisten, die sein Überleben garantieren. Die Entwicklung der Jagdhunde geht Hand in Hand mit der der Jagdmethoden und Waffen. Jagdhunderassen befinden sich ständig im Wandel der Zeit, lösen einander ab, entwickeln sich weiter. Die Geschichte der Jagdhunde ist ein Stück Kulturgeschichte des Menschen. Die älteste Form der Jagd ist das Hetzen des Wildes mit Hunden. Der sogenannte Leithund arbeitete die Spur aus und führte die Meute. Je nach Gelände und Wild, ob man zu Fuß oder zu Pferde folgte, brauchte man langsamere, leichtere, schwerere, größere oder kleinere Hunde. Die **Laufhunde** (Gruppe 6) jagen in großen Meuten oder einzeln mit dem Jäger. Die Jagd mit großen Meuten, die Parforce-Jagd, erlebte im feudalen Frankreich ihre Blütezeit. Jagdwild waren Hirsch und Schwarzwild, selten Damwild oder Fuchs. Während der Französischen Revolution wurden die herrschaftlichen Jagdhunde umgebracht, und viele schöne Laufhundrassen verschwanden. Heute erfreut sich die Parforce-Jagd in Frankreich wieder allgemeiner Beliebtheit. In England sind die umstrittenen Fuchsjagden mit Foxhounds und Harriers ein beliebter Sport. In Deutschland ist das Hetzen von Wild verboten, es gibt nur noch Schleppjagden, ein reiterliches Vergnügen, bei dem die Hunde einer künstlichen Fährte (= Schleppe) mit Heringslake folgen. Neben den Meutehunden gehören die **Bracken** zu den Laufhunden. Die Brackenjagd mit ein oder zwei Hunden ist eine Treibjagd auf Hasen (seltener Füchse). Da der Hund langsamer

Ein aufmerksamer Gefährte des Jägers ist der Deutsch Drahthaar.

als der Hase ist, hetzt er ihn nicht, sondern folgt seiner Spur mit lautem Gebell (Geläut) und treibt ihn so vor sich her. Der Hase hat die Angewohnheit, zu seinem Ausgangspunkt zurückzukehren, wo der Jäger auf ihn wartet. Die Bracken Europas sind besonders den Boden- und Klimaverhältnissen und dem Jagdwild ihrer Heimat angepaßt. Sie zeichnen sich alle durch hervorragende Nase und große Ausdauer aus. Wegen zu kleiner Reviere ist die Brackenjagd in Deutschland kaum durchführbar.
Eine Sonderstellung unter den Bracken nehmen die **mediterranen Laufhunde** (Gruppe 5) ein, schlanke, fast windhundartige Geschöpfe mit großen Stehohren, die schon im alten Ägypten beliebt waren. Sie konnten sich vor allem in der Abgeschiedenheit der Mittelmeerinseln und auf den Kanarischen Inseln erhalten. Sie jagen mit der Nase und den Augen vornehmlich Kaninchen.
Laufhunde sind edle, freundliche Hunde. Als Haus- und Familienhunde sind sie jedoch wegen des kaum zu befriedigenden Bewegungsdrangs und zügelloser Hetzleidenschaft kaum zu empfehlen. Ihrer hervorragenden Nase entgeht nicht die geringste Spur, die sofort den Hetztrieb auslöst. Gehorsam ist vergessen, es bleibt dem Hunde-

besitzer nur, fasziniert und besorgt zugleich dem herrlichen Geläut seines Hundes zu lauschen und zu hoffen, daß er unversehrt, abgehetzt und glücklich wiederkommt. Nur der Beagle hat sich als Haus- und Familienhund bewährt, aber auch er erinnert sich gelegentlich seines Laufhundeerbes!

Der ehemalige Leithund des Hannoverschen Jägerhofs und die alten Brackenrassen des Alpenraums (Wildbodenhunde) wurden den neuen Bedürfnissen entsprechend zu hervorragenden **Schweißhunden**, die das angeschossene, „schweißende" Wild suchen, umgezüchtet.

Eine kleine Bracke ist der **Teckel**, der jedoch seinen ursprünglichen Aufgabenbereich verlassen hat und in erster Linie für die Arbeit unter der Erde gedacht ist. Er ist einer der wenigen Jagdhunde, die sich eine Vorrangstellung als Haus- und Familienhund schufen.

Im frühen Mittelalter galt die Jagd mit Greifvögeln als nobelste Beschäftigung des Mannes. Dazu gehörten die sogenannten Vogelhunde, **Stöberhunde** (FCI-Gruppe 8), die das Federwild aufscheuchten, damit Habicht oder Falke es schlagen konnten. Später trieben die Stöberhunde die Vögel in große Netze. Meist waren diese Hunde langhaarig und spanielartig. Aus ihnen züchtete man später die langhaarigen Vorstehhunde. In Großbritannien, dem Land

Der Kleine Münsterländer Vorstehhund erweist sich als vielseitiger Jagdgebrauchshund.

der Jagdspezialisten hingegen, entwickelte sich eine Vielzahl von Spaniels parallel zu den Vorstehhunden. Sie suchen in unübersichtlichem Gelände, außerhalb der Kontrolle des Jägers, gründlich nach Wild, verfolgen es spurlaut und treiben es dem Herrn zu. Der Cocker Spaniel zählt zu den beliebtesten Familien- und Begleithunden, kann aber seine Jagdhundherkunft nicht verleugnen.

Die Jagdverhältnisse änderten sich schlagartig mit der Urbarmachung natürlicher Landschaften und mit immer besseren, schnelleren und auf größere Entfernungen treffsichereren Gewehren. Der **Vorstehhund** (Gruppe 7) wurde gebraucht. Seine Aufgabe ist, das Haar- oder Federwild aufzuspüren und anzuzeigen. Hat seine feine Nase Witterung aufgenommen und ist er nahe genug, um den Vogel zu veranlassen, sich zum Schutz zu ducken, gefriert seine Körperhaltung in einer typischen Pose – er steht vor. Ist der Jäger nahe genug zum Schuß, springt der Hund auf Befehl auf, Hühner und Fasane fliegen auf, der Hase flieht. Bis der Jäger geschossen hat, muß sich der Hund ruhig verhalten, setzen oder legen. In England, wo man solche Jagdveranstaltungen zum Sport erhob, arbeiten Pointer oder Setter in rasendem Galopp das Gelände Meter für Meter ab. Je schneller der Hund, desto öfter die Möglichkeit, zum Schuß zu kommen. Das geschossene Wild zu finden und heranzubringen ist Aufgabe der **Retriever** (Gruppe 8), die ebenfalls je nach Gelände, Feld oder Wasser, spezialisiert sind. Da der Retriever kein Jagdverhalten für seine Aufgabe braucht, sondern eine gute Nase und zuverlässige Bringtreue, eignet er sich von allen Jagdhunden am besten als Haus- und Familienhund, da ihm das Verfolgen einer Spur und selbständiges Hetzen von Wild fremd sind.

In Deutschland bevorzugt man einen Jagdhund, der stöbert, vorsteht, sucht, findet, apportiert und möglichst auch Mannschärfe zeigt. Entsprechend sind die Jagdprüfungen ausgerichtet.

Von den Jagdhunden eignen sich einige bei richtiger Haltung und Erziehung recht gut zum Familien- und Begleithund, doch sollte man sich und die infragekommende Rasse sehr gut prüfen und genau überlegen, ob beiden ein Leben als Familienhund zuzumuten ist. Ein unausgelasteter Jagdhund wird zur Nervensäge und Belastung. Er fühlt sich wohler in Jägerhand, wo er seine Veranlagung ausleben kann. Lassen Sie sich nicht vom Wesen und der Schönheit dieser Hunde blenden! Bei den deutschen Jagdhunden achten Züchter und Verbände darauf, daß gut veranlagte Hunde jagdlich geführt werden. Nichtjäger haben selten eine Chance, einen Welpen zu bekommen. Auf Hunde, die nicht aus einer Verbandszucht stammen, sollte man auf jeden Fall verzichten.

Bis auf den schwarzen russischen Terrier (ein Diensthund) und den Tibet Terrier (Hütehund) sind alle **Terrier** ehemalige oder noch aktive Jagdhunde. Ihre Raubzeugschärfe bei der Jagd auf Fuchs, Dachs, Otter und Ratten ist sprichwörtlich. Alle Terrier (außer dem Deutschen Jagdterrier) sind heute ausgezeichnete Familien- und Begleithunde, die zwar noch immer jedes Mauseloch kontrollieren, deren Jagdeifer aber erzieherisch im Zaum gehalten werden kann. Sie alle zeichnen sich durch Temperament, Robustheit, charmante Selbständigkeit, hohe Intelligenz und Lernfähigkeit aus. Ebenfalls auf Jagdhunde, nämlich die mittelalterlichen Saupacker und Bärenbeißer, gehen alle bullterrier- und doggenartigen Hunde zurück. Gelegentlich werden zwar Bull Terrier bei der Jagd auf Sauen eingesetzt, doch im allgemeinen sind sie und die Doggenartigen nicht mehr jagdlich aktiv. Ausnahmen bilden Fila Brasileiro und Dogo Argentino (FCI-Gruppe 2.2), die heute noch in ihrer Heimat Raubkatzen und Großwild jagen. Auch in der Spitzfamilie finden wir passionierte Jagdhunde (FCI-Gruppe 4.5).

Die edelste und älteste Form der Jagdhunde sind die **Windhunde** (Gruppe 10). Sie jagen mit den Augen und hetzen flüchtiges Wild bis zur Erschöpfung oder zum Tode. Auch hier gibt es Spezialisten für lange und kurze Strecken, Wüsten, Steppen und Gebirge. Alle Windhunde besitzen ein feinfühliges, oft anschmiegsames Wesen, bleiben aber immer eine geheimnisvolle Persönlichkeit für sich, die sich dem Menschen nie unter

Golden Retriever schwimmen leidenschaftlich gerne und ausdauernd.

Zwang unterordnet. Ihre faszinierende Schönheit verführt oft dazu, daß Windhunde von Menschen angeschafft werden, die weder dem Wesen noch dem Laufbedürfnis ihres Hundes gerecht werden. Nur wenige können einem Windhund sicheren, freien Auslauf gewähren. Ein Leben an der Leine, den kurzen Schritten des Menschen angepaßt, ist für den Windhund eine Qual, die er zwar ohne zu klagen erträgt. Er wird aber jede Gelegenheit nutzen, freizukommen und in mächtigen Sätzen zu verschwinden. Windhundrennen hinter dem künstlichen Hasen auf der Bahn oder das Coursing, das dem Jagdverhalten vieler Windhundrassen näherkommt, bieten nur eine bescheidene Möglichkeit, den Hetztrieb des Hundes zu stillen. Noch mehr als der Jagdhundfreund sollte der Windhundliebhaber prüfen, ob er den Bedürfnissen dieser herrlichen Hunde wirklich gerecht werden kann oder aus Liebe zum Windhund lieber auf ihn verzichtet. Die in der Gruppe 8 aufgeführten Wasserhunde haben unterschiedliche Aufgaben, die bei den Rassebeschreibungen erläutert werden.

| Chihuahua | Mexiko | FCI-Nr. 218/9.6 |

Um die Herkunft der kleinsten Hunde der Welt, der „Schiwawas", ranken sich viele Legenden. Wahrscheinlich sind sie Nachkommen der heiligen Hunde der Tolteken und Azteken und waren Opfergaben und köstliche Delikatessen zugleich. Eine Theorie besagt, daß die schon den alten Ägyptern bekannten Zwerge mit Wikingerschiffen in die Neue Welt gelangten, viel wahrscheinlicher erscheint mir eine Verwandtschaft mit dem Podengo Pequeno portugiesischer Seefahrer. Wie dem auch sei, Amerikaner entdeckten die Winzlinge in Mexiko. Gesunde Chihuahuas aus guter Zucht sind selbstbewußt, neugierig, ja geradezu dreist und voller Temperament. Niemals darf ein Chihuahua scheu und nervös wirken. Er ist gelehrig und wachsam. Selbst viel größeren Hunden gegenüber weiß er sich zu behaupten. Er ist kein verzärtelter Zwerg, sondern eine Hundepersönlichkeit im Handtaschenformat. Schmusen gehört zu seinen besten Übungen, und er stellt sich ganz auf seinen Partner ein, den er eifersüchtig beschützt. So ist er ein idealer Begleiter für Menschen, die sich auf engen Lebensraum beschränken, viel Zeit und Liebe für ihren kleinen Freund aufbringen. Zweifelhaftes Rassemerkmal ist die offene Schädeldecke (Fontanelle), sie wird jedoch nicht mehr verlangt und sollte möglichst klein sein.

Der sehr ähnliche **Langhaarige Moskauer Zwergterrier,** ist die in Moskau populärste Neuzüchtung eines handlichen Wohnungshundes (Schulterhöhe: 27,5 cm, Gewicht: ca. 3 kg, nicht FCI-anerkannt).

Schulterhöhe: o. A., Gewicht: 2,5 kg, Farben: alle, Langhaar (Foto rechts) und Kurzhaar. Diverse Vereine im VDH.

Zwergspitz   Deutschland   FCI-Nr. 97/5.4

Der Zwergspitz oder Pomeranian hatte in Deutschland früher wenig Freunde und wurde züchterisch kaum beachtet. Erst mit der aufkommenden Beliebtheit des Kleinspitzes gewann er wieder an Bedeutung. In Amerika und England hingegen fand der Zwerg schon um die Jahrhundertwende begeisterte Freunde, die ihn nach der pommerschen Heimat vieler Spitze, Pomeranian nannten. Als die bunten Fellkugeln in den 60er Jahren nach Deutschland kamen, stießen sie zunächst bei den Spitzzüchtern auf wenig Zuneigung, haben sich aber inzwischen einen festen Platz unter den Liebhabern der Kleinhunde erobert. Die Zucht dieser Zwerge ist nicht ganz einfach, und die Pomeranians kann man kaum als robuste Vertreter der Spitzfamilie bezeichnen. Sie sind in ihrer Winzigkeit jedoch große Persönlichkeiten, die selbst gegenüber viel größeren Hunden Selbstbewußtsein ausstrahlen. Das macht sie in den angelsächsischen Ländern zu beliebten Ausstellungshunden. Der Zwergspitz ist ein entzükkender, farbenprächtiger Begleiter für alle, die Freude an einem intelligenten, fröhlichen Hundezwerg haben, der voll und ganz in seinem Herrn aufgeht. Selbstverständlich benötigt das enorme Haarkleid aufmerksame Pflege.

Schulterhöhe: 22 cm, Gewicht: o. A., Farben: schwarz, weiß, braun, orange, graugewolkt, blau, creme, biberfarben und Schecken. Verein für Deutsche Spitze.

Yorkshire Terrier   Großbritannien   FCI-Nr. 86/3.4

Der Yorkshire Terrier ist eine Züchterkreation aus Yorkshire. Ausgangsrasse war der inzwischen ausgestorbene Clydesdale Terrier, der dem Skye sehr ähnlich, aber kleiner war. Zur Verbesserung der Farbe wurde die blaue Variante des alten Black & Tan Terrier eingekreuzt. Skye und Malteser fügten langes, seidiges Haar hinzu, auch der Dandie Dinmont dürfte mit von der Partie gewesen sein. Die ersten typischen Yorkies waren noch keine Zwerge, aber der Trend ging zu immer kleineren Exemplaren. Die Zuchtpraxis, größere Hündinnen mit winzigen Rüden zu verpaaren, führte zu erheblichen Größenunterschieden bei den Nachkommen. Der winzige Schausieger ist noch immer eine hochgepriesene Rarität. Das lange, manchmal auf dem Boden schleifende Haar des Ausstellungshundes bedarf besonderer Pflege: es wird geölt und in Seidenpapier gewickelt. Im Extremfall werden die Hunde mit gewickeltem Haar in Käfigen gehalten. Toben und Spielen in freier Natur ist ihnen zum Schutz der Haarpracht oft nicht vergönnt. Dabei ist der Yorkie eine Frohnatur, noch immer Terrier mit Leib und Seele, von erstaunlicher Klugheit, Anpassungsfähigkeit und fröhlicher Zärtlichkeit. Ein idealer Kamerad für kleinsten Wohnraum in der Stadt, der gern viel spazierengeht. Beim Welpenkauf sollte man Hunde aus Schaufenstern und Käfigzuchten meiden. Kupierte Rute.

Schulterhöhe: o. A., Gewicht: bis 3,5 kg. Diverse Vereine im VDH.

Australian Silky Terrier   Australien   FCI-Nr. 236/3.4

Um 1820 wurde eine in Australien gezüchtete, rauhhaarige Terrierhündin mit auffallend stahlblauem Haarkleid nach England gebracht und mit einem Dandie Dinmont Terrier verpaart. Ein Mr. Little züchtete aus diesen Nachkommen einen seidenhaarigen Kleinhund mit stahlblauem Fell. Als er nach Australien auswanderte, kreuzte er dort seine Hunde mit dem Australian und Yorkshire Terrier. Obwohl der Standard schon 1900 aufgestellt wurde, erfolgte die Anerkennung erst 1959. Inzwischen wurde aus den vielfältigen Vorfahren des Australian Silky Terriers ein hübscher, fröhlicher, unkomplizierter Begleithund, bewegungsfreudig, intelligent und leicht erziehbar. Er ist trotz des Seidenhaars kein Schoßhund, sondern ein typischer Terrier, der laut Standard noch immer zur Jagd auf Ratten eingesetzt werden könnte. Er braucht Familienanschluß und Bewegung. Er ist bei entsprechendem Auslauf ein idealer Wohnungshund. Beachtung muß man dem seidigen Haarkleid schenken, das regelmäßiger, gründlicher Pflege bedarf. Silky-Welpen werden schwarz & tan geboren und färben sich später in Stahlblau um. Kupierte Rute.

Schulterhöhe: 23 cm, Gewicht: 4,5 kg, Klub für Terrier.

Norfolk Terrier	Großbritannien	FCI-Nr. 272/3.2
Norwich Terrier	Großbritannien	FCI-Nr. 72/3.2
Australian Terrier	Australien	FCI-Nr. 8/3.2

Norfolk und Norwich Terrier

Beide Rassen unterscheiden sich nur dadurch, daß der Norwich Terrier (rechts oben) Stehohren und der Norfolk Terrier (oben) Kippohren besitzt. Bis in die 60er Jahre wurden beide Varianten verkreuzt. Sie stammen aus der südenglischen Grafschaft Norfolk, wo die kurzbeinigen Terrier zur Fuchs- und Dachsjagd eingesetzt wurden. Man vermutet eine Verwandtschaft mit dem Cairn und Scottish Terrier. Studenten der Universität Cambridge machten sie populär. Zum Zeitvertreib jagten sie Raubzeug, konnten ihre Unterkünfte aber nur mit kleinen Hunden teilen. Die kompakten Hunde sind selbstbewußt, aber nicht rauflustig, lebhaft, robust und stets fröhlich. Dabei zärtlich, liebenswürdig, gelehrig und duldsam mit Kindern, lassen sie als Familienhunde wenig zu wünschen übrig. Das rauhe Haar wird nur in Form gezupft. Rute ku-

piert. Schulterhöhe: 25,5 cm, Gewicht: o. A., Farben: rot, weizenfarben, grau oder schwarz-lohfarben. Klub für Terrier.

Australian Terrier (rechts)

Schottische Siedler besaßen schon um 1800 kleine, rauhhaarige Terrier mit stahlblauem Fell, deren unbestechliche Wachsamkeit berühmt war. Zahlreiche britische Terrier trugen zu seiner Züchtung bei. Der Australian ist ein robuster, wachsamer, draufgängerischer, fröhlicher, intelligenter, anhänglicher Terrier, Menschen gegenüber aufgeschlossen, unkompliziert mit Kindern, selbstbewußt und dennoch gut zu erziehen. Das pflegeleichte Fell wird nur in Form gezupft. Kupierte Rute. Schulterhöhe: 25 cm, Gewicht: 6,5 kg, Farben: blau mit loh, sandfarben, rotbraun. Foto: blauer Rüde und rote Junghündin. Klub für Terrier.

Lhasa Apso	Tibet	FCI-Nr. 227/9.5
Shih Tzu	Tibet	FCI-Nr. 208/9.5
Tibet Spaniel	Tibet	FCI-Nr. 231/9.5

Lhasa Apso (oben)
Lieblingshund der Artistokratie im alten Tibet, der es heute noch schätzt, geachteter Mittelpunkt der Familie zu sein. Allem Fremden gegenüber ist der Lhasa Apso mißtrauisch, doch in seiner Familie anhänglich und zärtlich, ohne seine stolze Persönlichkeit aufzugeben. Fröhlicher Haushund, der ausgiebige Spaziergänge liebt. Das üppige, lange Haar ist pflegeintensiv. Schulterhöhe: um 28 cm, Gewicht: o. A., Farben: löwenfarbig, alle Gold-, Sand- und Grautöne, schwarz. Div. Vereine im VDH.

Shih Tzu (rechts oben)
Die Chinesen nennen ihn Shi-Tze-kou = tibetanischer Löwenhund. Er gehört zu den Löwenhunden des Fernen Ostens, die eng mit der Lehre Buddhas verbunden sind. Die kostbaren Tempelhündchen gelangten als Gastgeschenk an den chinesischen Hof, wo sie mit viel Liebe weitergezüchtet wurden und vermutlich ihre kurzen Nasen bekamen. Zauberhafter, robuster Kleinhund mit überschäumendem Temperament und freundlichem Wesen, der eine gewisse Arroganz ausstrahlt. Intensive Fellpflege. Schulterhöhe: 27 cm, Gewicht: 8 kg, Farben: alle. Div. Vereine im VDH.

Tibet Spaniel (rechts)
Ebenfalls zu den Löwenhündchen zählend, wurde er mehr von der ländlichen Bevölkerung gehalten. Nur die schönsten Exemplare durften in den Klöstern die Gebetsmühlen treten. Pflegeleichter, fröhlicher, lebhafter, intelligenter und robuster Hausgenosse, der Fremden gegenüber abweisend ist und gelegentlich recht angriffslustig sein kann. Schulterhöhe: 25,5 cm, Gewicht: 7,3 kg, Farben: alle außer leber- und schokoladenfarbig. Int. Klub für Tib. Hunderassen.

Peking-Palasthund — China — FCI-Nr. 207/9.9

Der Überlieferung nach wurde Buddha von kleinen Löwenhündchen begleitet, die sich vor Feinden in Löwen verwandelten. Porzellan- und Jadefigürchen zeugen von jahrhundertealter Tradition. Ihre Blütezeit erlebten sie in der Mandschu-Dynastie (1644–1912), aus der viele wunderschöne Darstellungen typischer Pekingesen erhalten sind. Sie wurden mit großer Sorgfalt gezüchtet und besonders von der letzten Herrscherin verehrt. Es war undenkbar, daß ein Europäer, „weißer Teufel" genannt, einen solchen Hund besitzen durfte. Gebot die Diplomatie, ihn zu verschenken, starb der Hund an gefütterten Glassplittern, ehe er sein Ziel erreichte. Als die Engländer 1860 Peking eroberten, fanden sie 5 der begehrten Hündchen im Palast. Einen erhielt Queen Victoria als Geschenk. Seither ist der Pekingese aus der englischen Hundeszene nicht mehr wegzudenken. 1900 erschienen die ersten Exemplare in Deutschland. Im Wesen gleiche der Pekingese eher einer Katze als einem Hund, sagen viele seiner Freunde. Tatsächlich ist der kleine Hund sehr selbstbewußt, draufgängerisch, eigenwillig und niemals unterwürfig. Freundlich, anhänglich und verschmust, wenn ihm danach ist, schenkt er seine Zuneigung längst nicht jedem. Der kleine, ruhige Löwe ist gelegentlich erstaunlich aufbrausend und kampflustig. Eher ein Einmannhund und weniger Familienhund. Die vorstehenden großen Augen sind empfindlich, die kurze Nase bedingt Atemnot. Das üppige Haarkleid bedarf aufwendiger Pflege.

Schulterhöhe: o. A., Gewicht: über 4 kg, Farben: alle, einfarbig und gescheckt. Div. Vereine im VDH.

Chin	Japan	FCI-Nr. 206/9.9

Vor Hunderten von Jahren soll der chinesische Kaiser diese Hunde dem japanischen Kaiser geschenkt haben. Zweifellos ist der Japan Chin mit den kurznasigen Rassen Chinas verwandt. In Japan genoß er ein ebensolches Ansehen wie der Peking-Palasthund in China, er durfte nur vom höchsten Adel gehalten werden, lebte in Bambuskäfigen, wurde in den Ärmeln der seidenen Kimonos getragen und vegetarisch ernährt. 1853 erhielt Commodore Perry ein Pärchen zum Geschenk, das er der hundefreundlichen Königin Victoria überreichte. Das erste reinrassige Pärchen gelangte 1880 als Geschenk der japanischen Kaiserin an Kaiserin Auguste nach Deutschland. Der ursprüngliche Chin war größer, als man ihn heute kennt, und wurde erst in England, vermutlich durch Einkreuzung mit King Charles Spaniel, kleiner. Japan Chins sind fröhliche, aufgeschlossene Hausgenossen, anpassungsfähig und verspielt bis ins hohe Alter, und sie lieben ausgedehnte Spaziergänge. Die aufmerksamen, intelligenten, lebhaften Hunde sind friedlich im Umgang mit Artgenossen und leicht zu erziehen. Zärtlich und ganz in seinem Menschen aufgehend, wachsam aber nicht aggressiv, ist der Japan Chin ein charmanter Begleiter und anpassungsfähiger Wohnungshund. Das lange Fell ohne Unterwolle ist bei regelmäßigem Kämmen pflegeleicht, die Augen müssen täglich ausgewischt werden.

Schulterhöhe: 28 cm, Gewicht: 4 kg, Farbe: reinweiß mit klar abgegrenzten schwarzen oder rotgelben Platten mit gleichmäßiger Gesichtszeichnung. Int. Club für Japan Chin, Peking-Palasthunde und King-Charles-Spaniel.

Dandie Dinmont Terrier Großbritannien FCI-Nr. 168/3.2

Zur Familie der schottischen Terrier gehörend, trägt der robuste, kleine Haudegen seinen Namen nach der Romanfigur Dandie Dinmont, die einem Züchter dieser Tiere nachempfunden sein könnte. Dieser literarische Aufstieg zu Beginn des 19. Jh. verschaffte ihm Zutritt zu Englands feinsten Kreisen, so daß er sich schnell vom raubzeugscharfen Jagdhund zum Salonlöwen entwickelte. Er ist eng mit dem Bedlington Terrier verwandt und wurde auch in andere englische Terrierrassen eingekreuzt. Er gehört zu den unmittelbaren Vorfahren des Rauhhaardackels, der manchmal noch typische Dandie-Merkmale aufweist. Ähnlich ist auch sein Charakter. Man bezeichnet ihn als den Philosophen unter den Terriern, ruhig, wenn nötig, und lebhaft, wenn möglich. Fremden gegenüber ist der Dandie unnahbar bis reserviert, zu seinen Menschen zärtlich und umgänglich, aber auch eigenwillig. Er ist ein wachsamer Hund mit respekteinflößender Stimme. Weniger geeignet für Familien mit Kindern; besonnene ruhige Menschen sind eher mit ihm glücklich. Der wendige, schnelle Terrier ist auch heute noch ein ausgezeichneter Ratten- und Mäusevertilger. Das Haarkleid wird regelmäßig gekämmt und mehrmals jährlich in Form gezupft, der Hund sollte aber nie „frisiert" wirken.

Schulterhöhe: max. 27,5 cm, Gewicht: 8 kg, Foto: Rüde links pfefferfarben. Hündin rechts senffarben. Klub für Terrier

Kontinentaler Zwergspaniel
Papillon/Phalène

Frankreich/Belgien FCI-Nr. 77/9.10

Es gibt zwei Formen des Kontinentalen Zwergspaniels: den Papillon (links) mit Stehohren, das „Schmetterlingshündchen", und den Phalène (Nachtfalter, rechts) mit Hängeohren, die ursprüngliche Form. Die Zwergspaniels erfreuten schon im 12. Jh. die feinen Damen des spanischen Hofes, im 14. und 15. Jh. gehörten sie zum Alltagsbild der meisten europäischen Adelshäuser, wie auf zahlreichen Gemälden berühmter Meister zu sehen. Rubens selbst soll einen besessen haben, ebenso wie die Marquise de Pompadour und Marie Antoinette. Sie wurden als Privileg der Begüterten angesehen und während der Französischen Revolution fast ausgerottet. Erst im 19. Jh. wurden die stehohrigen Papillons durch Einkreuzung von Spitz und Chihuahua populär, sie sind heute noch viel häufiger als der Phalène anzutreffen. Der Papillon darf kein zitterndes, empfindliches Nervenbündel sein. Er ist von Hause aus robust, selbstbewußt, fröhlich, intelligent und steckt voller Temperament. Der leicht erziehbare, anschmiegsame Hausgenosse paßt sich sehr gut ins Familienleben ein, sollte jedoch nicht als Kinderspielhund betrachtet werden. Die Zwergspaniels lieben Spaziergänge und sind angenehme Wohnungshunde. Sie fühlen sich in der Stadt ebenso wohl wie auf dem Lande, wo sie gerne Mäuse und sogar Kaninchen jagen. Das lange, kräftige Haar ohne Unterwolle ist pflegeleicht.

Schulterhöhe: 28 cm, Gewicht: a) bis 2,5 kg, b) bis 4,5 kg, Farben: auf weißem Grund alle Farben zulässig, zweifarbig oder dreifarbig, selten einfarbig rot, braun oder schwarz. Foto: rechts Phalène-Jungtier. Div. Vereine im VDH.

| **Skye Terrier** | Großbritannien | FCI-Nr. 75/3.2 |

Eine außerordentlich aparte Erscheinung unter den Terriern ist der Skye. Zur Zeit Elisabeth I. beschrieb Dr. Caius einen Terrier, der aus Island gekommen sei und dem heutigen Skye sehr ähnlich gewesen sein muß. Vermutlich meinte er die im Nordwesten Schottlands gelegene Isle of Skye. Der Skye Terrier gehört zu den raubzeugscharfen, harten schottischen Terriern, dessen dichtes Fell ihn vor den Bissen der Füchse schützte. Schon früh gelangte er in den Ausstellungsring und wurde von seiner ursprünglichen Aufgabe immer weiter weggezüchtet. Längst kann er in keinen Fuchsbau mehr eindringen, wenngleich es ihm nicht an Schneid fehlt. Der Skye Terrier ist ein schwieriger Hund, nicht nur wegen der intensiven Fellpflege, die er benötigt, sondern auch wegen seines Charakters. Mit seiner eigenwilligen Persönlichkeit schließt er sich nur einem Menschen an, den er als Herrn und Meister akzeptiert. Seine Erziehung ist nicht einfach, sie verlangt Konsequenz und Verständnis. Fremden gegenüber ist der Skye Terrier mißtrauisch und unduldsam. Der enorm kräftige Hund ist trotz seiner kurzen Beine durchaus ein zuverlässiger Beschützer. Man muß das besondere Wesen dieses Eigenbrötlers schon lieben, will man mit ihm glücklich werden. Für Kinder nicht unbedingt zu empfehlen. Steh- und hängeohrige Skyes werden getrennt gezüchtet.

Schulterhöhe: 26 cm, Gewicht: 11,5 kg, Farben: grau, rehbraun, cremefarben, schwarz. Klub für Terrier.

| **Cairn Terrier** | Großbritannien | FCI-Nr. 4/3.2 |

Der Urtyp aller schottischen Terrier kam glücklicherweise nie in Mode, wie z. B. sein weißer Vetter, der West Highland White Terrier. Seit jeher züchteten die Vieh- und Schafzüchter im schottischen Hochland raubzeugscharfe Terrier. Nicht Sport, sondern Notwendigkeit bestimmten die Jagd auf die lämmerraubenden Füchse. Da es in der dünnen Erdkrume keine unterirdischen Baue gibt, leben die Füchse in „Cairns", uralten, durch Baumwurzeln fest verankerten Geröllhalden. Da man den Hunden durch Ausgraben der Baue nicht zu Hilfe kommen kann, überleben nur die kühnsten, raffiniertesten und härtesten Terrier ihre Lebensaufgabe. Der moderne Cairn Terrier wurde zwar im Laufe der Jahre als Familienhund gesetzter, ist aber noch immer ein fröhlicher Draufgänger, der vor nichts zurückschreckt. Nicht zuletzt gilt er deshalb als beliebter Männerhund. Doch der unempfindliche, robuste Cairn ist ebenso feuriger Beschützer alleinstehender Damen wie duldsamer Spielgefährte der Kinder. Der selbständige, jedoch nicht eigensinnige Hund lernt schnell, braucht aber konsequente Erziehung, sonst schwingt er sich zum Familienoberhaupt auf. Er ist wachsam, ohne unnötig zu kläffen. Das rauhe Fell ist pflegeleicht und wird nur ein wenig in Form gezupft.

Schulterhöhe: o. A., Gewicht: 6,5 kg, Farbe: rot, creme, weizenfarben, grau oder nahezu schwarz, gestromt. Klub für Terrier.

West Highland White Terrier   Großbritannien   FCI-Nr. 85/3.2

Der Westie ist schlicht und einfach ein wei-ßer Cairn Terrier. In seiner schottischen Heimat hielt man weiße Terrier für schwächlich und feige. Weiße Welpen wur-den schon bei der Geburt ersäuft und hatten nie die Gelegenheit, das Gegenteil zu bewei-sen. Ein gewisser Major Malcolm aus Pol-talloch wollte es genau wissen und widmete sich der Zucht einer weißen Linie von Cairn Terriern. Seine Hunde nahmen es wenig-stens genausogut mit Dachs, Fuchs, Otter und Wildkatze auf wie jeder farbige Cairn. Es gab aber auch weiße Welpen aus anderen schottischen Terrierschlägen, die alle einen eigenen Namen hatten. 1904 wurden sie als West Highland White Terrier anerkannt und schnell populär. Seit einigen Jahren ist der Westie ein absoluter Moderenner, mit allen Nachteilen, die eine profitorientierte Zucht mit sich bringt. Viele Westies sind weder im Aussehen noch im Charakter typisch. Des-halb ist beim Kauf auf sorgfältige Züchter-wahl zu achten. Der kleine, robuste, aus-dauernde Hund mit dem kecken Gesichts-ausdruck ist selbstbewußt, immer zu Spiel und Spaß aufgelegt, aufmerksam, wachsam und unkompliziert im Umgang mit Kin-dern. Er liebt Spaziergänge und ist bei aus-reichender Bewegung und Möglichkeit zum Toben auch gut in der Stadt zu halten. Das drahtige Fell benötigt Pflege und wird regel-mäßig getrimmt.

Schulterhöhe: 28 cm, Gewicht: o. A. Klub für Terrier.

Scottish Terrier   Großbritannien   FCI-Nr. 73/3.2

In Schottland haben niederläufige Terrier eine jahrhundertealte Tradition. In der Abgeschiedenheit der Täler und Inseln entwikkelten sich verschiedene Typen, die alle ausgezeichnete Fuchs-, Dachs- und Otterjäger waren und sich durch Mut, Raubzeugschärfe, Härte und Robustheit auszeichneten. Erst mit Beginn der Rassehundezucht gab man den verschiedenen Terriern Namen und züchtete sie als getrennte Rassen. Schottische Terrier gab es viele, und so war der Disput groß, welcher nun tatsächlich der „Scottish" Terrier war. Capt. Gordon Murray setzte sich mit einem bestimmten Typ durch, und der auch Aberdeen Terrier genannte Hund wurde populär. Aus dem urigen Jagdhund wurde ein Salonlöwe, der seiner ursprünglichen Aufgabe nicht mehr nachgehen kann. Queen Victoria besaß einen Scottish Terrier. In Amerika wurde der Schotte mit dem charakteristischen Bart und dem ernsten Gesichtsausdruck Modehund. Heute ist er nur mehr selten anzutreffen. Der Scottish Terrier ist ein eher ruhiger, gesetzter, ernster Hund, der sich nur schwer mit Fremden anfreundet. Seiner Familie treu ergeben, besitzt er dennoch eine starke Persönlichkeit, die konsequent erzogen werden will. Der wachsame, aber nie laute Hund hat kein allzu großes Laufbedürfnis und eignet sich deshalb recht gut für ein Stadtleben. Das harsche Fell wird regelmäßig getrimmt.

Schulterhöhe: 28 cm, Gewicht: 10,5 kg, Farben: schwarz, weizenfarben, gestromt in jeder Farbe. Klub für Terrier.

| **Cesky Terrier** | Tschechien | FCI-Nr. 246/3.2 |

Der bekannte Kynologe Frantisek Horak suchte einen Terrier für die Jagd auf Hase, Fuchs und Dachs. Er versuchte es mit Scottish und Sealyham Terrier, die damals noch arbeitsfähig waren. Horak schätzte die Jagdpassion des Schotten, er war ihm aber zu aggressiv und starrköpfig. Der leichtführige, mit vorzüglicher Nase ausgestattete Sealyham Terrier besaß nicht genug Raubzeugschärfe, und so züchtete er aus beiden Rassen einen leichten, wendigen, umgänglichen und leichtführigen Terrier voller Jagdpassion. 1963 wurde die Rasse offiziell anerkannt. Inzwischen ist der Cesky weit über die Grenzen seines Landes hinaus bekannt. Aber nicht als Jagdhund, sondern als Haus- und Familienhund. Ceskys sind ideale Wohnungshunde, sauber, klein, wachsam, aber nicht bissig. Der ruhige, anpassungsfähige, zärtliche, gehorsame Hund ist der ideale Begleiter älterer Menschen, die noch viel spazierengehen können. Der Cesky tobt sich dabei mit Artgenossen und beim Ball- oder Stöckchenspielen aus. Bewegung allerdings braucht der gute Futterverwerter, sonst wird er schnell fett und träge. Da er im allgemeinen leicht zu erziehen und sehr anhänglich ist, bereitet seine Jagdpassion kaum Probleme. Das seidig feine Haar wird regelmäßig geschoren, weil es leichter zu pflegen ist. Häufiges Kämmen notwendig. Welpen werden schwarz oder schokoladenbraun geboren und erst später heller.

Schulterhöhe: 30 cm, Gewicht: 9 kg, Farben: grau in allen Schattierungen, gelegentlich mit hellen Abzeichen. Klub für Terrier.

Sealyham Terrier   Großbritannien   FCI-Nr. 74/3.2

In der zweiten Hälfte des 19. Jh. schuf Capt. Edwardes auf seinem Gut Sealy Ham den Sealyham Terrier. In Wales, genauer Pembrokeshire, gab es schon lange zuvor einen kräftigen, untersetzten weißen Terrier, den Edwardes mit dem Dandie Dinmont Terrier verkreuzte. Er führte noch Bull Terrierblut hinzu, um die Kraft der Kiefer zu verstärken, denn sein Zuchtziel war ein unerschrockener, harter Hund, der den Dachs aus seinem Bau trieb. Sealyham Terrier jagten auch in der Meute und sind nicht rauflustig. Obwohl hauptsächlich auf Dachs gezüchtet, verfolgten sie alles, was ihnen vor die Nase kam: Otter, Wiesel, Iltis und Kaninchen. Der moderne Showtyp-Sealyham eignet sich allerdings nicht mehr für die jagdlichen Aufgaben. Er wurde zu schwer, plump und reich behaart. An den alten, leichten Typen hielt der Züchter Sir Jocelyn Lucas in den 30er Jahren fest. Er kreuzte den Sealyham mit Norfolk und Norwich Terriern. Der sog. **Lucas-Terrier** wird heute noch gerne zur Jagd verwendet. Unser heutiger Sealyham ist ein angenehmer, fröhlicher, humorvoller Hausgenosse, der gerne spielt und läuft. Er soll freundlich, gelehrig, furchtlos und aufmerksam sein. Seine tiefe, volle Stimme läßt hinter der Tür einen weit größeren Hund vermuten, der Sealyham ist deshalb ein effektvoller Wächter. Das weiße Fell wird regelmäßig getrimmt. Kupierte Rute.

Schulterhöhe: 31 cm, Gewicht: 8 kg, Farben: weiß, weiß mit zitronengelben, braunen oder dachsfarbenen Flecken an Kopf und Ohren. Klub für Terrier.

Malteser

Mittelmeerraum   FCI-Nr. 65/9.1

Der Malteser ist der am weitesten verbreitete und beliebteste Bichon. Der Name rührt nicht von der Insel Malta her, sondern von der Insel Meleda im Adriatischen Meer. Vermutlich kamen die schneeweißen Hündchen von Ägypten nach Griechenland, später nach Rom und in neuerer Zeit an den französischen Königshof. Von jeher schmückten sich feine Damen mit den charmanten, feenhaften Wesen, aber sie genossen auch hohe Wertschätzung als „Heilmittel" gegen allerlei Gebrechen. Ganz sicher wirkte sich der warme Körper wohltuend auf den Leib aus, und die Gesellschaft des Hündchens heilsam auf die Seele. Malteser sind lebhafte, gelehrige intelligente Hausgenossen, wachsam, aber nicht unnötig kläffend. Der Malteser ist ein gesunder, robuster und langlebiger Hausgenosse, der gerne rennt und tollt und seinen Menschen am liebsten auf Schritt und Tritt begleitet, was bei der handlichen Größe auch kein Problem ist. Die Malteser gewinnen in letzter Zeit immer mehr Freunde, weshalb man beim Kauf die Herkunft des Hundes kritisch prüfen sollte. Das weiße Seidenhaar fällt nicht aus, sondern wird ausgekämmt. Allerdings muß das Fell täglich gekämmt, die Augen jeden Morgen und der Bart nach jeder Mahlzeit gereinigt, sowie die Afterregion peinlich saubergehalten werden. Nur wer wirklich Spaß an der Fellpflege und die nötige Zeit dazu hat, kann sich an einem weißen, gepflegten Malteser erfreuen.

Schulterhöhe: 25 cm, Gewicht: 4 kg, Farben: reinweiß. Diverse Vereine im VDH.

Bichon à poil frisé   Frankreich/Belgien FCI-Nr. 215/9.1

Zu den ältesten Rassen Europas gehören die Bichons. Schon im alten Rom waren diese weißen Hündchen geliebte Begleiter vornehmer Damen. Sie sind es viele Jahrhunderte lang geblieben, besonders in Italien und Frankreich, wo der Bichon auf kaum einem Gemälde aristokratischer Damen fehlen darf. Der Bichon beglückte seine Herrin nicht nur durch sein entzückendes Wesen, sondern erfüllte eine wichtige praktische Funktion − er diente als Bettwärmer und Heizkissen Kranker. Der ehemals „Teneriffa-Hündchen" genannte Vierbeiner besitzt ein entzückendes Wesen voller Charme, Klugheit, Fröhlichkeit und Liebe. Er ist wachsam, ohne zu viel zu kläffen und ein idealer Wohnungshund. Er liebt Spaziergänge, kommt aber auch mal „ohne" aus. Er kann seinen Herrn um den Finger wickeln, und man kann ihm einfach nicht böse sein oder seiner Zuneigung widerstehen. Trotzdem ist er leicht nur mit Worten zu erziehen. Das robuste, selbstbewußte Kerlchen braucht allerdings sorgfältige Pflege, soll es manierlich aussehen. Zweimal wöchentlich gründlich Kämmen und einmal monatlich Baden sind nötig. Die Fellspitzen werden etwas in Form geschnitten. Dieser noch seltene Hund erfreut sich zunehmender Beliebtheit.

Schulterhöhe: 30 cm, Gewicht: 5 kg. Verband Deutscher Kleinhundezüchter.

Bologneser	Italien	FCI-Nr. 196/9.1
Havaneser	Westl. Mittelmeer	FCI-Nr. 250/9.1
Coton de Tulear	Madagaskar	FCI-Nr. 283/9.1

Mumien kleiner, weißer Schoßhunde wurden schon in ägyptischen Pharaonengräbern gefunden. Seither entzückten die herzigen Wollknäuel vornehme, reiche Damen von der Antike bis in die Neuzeit. Zum Glück braucht man heute weder reich noch vornehm zu sein, um sich am reizenden Aussehen und bezaubernden Wesen dieser seltenen Hunde erfreuen zu können, wenngleich die Anschaffung u. U. mühsam und teuer ist. Alle Bichons zeichnen sich durch unwiderstehlichen Charme, fröhliche Ausgelassenheit, Witz und Klugheit aus. Sie gehen völlig in ihrer Bezugsperson auf und begleiten sie durch dick und dünn. Die kleinen Persönlichkeiten sind viel robuster und ausdauernder, als man annehmen möchte, und lieben ausgedehnte Spaziergänge. Trotzdem hält sich ihr Bewegungsdrang in Grenzen. Sie sind wachsam, aber keine Kläffer. Das weiche Fell benötigt tägliche sorgfältige Pflege.

Bologneser (oben):
Er stammt aus Italien und war der Liebling berühmter Damen wie Madame Pompadour, Katharina der Großen von Rußland oder Maria Theresia von Österreich. Schulterhöhe: 30 cm, Gewicht: 4 kg. Verband deutscher Kleinhundezüchter.

Havaneser/Bichon Havanaise (rechts oben):
Er gelangte vermutlich mit den Spaniern nach Cuba, wo er sich in feinen Kreisen großer Beliebtheit erfreute. Kommt in vielen Farben vor. Schulterhöhe: 36 cm, Gewicht: 6 kg. Verband deutscher Kleinhundezüchter.

Coton de Tulear (rechts):
Seefahrer brachten ihn auf die Insel Madagaskar. Der Name weist auf sein baumwollartiges Fell hin (Coton = Baumwolle aus Tulear). Schulterhöhe: 32 cm, Gewicht: 6 kg. Coton de Tulear Club.

Zwergpinscher Deutschland FCI-Nr. 185/2.1

Zwergpinscher und Zwergschnauzer gab es schon vor der Reinzüchtung aller Schnauzer- und Pinscherrassen. Die Zwerge waren beliebte Salonhunde. Feine Damen der Jahrhundertwende schmückten sich mit den Winzlingen, die nicht klein und zart genug sein konnten. Zum Glück blieb das Zuchtideal nicht beim möglichst kleinen, feinen, zittrigen Schoßhund, sondern der Zwergpinscher soll genauso aussehen wie der Pinscher im Taschenformat. Typische Zwerghundmerkmale wie runder Schädel, kleine, spitze Schnauze, große, vorstehende Augen usw. sind ebenso unerwünscht wie ängstliches Wesen. Der Zwergpinscher ist mit seinem Glatthaar ein sauberer, pflegeleichter Wohnungshund für kleinsten Raum. Er schließt sich eng an seine Familie an, gibt älteren, alleinstehenden Menschen Gesellschaft und Zuneigung, er ist spielfreudig und lustig, zärtlich und selbstbewußt. Der unbestechliche Wächter ist Fremden gegenüber mißtrauisch. Ein Hund im Handtaschenformat, der kaum Ansprüche stellt. Rute kupiert.

Der dem Zwergpinscher sehr ähnliche **Prager Rattler** ist in Literatur und Kunst bis ins 14. Jh. zurückzuverfolgen, als der tschechische König Karl I. dem französischen König Karl V. ein solches Hündchen schenkte. Seit Anfang der 60er Jahre wird die alte Rasse in der Tschechoslowakei wieder aufgebaut.

Schulterhöhe: 30 cm, Gewicht: o. A. Farben: rot (früher Rehpinscher genannt) und schwarz mit roten Abzeichen. Foto: rote Hündin. Pinscher und Schnauzer Klub.

Black and Tan Toy Terrier Großbritannien FCI-Nr. 13/3.4

Er ist auch unter dem Namen English Toy Terrier bekannt und ist eine verkleinerte Ausgabe des Manchester Terrier. Der Zwerg begleitete seinen Herrn in der Jakkentasche in die Kneipen, um gegen hohe Wettgelder Ratten in einer Arena zu töten. Die Briten entwickelten daraus einen regelrechten Sport, je mehr Ratten ein Hund in der Minute tötete, desto wertvoller war er. Schon 1881 gab es einen Standard für den Toy, was bedeutet, daß die Zwergform (toy = Spielzeug) des alten Black and Tan Terrier zu den frühen Rassen gehört. Vermutlich wurde die Zwergform durch Auslese und Kreuzung mit dem Italienischen Windspiel erreicht, denn insgesamt ist der Toy zierlich und feingliedrig, auch wenn der Standard einen harmonischen, eleganten, kompakten Hund wünscht, der einen Eindruck von Aufmerksamkeit und Schnelligkeit vermitteln soll. Dabei darf er keineswegs an den Whippet erinnern. Er ist ein fröhlicher, flinker, trotz geringer Größe mutiger, wachsamer Terrier, der nie nervös sein sollte. Ein guter Hausgenosse für die Großstadtwohnung, da er ausgesprochen pflegeleicht ist. Weder Ohren noch Rute werden kupiert. Er gehört auch in England zu den seltenen Rassen und ist hierzulande kaum anzutreffen.

Schulterhöhe: 31 cm, Gewicht: 4 kg. Klub für Terrier.

Welsh Corgi	Großbritannien	
Cardigan		FCI-Nr. 38/1.1
Pembroke		FCI-Nr. 39/1.1
Lancashire Heeler	Großbritannien,	
		nicht FCI-anerkannt

Welsh Corgi

Die Viehtreiberhunde aus Wales stammen möglicherweise von Wikingerhunden ab. Kurzbeinige Hunde ducken sich unter ausschlagenden Rinderhufen weg, springen vor, kneifen den widerspenstigen Bullen erneut in die Fesseln und weichen dem tödlichen Tritt blitzschnell aus. Auf dem Hof halten sie Ratten und Mäuse kurz, treiben die Rinder, bewachen das Anwesen. Corgis sind immer aufmerksam, immer im Dienst. Der intelligente, mittelgroße Hund auf kurzen Beinen ist selbstbewußt, kraftvoll und braucht eine konsequente Erziehung und Beschäftigung. Er stellt die Rangordnung in der Familie immer wieder in Frage und versteht es durchzusetzen, was er sich in den Kopf gesetzt hat! Der wachsame Hund ist nicht überaggressiv und unkompliziert im Umgang mit Kindern. Ein pflegeleichter, herrlicher Kumpel für die ganze Familie!

Pembroke (oben): Schulterhöhe: 30,5 cm, Gewicht: 12 kg, kupierte Rute, Farben: rotbraun, schwarz und tan, mit oder ohne weiße Abzeichen.

Cardigan (rechts oben): etwas gesetzter im Wesen, Schulterhöhe: 30 cm, Gewicht: etwa 12 kg, Farben: alle Farben, nicht überwiegend weiß. Club für Britische Hütehunde.

Lancashire Heeler (rechts):

Nur vom Kennel Club anerkannter kurzbeiniger Viehtreiberhund aus der Region Manchester, vermutlich mit starkem Corgieinfluß und Einkreuzung von Manchester Terrier. Freundlicher, lebhafter, intelligenter, selbstbewußter Hausgenosse und fröhlicher Kamerad der Kinder, der eine konsequente Erziehung braucht. Wachsam, gelegentlich rauflustig. Fängt Ratten und Kaninchen wie ein Terrier. Schulterhöhe: 30 cm, Gewicht: o. A. Farben: schwarz und tan.

| **Westgotenspitz** | Schweden | FCI-Nr. 14/5.3 |

Der schwedische Schäferspitz stammt aus Westgotland in Schweden. Er ist der einzige niederläufige nordische Hund und hat starke Ähnlichkeit mit den britischen Corgis. Es läßt sich heute nicht mehr sagen, ob die Wikinger ihre Hütehunde aus Skandinavien mit nach Wales brachten oder die dortigen Hunde mit nach Hause nahmen. Der Västgötaspets oder Swedish Vallhund ist ein unermüdlicher Hofhund, der geschickt den Tritten der Rinder ausweicht und sie dahin treibt, wohin er sie haben will. Ob der Bauernhund unbedingt reinrassig war oder nicht, interessierte den Bauern weniger, solange der Hund seine Arbeit tat. Deshalb drohte mit Verbesserung der Verkehrswege und Verbreitung fremder Rassen der typische Vallhund durch Vermischung unterzugehen. Gerade noch rechtzeitig begann in den 50er Jahren ein Zuchtprogramm, und der Vallhund ist heute auf dem besten Wege, in Schweden populär zu werden. Der kleine, intelligente, sehr aktive Hund läßt sich leicht erziehen. Er besitzt nicht die Eigenständigkeit der anderen Spitze. Er ist ein Familienhund von handlicher Größe, robuster Gesundheit, kräftig und pflegeleicht. Duldsam im Umgang mit Kindern, stets zum Spielen und Toben bereit, wachsam aber nicht bissig, paßt der Vallhund in jede Familie, die dem kleinen Arbeitshund Zuneigung schenkt und seinen regen Geist beschäftigt. Der Westgotenspitz ist auch außerhalb Schwedens anzutreffen. Rute kupiert.

Schulterhöhe: 33 cm, Gewicht: 14 kg, Farben: grau mit dunkler Schattierung auf dem Rücken. Deutscher Club für Nordische Hunde.

Schipperke	Belgien	FCI-Nr. 83/1.1

Kleiner Schäferhund vom Spitztyp, dessen Name vom flämischen „Scheperke" = kleiner Schäferhund abgeleitet wird. Er wird im 15. Jahrhundert in der Chronik des Mönches Wencelas erstmals erwähnt. Auf vielen alten flämischen Gemälden ist der Hund als Bestandteil bäuerlichen Lebens zu finden. Aber auch auf den zahlreichen Kähnen war der Schipperke heimisch, worauf manche seinen Namen zurückführen. Der kleine, wendige Bursche hielt das Schiff von Ratten und Mäusen frei und bewachte es lautstark und energisch vor Dieben. 1690 gab es in Brüssel sogar einen Wettbewerb um das schönste Hundehalsband für die kleinen schwarzen Kerlchen. Als 1885 die belgische Königin Marie-Henriette einen solchen Hund bekam, gewann der Schipperke rasch an Beliebtheit. Der lebhafte, neugierige, immer aufmerksame Begleiter ist geduldig im Umgang mit den Kindern seiner Familie. Der unbestechliche Wächter verteidigt sein Revier voller Leidenschaft. Wem ein Hund genügt, der bellt und verteidigt, ohne Menschen ernsthaft gefährden zu können, findet in dem kleinen, schwarzen Teufelchen einen ausgesprochen zuverlässigen Kameraden. Intelligent und gelehrig, voller Temperament und gut in der Wohnung zu halten, schließt sich der Hund ganz an seinen Menschen an. Zu Fremden ist er entsprechend unnahbar bis unfreundlich. Er liebt besonders die Nähe von Pferden, ist pflegeleicht und robust. Rutenlos geboren oder kupiert.

Schulterhöhe: o. A., Gewicht: a) 5 kg, b) 8 kg, Farbe: schwarz. Verband Deutscher Kleinhundezüchter.

Mittelspitz und Kleinspitz	Deutschland	FCI-Nr. 97/5.4
Japanese Spitz	Japan	FCI-Nr. 262/5.5
Volpino Italiano	Italien	FCI-Nr. 195/5.4

Mittelspitz und Kleinspitz

Spitze sind die älteste Haushundform überhaupt und entwickelten sich auf der ganzen Welt. Insbesondere die deutschen Spitze gelten als hervorragende Haus- und Familienhunde. Die mittelgroßen und kleinen eignen sich bestens als Wohnungshunde. Bei entsprechender Erziehung läßt sich die sprichwörtliche Bellfreudigkeit in Grenzen halten, jedoch ist der Spitz immer ein zuverlässiger Wächter, der Fremden gegenüber ausgesprochen mißtrauisch ist. Dafür ist er um so mehr seinem Herrn zugetan, er ist robust, anpassungsfähig und bewegungsfreudig. Groß genug, um lange Wanderungen unermüdlich mitzumachen, klein genug, um seinen Herrn überallhin zu begleiten. Spitze sind sehr reinlich, das lange Haar braucht regelmäßige Pflege, neigt aber nicht zum Verfilzen. Die deutschen Spitze unterscheiden sich nur durch Größe und Farbe.

Mittelspitz (oben)

Schulterhöhe: 36 cm, Gewicht: o. A., Farben: schwarz, weiß, braun, orange, wolfsfarben.

Kleinspitz (rechts oben)

Schulterhöhe: 28 cm, Gewicht: o. A., Farben wie Mittelspitz. Beide Verein für Deutsche Spitze.

Japanese Spitz (rechts)

Der fröhliche, wachsame, aber nicht unnötig kläffende, freundliche Hausgenosse ist ruhiger als die Deutschen Spitze und sehr kinderlieb. Er stammt von arktischen Spitzen ab.

Schulterhöhe: 33 cm, Gewicht: o. A., Farbe: weiß. Verein für Deutsche Spitze.

Volpino Italiano (kleines Bild oben)

Er unterscheidet sich äußerlich und wesensmäßig kaum vom Kleinspitz. Leider ist der schon von den Römern geliebte Spitz in seiner Heimat sehr selten.

Schulterhöhe: 30 cm, Gewicht: o. A., Farbe: weiß oder rot.

Dachshund   Deutschland   FCI-Nr. 148/4.1

Der Teckel oder Dackel stammt von kurzbeinigen Bracken ab. Kurzbeinigkeit erleichtert das Durchstöbern dicht bewachsener Regionen, der langsamere Hund kann vom Jäger leichter verfolgt werden und in Dachs- und Fuchsbauten einschliefen. Der Vollblutjagdhund von erstaunlicher Vielseitigkeit kämpft unter der Erde tollkühn gegen Fuchs und den ihm körperlich überlegenen Dachs, jagt spurlaut, stöbert, zeigt beste Leistungen auf Schweiß und kann sogar bei der Wasserarbeit eingesetzt werden. Trotz seiner Jagdpassion ein beliebter Haus- und Familienhund. Der Clown, der Schelm, der Schauspieler unter den Hunden wird nie langweilig, seine Mimik ist unnachahmlich.

Er weiß genau, wie er seine Menschen um den Finger wickeln kann. Er ist zärtlich, rücksichtsvoll, dreist und draufgängerisch, wann immer es die Situation erfordert. Der wachsame, ja durchaus verteidigungsbereite Dackel versteht, sich Respekt zu verschaffen. Da er bei seiner Arbeit auf selbständiges Handeln angewiesen ist, darf man ihm eigenen Entscheidungswillen nicht als Ungehorsam auslegen. Bei liebevoll konsequenter Erziehung ist auch der Dackel gehorsamer Hausgenosse. Das Problem scheint, daß Dackelbesitzer oft alle Prinzipien über dem Charme des Vierbeiners vergessen! Am beliebtesten ist der Rauhhaar-, gefolgt vom Lang- und Kurzhaarteckel.

Schulterhöhe und Gewicht: o. A., Normalgröße ab 35 cm und Zwergteckel bis 35 cm Brustumfang, Kaninchenteckel 30 cm Brustumfang. Farben: alle, weiße Abzeichen an der Brust erlaubt, aber unerwünscht. Diverse Vereine im VDH.

Podengo Portugues pequeno (klein)   Portugal   FCI-Nr. 94/5.7

Die im gesamten Mittelmeerraum vorkommenden, stehohrigen, eleganten Laufhunde, die nicht zu den Windhunden zählen, sind schon auf jahrtausendealten ägyptischen Darstellungen zu finden. Charakteristisch ist die rötliche Sandfarbe mit oder ohne weiße Abzeichen und das Vorkommen rauhhaariger sowie kurzhaariger Exemplare. Portugal allerdings besitzt den einzigen niederläufigen Laufhund. Er ist recht beliebt, denn er ist nicht nur ein hervorragender Kaninchenjäger, sondern auch ein amüsanter Haus- und Familienhund, klein und genügsam. Erst in jüngster Zeit werden die Podengos nach Rassestandard gezüchtet, und obwohl sie von alters her ihren Typ bewahrt haben, gilt der kleine als schwierig in der Zucht, weil er das Ebenbild der größeren sein soll und keine Verzwergungsmerkmale wie runden Kopf, spitzen Fang und vorstehende Augen aufweisen darf. Charakterlich ist er mit dem Terrier vergleichbar, stets fröhlich, raubzeugscharf, intelligent, unkompliziert, kinderfreundlich, wachsam. Hervorragender Rattenfänger. Die kleinen Podengos gehen in die Baue wie Teckel oder Terrier und arbeiten ähnlich wie der Jack Russell Terrier. Sicherlich ein Familienhund mit Zukunft, allerdings braucht er eine konsequente Erziehung, um seine Neigung, einer Spur zu folgen, in Grenzen zu halten.

Schulterhöhe ‚pequeno': 30 cm, Gewicht: 5 kg.

Belgische Griffons   Belgien/Frankreich FCI-Gruppe 9.3

Die belgischen Griffons und der deutsche Affenpinscher stammen vom gleichen struppigen Zwerghund ab, der später nach Typ und Farben getrennt weitergezüchtet wurde, wobei in Belgien der Mops eingekreuzt wurde. Dafür spricht die kurzhaarige Variante, der Petit Brabancon, und die viel kürzere Nase. 1880 wurde ein Brüsseler Griffon „Bester Hund der Ausstellung" in Brüssel, was die Rasse mit einem Schlag populär machte. Während die kleinen Belgier in England, Amerika und Skandinavien zahlreiche Anhänger fanden, zählen sie in Deutschland eher zu den seltenen Rassen. Das mag an der schwierigen Zucht (große Welpen, anstrengende Geburten) und an der extremen Kurznasigkeit liegen, die starken Tränenfluß bedingt. Die Hautfalte zwischen Stirn und Nase muß sorgfältig gepflegt werden, um Entzündungen zu vermeiden. Außerdem schnarchen die kleinen Kurznasen. Die kleinen Burschen sind außerordentlich wachsam, bellen aber nur leise, was für die Haltung in der Wohnung vorteilhaft ist. Lästiges Keifen kennt der kleine Belgier nicht. Die Griffons sind robuste, lebhafte, anhängliche Familienhunde, die gerne laufen, toben und tollen. Voller Spiel- und Lebensfreude werden sie oft 15 Jahre und älter. Bis auf die Augen-Nasen-Region einfache Pflege. Kupierte Ruten.

Schulterhöhe: 32 cm, Gewicht: 5 kg. **Brüsseler Griffon** FCI-Nr. 80: rauhhaarig, weizenfarbig bis rotbraun. **Belgischer Griffon** FCI-Nr. 81: rauhhaarig, schwarz oder schwarzrot. **Kleiner Brabant** (Petit Brabancon, Frankreich) FCI-Nr. 82: kurzhaarig, rot oder schwarzrot. Verband deutscher Kleinhundezüchter

Affenpinscher   Deutschland   FCI-Nr. 186/2.1

Vor 150 Jahren glaubte man, dieser struppige Zwerg sei eine Kreuzung zwischen Affe und Pinscher, daher der Name. Mit seinem runden Kopf, dem verkürzten Nasenrücken und seinen großen, runden, glutvollen Augen fällt er völlig aus dem Rahmen der Schnauzer-Pinscher-Familie. Strebel (1905) erwähnt noch einen seidenhaarigen Affenpinscher. Heute wünscht man das Fell hart und dicht mit harschem, sternförmig abstehenden Haarkranz um den Kopf, der mit dem stattlichen Bart und stachelig abstehenden Augenbrauen das charakteristische „Affengesicht" unterstreichen soll. Die hochangesetzten Ohren dürfen stehen oder kippen, die Rute wird kupiert. Sein Fremden gegenüber abweisendes, zuweilen aufbrausendes Wesen und der abfällige Name schaffen ihm auf Anhieb keine Freunde. Dabei ist er seinen Menschen ein liebevoller, etwas kauziger Hausgenosse mit ausgeprägter Persönlichkeit. Er ist sehr wachsam und bellt viel. Abgesehen davon ist er wegen seiner handlichen Größe ein idealer Wohnungshund mit hoher Lebenserwartung. Pflege bis auf das Kämmen des Kopfhaares und regelmäßiges Trimmen des Körperhaars einfach. Leider sehr seltene Rasse mit schmaler Zuchtbasis.

Schulterhöhe: 25–30 cm, Gewicht: o. A., Farbe: schwarz, braune oder graue Tönungen und Abzeichen zugelassen. Pinscher und Schnauzer Klub.

| **Mops** | China | FCI-Nr. 253/9.12 |

Da ihn holländische Seefahrer im 16. Jh. aus dem Fernen Osten mitbrachten, glaubte man, die Rasse sei holländischen Ursprungs. Wilhelm von Oranien verdankte sein Leben einem wachsamen Mops, der ihn rechtzeitig vor den Spaniern warnte. Mit den Oraniern gelangte der kleine Muskelprotz nach England, und bis ins 20. Jh. war er an allen europäischen Fürstenhöfen heimisch. Als verhätschelter, fettgefütterter Begleiter ältlicher Damen gelangte er in den Ruf eines dummen, faulen Hundes. Freiwillig „mopste" er sich wohl kaum, aber seinen treuen Kinderaugen, den Sorgenfalten auf der Stirn und aufforderndem Schnaufen zu widerstehen und die begehrten Köstlichkeiten zu verweigern, verlangt schon harte Disziplin. Wer sie aufbringen kann und dem nicht gerade lauffreudigen Hund ausreichende Bewegung verschafft, wird sich ein langes Hundeleben an einem fröhlichen, aufmerksamen, intelligenten Hund erfreuen, der sich leicht erziehen läßt. Der liebenswürdige Mops ist niemals aggressiv, immer guter Laune und ein robuster Spielgefährte der Kinder. Wegen seiner kurzen Nase sollte man ihn bei Hitze schonen. Haarpflege ist kaum nötig, nur Augen und Nasenfalte müssen täglich ausgewischt werden. Wer sein Schlafzimmer mit dem Mops teilen will, muß sich an sein Schnarchen gewöhnen.

Schulterhöhe: 32 cm, Gewicht: 8 kg, Farben: schiefergrau, sandfarben bis weißgelb, schwarz. Schwarze Gesichtsmaske, Aalstrich und schwarze Schönheitsfleckchen auf Stirn und Wangen. Diverse Vereine im VDH.

| **Französische Bulldogge** | Frankreich | FCI-Nr. 101/9.12 |

Der Not gehorchend siedelten kurz vor der Jahrhundertwende Spitzenklöppler aus England in die Normandie über und brachten ihre Zwergbulldoggen mit, die damals in England sehr beliebt waren. Während die Rasse auf der Insel unterging, erblühte der französische Familienzweig. Bis zur offiziellen Anerkennung war allerdings ein weiter Weg, denn die Zucht der fledermausohrigen, gedrungenen Hunde mit vorstehendem Unterkiefer lag in Händen der einfachen Leute von Paris: Handwerker, Straßenhändler und Dirnen. Erst als der englische König Eduard VII einen solchen Hund kaufte, wurde der Bully salonfähig und als Rasse anerkannt. Leider gehört er wegen seiner Körperproportionen zu den Problemrassen, natürliche Geburten sind selten (großer Kopf und schmales Becken), viele Hunde leiden an Kurzatmigkeit, Schnarchen und sind hitzeempfindlich. Der Bully ist intelligent, liebenswürdig, zärtlich und verschmust. Er geht gerne spazieren, ist aber kein ausgesprochen lauffreudiger Hund. Der aufmerksame, verspielte Hund bellt wenig. Guter Stadthund. Augen und Nasenfalten sind sauberzuhalten, das Fell ist pflegeleicht.

Schulterhöhe: o.A., Gewicht: 8–14 kg, Farben: gestromt oder weiß mit gestromten Platten. Internationaler Club für Französische Bulldoggen.

King Charles Spaniel　　　　Großbritannien　　FCI-Nr. 128/9.8

Häufig wird der hierzulande auch Toy Spaniel genannte Zwergspaniel mit dem Cavalier King Charles verwechselt, er ist aber kleiner, hat einen verkürzten Fang und eine kupierte Rute. Beider Vorfahren kamen im 13. Jh. aus Italien nach England. Anna von Cleve, 4. Frau Heinrich des VIII. brachte sie an den englischen Hof, wo man sie zur Zeit Elisabeth I. unter den Gewändern mit sich trug und im Sitzen von den Hündchen die Füße wärmen ließ. Berühmt wurde der Hund von Mary Stuart, der nach ihrer Enthauptung unter den Röcken hervorkroch und den Leichnam nicht verlassen wollte. König Charles I. legte per Gesetz fest, daß der kleine Spaniel als einziger Hund den königlichen Rat betreten darf, und Charles II. kümmerte sich angeblich mehr um seine Hunde als um die Staatsgeschäfte. Auch Königin Victoria liebte diese Hunde sehr. Erst im 20. Jh. erfolgte die Trennung der beiden Rassen. Der kleine, stupsnasige King Charles Spaniel erlangte allerdings nie die Popularität des Cavalier King Charles. Auch in Deutschland ist er sehr selten anzutreffen. Der King Charles ist ruhig, friedfertig, anhänglich, ganz auf seinen Menschen eingestellt und glücklich, wenn er mit ihm zusammensein darf. Draußen entwickelt er Temperament und erweist sich als fröhlicher, ausdauernder Spaziergänger. Fremden Menschen begegnet er zurückhaltend, sollte aber nie nervös oder ängstlich wirken. Das feine Haar wird regelmäßig gekämmt.

Schulterhöhe: 32 cm, Gewicht: 6,5 kg, Farben: „Prince Charles" = dreifarbig (Foto), „King Charles" – schwarz und tan, „Blenheim" = weiß mit roten Platten, „Ruby" = kastanienrot. Diverse Vereine im VDH.

Cavalier King Charles Spaniel   Großbritannien   FCI-Nr. 136/9.8

Die Vorfahren der kleinen Spaniels waren Stöberhunde spanischer und französischer Herkunft und besondere Lieblinge englischer Könige, deren Namen sie noch heute tragen. Obwohl der Cavalier King Charles Spaniel zu den ältesten Rassen Englands gehört, verdankt er seine Existenz heute einem Amerikaner. Er hatte die entzückenden Kleinhunde auf Gemälden alter Meister bewundert und war in den 20er Jahren des 20. Jahrhunderts nach England gereist, um ein Exemplar zu kaufen. Leider fand er dort nur die kurznasigen King Charles Spaniels vor! Allerdings wurden auch Welpen mit normalem Fang in den Würfen kurznasiger Eltern geboren. Mr. Eldridge setzte beachtliche Geldpreise für diese „Rückschläge"

aus. Damit war das Interesse der Züchter geweckt, die Neuzüchtung des alten Zwergspaniels begann. 1945 wurde die Rasse anerkannt. Seither hat sie den kurznasigen Vetter an Beliebtheit in aller Welt weit überflügelt. Der kräftige Kleinhund, kein Zwerg, ist ein angenehmer Haus- und Familienhund, freundlich, liebenswürdig und sehr personenbezogen. Das hübsch gefärbte Fell ist nicht zu üppig und gut zu pflegen. Der Cavalier liebt ausgedehnte Spaziergänge, ist umgänglich mit anderen Hunden und leicht zu erziehen. Kindern ist er ein fröhlicher Spielkamerad und älteren Menschen ein verständnisvoller Begleiter. Ein guter Stadthund, wenn er im nahegelegenen Park laufen kann.

Schulterhöhe: o.A., Gewicht: 8 kg, Farben: schwarzloh, dreifarbig, rot (Ruby) und rot auf weiß (Blenheim), Foto: dreifarbige Hündin. Diverse Vereine im VDH.

| Chinesischer Schopfhund | China | FCI-Nr. 288/9.4 |
| Peruanischer Nackthund | Peru | FCI-Nr. 310/5.6 |

Chinesischer Schopfhund/
Chinese Crested Dog
Im warmen Klima Asiens, Afrikas und Süd-
amerikas können sich haarlose Mutationen
normalerweise behaarter Hunde am Leben
erhalten. Seit Jahrhunderten dienen sie als
Wärmespender, Medizin und Speise. Von
Seefahrern aus China mitgebrachte Exemplare wurden in neuester Zeit zuerst in den
USA gezüchtet. Die bis auf mehr oder weniger behaarte Pfoten, Rutenquaste und
Schopf haarlosen Exoten weisen eine ständig überhöhte Körpertemperatur auf; die
Bezahnung ist unvollständig. Bei allen
„Haarlosen" gibt es eine behaarte, vollzah-
nige Variante (Powder Puff, Foto oben
rechts), denn die ausschließliche Zucht mit
haarlosen Tieren führt zum Absterben der
Welpen im Mutterleib. Haarlose Hunde
sind pflegeleicht, unanfällig gegen Ungeziefer und werden von Menschen besonders
geschätzt, die an einer Tierhaarallergie lei-

den. Sie sind vor Kälte und starker Sonnen-
einwirkung gleichermaßen zu schützen.
Ansonsten lebhafte, zärtliche, liebebedürftige, Fremden gegenüber abweisende Hunde. Die Powder Puffs sind unempfindlich
und müssen regelmäßig gekämmt werden.
Schulterhöhe: 33 cm, Gewicht: 5,5 kg, alle
Farben.

Peruanischer Nackthund /
Perro sin Pelo del Peru (rechts)
Der früher „Inca Orchid Moonflower Dog"
(Inka Orchideen-Mondblumen-Hund) genannte Hund wurde von den Inkas als heilig
verehrt und sorgsam gezüchtet. Sehr seltener Hund, der im wesentlichen der Beschreibung des Chinese Crested entspricht.
Athletischer, lauffreudiger, wachsamer, verteidigungsbereiter Wohnungshund. 3 Größen: 40 cm/8 kg, 50 cm/12 kg, 65 cm/23 kg.
Beide Rassen Club für Exotische Rassehunde.

Zwergschnauzer   Deutschland   FCI-Nr. 183/2.1

Affenpinscher und Zwergschnauzer wurden stets in einen Topf geworfen und waren ebensogut Begleiter feiner Damen wie Kutscher- und Stallhunde, die Ratten und Mäuse vernichteten. 1899 wurden sie erstmals getrennt ausgestellt. Man wollte weg von der rundköpfigen, kurznasigen Zwergform hin zum verkleinerten Ebenbild des Schnauzers. Daß der Weg richtig war, beweist die weltweite Beliebtheit des Zwergschnauzers. Der Zwergschnauzer ist ein unerschrockener Draufgänger und versteht es, durch sein Selbstbewußtsein manchen Hunderiesen zu bluffen. Sein quirliges, manchmal recht bellfreudiges Temperament ist sicherlich nichts für nervöse Menschen. Auch braucht der Winzling eine konsequente Erziehung, wenn er seiner Familie nicht auf dem Kopf herumtanzen soll. Er ist Fremden gegenüber mißtrauisch und unfreundlich, dafür aber um so treuer seiner Familie ergeben. Besonders für ältere, alleinstehende Menschen ist der pflegeleichte Schnauzbart, der regelmäßig getrimmt werden muß und kaum Haare verliert, ein fröhlicher, wanderlustiger Gefährte. Rute kupiert.

Schulterhöhe: 35 cm, Gewicht: o.A., Farben: schwarz, weiß, pfeffer und salz, schwarzsilber. Foto: schwarze und schwarzsilberne Hündinnen. Pinscher und Schnauzer Klub.

Löwchen   Frankreich   FCI-Nr. 233/9.1

Etwas aus der Reihe der Bichons tanzt das Löwchen (= Petit Chien Lion) mit seinen längeren Beinen und dem geschorenen Fell in vielfältigen Farben. Löwchen in ihrer charakteristischen Schur findet man auf zahlreichen Darstellungen seit dem frühen Mittelalter. In der im 14. Jh. erbauten Kathedrale von Amiens schmücken zwei in Stein gehauene, geschorene Löwchen das Grab des Hl. Firmin. Sie lagen feinen Damen, mächtigen Herren und Bischöfen zu Füßen. Leider geriet die Rasse vollkommen in Vergessenheit. Eine belgische Züchterin suchte mühevoll Reste der alten Rasse zusammen und baute die Zucht neu auf. Das Löwchen gehört heute eher zu den seltenen Kleinhunden mit relativ schmaler Zuchtbasis. Dabei ist es lebhaft, verspielt, gelehrig und verträg-lich mit anderen Hunden. Es liebt ausgedehnte Spaziergänge, bei denen es seinen Lauf- und Spieltrieb befriedigen kann. Anschmiegsam und zärtlich zu seinen Menschen, verhält sich das Löwchen Fremden gegenüber reserviert. Es ist wachsam, aber kein unnötiger Kläffer und alles in allem ein fröhlicher Kleinhund, der sich auch in beengten Wohnverhältnissen wohlfühlt, sofern er genug Auslauf bekommt. Mit seinem kräftigen, leicht gewellten, nicht gelockten Haar ist er zudem der pflegeleichteste Bichon. Er braucht nur regelmäßig kurz gebürstet zu werden. Allerdings gehört zu seinem Standardbild das geschorene Hinterteil, um die Löwenhaftigkeit des Hundes zu betonen, aber niemand wird gezwungen, seinen Familienhund zu scheren!

Schulterhöhe: 35 cm, Gewicht: 7 kg, alle Farben erlaubt, einfarbig oder gescheckt. Diverse Vereine im VDH.

| Markiesje | Niederlande   nicht FCI-anerkannt |

Auf niederländischen Gemälden des 17. und 18. Jh. fällt häufig ein kleiner schwarzer spanielartiger Schoßhund mit weißen Abzeichen auf. Noch vor dem II. Weltkrieg berichtet der holländische Kynologe Toepoel: „Obwohl nie als Rasse gezüchtet, sieht man sie doch überall, nicht reinrassig, selbstverständlich. Wahrscheinlich könnte die Rasse noch rehabilitiert werden." Diese Initiative ergriff 1978 Mia van Woerden und begann voller Enthusiasmus mit dem Rückzüchtungsprogramm. Tatsächlich lebten in Holland noch viele Markiesje-ähnliche Hunde, und es gelang ihr, einen Zuchtbestand aufzubauen. Noch immer werden Hunde, die dem Rassetyp entsprechen, nach sorgfälti-

ger Überprüfung ins Zuchtprogramm übernommen, um Inzuchtengpässe zu vermeiden. 1985 erlangte das Markiesje die vorläufige, offizielle Rasseanerkennung. Das Markiesje ist ein eleganter, feingliedriger, aber nicht zerbrechlicher Kleinhund ohne Zwerghundmerkmale. Er ist ruhig, intelligent, gesellig und gelehrig. Charakteristisch ist sein anmutiger, sanftmütiger Augenaufschlag. Auf keinen Fall darf das Markiesje ein nervöser, ängstlicher Kläffer sein. Vielmehr ist es ein handlicher, zärtlicher, anpassungsfähiger Begleithund und ausdauernder Spaziergänger. Das pechschwarz glänzende, schlichte Langhaar ist pflegeleicht.

Schulterhöhe: 35 cm, Gewicht: o.A. Farben: schwarz, Blesse, weißer Brustfleck, weiße Pfoten und Rutenspitze erlaubt.

| Irish Glen of Imaal Terrier | Irland | FCI-Nr. 302/3.1 |

George Tuberville erwähnt in seinem Werk „The Noble Art of Venerie" 1575 bereits den Glen of Imaal, benannt nach dem Tal, aus dem er stammt. Der zähe, draufgängerische Strubbelkopf wurde ausschließlich zur Jagd auf wehrhafte Tiere wie Dachs, Fuchs und Otter gezüchtet. Er arbeitet stumm und zieht die Beute aus dem Bau. Dabei setzt er seine starken, krummen Vorderläufe und sein kräftiges, scharfes Gebiß ein. Er lernt jedoch auch Apportieren von Feder- und Haarwild. Glens lieben Wasser und sind kraftvolle, ausdauernde Schwimmer. Früher wurde er außerdem bei Hundekämpfen eingesetzt. Der Glen of Imaal ist daher von alters her ein ausgesprochen harter, unemp- findlicher Waidgeselle. Damit das so bleibt, müssen irische Schönheitschampions noch immer Jagdprüfungen ablegen, ehe sie den Titel Champion tragen dürfen. Der Glen hat eine Zukunft bei sportlichen Menschen, die einen robusten, intelligenten, fröhlichen Gefährten suchen, der mit ihnen durch dick und dünn geht. Er ist ein mittelgroßer Hund auf kurzen Beinen. Allerdings braucht der Draufgänger unbedingt eine konsequente Erziehung. Der zuverlässige Wächter bellt nur bei Gefahr und verteidigt Heim und Familie furchtlos. Naturbelassen benötigt das rauhe Haar regelmäßige Pflege, es darf aber auch getrimmt werden (s. Foto). Kupierte Rute.

Schulterhöhe: 35,5 cm, Gewicht: 16 kg, Farben: blau, gestromt oder weizenfarbig. Klub für Terrier.

Border Terrier   Großbritannien   FCI-Nr. 10/3.1

Der Border Terrier stammt aus dem Grenzraum (Border) England/Schottland. Der ursprüngliche Jagdterriertyp ist wahrscheinlich mit Bedlington und Dandie Dinmont Terrier verwandt und wurde nach der Border Hunt (= Grenzjagd), einer Parforce-Meute, benannt. Jede Meute wird von Terriern begleitet, die den unter die Erde gehenden Fuchs wieder ans Tageslicht treiben. Schönheit war bei diesen Hunden vollkommen unwichtig, Körperbau und Fell mußten lediglich den Anforderungen gerecht werden: Läufe lang genug, um mit den Pferden zu galoppieren, Brustkorb schmal genug, um dem Fuchs unter die Erde zu folgen, das Fell wasserabweisend und schützend, das Gebiß stark genug, um auch Dachs und

Otter zu töten. Diese enorm raubzeugscharfen Terrier schreckten vor keinem Feind zurück. Nach wie vor ist der Border Terrier einer der beliebtesten Jagdterrier in Großbritannien, aber er fand auch seinen Weg zu Hundeausstellungen und in Familien als Begleithund. Der Border Terrier ist freundlich, gesellig, intelligent, gut im Umgang mit Kindern, genügsam und pflegeleicht. Der robuste Naturbursche mit dem ausgeglichenen Temperament läßt sich gut erziehen. Er ist ein ausdauernder Begleiter für sportliche Menschen und liebt Abwechslung und Bewegung. Er wird nicht kupiert und das Haar regelmäßig mit den Fingern in Form gezupft.

Schulterhöhe: o.A., Gewicht: ca. 7 kg, Farben: rot, weizenfarben, graumeliert (grizzle), blau und tan. Klub für Terrier.

Basset Hound — Großbritannien — FCI-Nr. 163/6.1

Der Basset Hound ist ein Abkömmling des schweren, heute ausgestorbenen französischen Basset d'Artois und des leichteren Typs, dem heutigen Basset Artesien Normand. Beide wurden 1874 nach England gebracht und verschmolzen zu einem einheitlichen Typ. 1892 wurde ein Bluthund eingekreuzt. Diese Paarung war die erste erfolgreiche künstliche Besamung bei einem höheren Säugetier! Der ursprüngliche Basset Hound zeichnete sich aus durch hervorragende Nasenleistung, bedächtige, spurtreue Nachsuche und Ausdauer. Er wurde auch in kleinen Meuten bei der Hasenjagd eingesetzt und bewährte sich besonders im schwer zugänglichen Dickicht. Heute arbeitet er gelegentlich hierzulande auf Schweiß.

In Amerika wurden Basset Hounds als Jagdhunde geschätzt, doch gelangten sie in die Hände von Schauzüchtern, die die Rassemerkmale überbetonten und einen Hund schufen, der nicht mehr zur Jagd fähig ist und auch sonst nur noch eine Karikatur des ehemaligen Jagdhundes darstellt. Der Standard verlangt z. B. deutlich sichtbare Nickhaut, was Augenlidprobleme und Bindehautentzündungen mit sich bringt. Dieser kurios aussehende amerikanische Typ brachte dem Basset die weltweite Bekanntheit. Inzwischen als Modehund vermarktet, ist beim Kauf des eigenwilligen, großen Hundes auf kurzen Beinen sorgfältige Züchterwahl geboten.

Schulterhöhe: 35,5 cm, Gewicht: o. A., alle Houndfarben erlaubt. Basset Hound Club von Deutschland.

Schweizer Niederlaufhunde   Schweiz   FCI-Nr. 60/6.1

Die Niederlaufhunde sind kurzbeinige Abkömmlinge der Schweizer Laufhundrassen. Früher jagten die Laufhunde Hasen, Füchse, Dachse, kleines Raub- und Flugwild, manchmal Gemsen. Um die Jahrhundertwende wechselte immer mehr Rehwild ein. Die Brackenjagd mit den laut jagenden, schnellen, großen Laufhunden verängstigte die Rehe und wurde unbeliebt. Die untätigen Laufhunde indes erwiesen sich als üble Wilderer. Man wollte nun einen kleineren, langsamen Laufhund haben, der für das Rehwild keine Gefahr darstellte, der aber die Aufgaben des Schweißhundes erfüllen konnte. Man versuchte sich auf Auslese kleiner Exemplare, verkreuzte mit Dackel, Dachsbracke und Foxterrier und schuf eine Schweizer Dachsbracke, die wenig Laufhundcharakter besaß. Die Freunde des alten Laufhundes hingegen strebten einen niederläufigen Laufhund und keinen Dackelbastard an, wozu auch die Erhaltung der typischen Laufhundfarben gehörte. Schließlich kreuzte man franz. Laufhunde und Bassets ein und einigte sich auf „Schweizer Niederlaufhunde". Die Zucht wird zwar heute rein betrieben, weist aber noch immer starke Typunterschiede auf und ist noch lange nicht am Ziel. Die Hunde sind auch in der Schweiz sehr selten, da sie nicht als Haus- und Familienhunde, sondern als reine Jagdgebrauchshunde gehalten werden.

Schulterhöhe: 38 cm, Gewicht o. A., die Farben sind wie bei den Laufhunden: **Berner** (oben): weiß-schwarz-rot, **Luzerner** (oben Mitte): schwarz-grau-geschimmelt mit schwarzen Flecken und braunem Brand, **Jura** (oben rechts): schwarz-rot, rot, **Schwyzer** (rechts): weiß-rot. Berner auch in Rauhhaar.

Foto: Dähler

Foto: Lissner

| Französische Niederlaufhunde | Frankreich | FCI-Gruppe 6.1 |

Bassets (gesprochen Basseeh) sind kurzbeinige Laufhunde, die schon seit dem 16. Jh. bekannt sind. Der Name geht auf das französische bas=tief, niedrig zurück. Es handelt sich bei der Kurzläufigkeit um eine angeborene erbliche Knochenverkürzung der Läufe (Chondrodystrophia fetalis). Schon die alten Ägypter stellten solche Hunde dar, so daß man annehmen kann, daß diese Mutation beim Hund durchaus nichts Ungewöhnliches ist. Die Niederläufer sind mit ihren „normalen" Rassevettern identisch und weisen keine weiteren Verzwergungsmerkmale auf. Es handelt sich also um große Hunde auf kurzen Beinen und keine Kleinhunde.

Früher gab es in Frankreich von fast allen Laufhundrassen Bassetschläge. Heute sind es nur noch vier. Da es sich um uralte Schläge handelt, gehen sie auf die Vorfahren der heutigen Laufhunde zurück, die Keltenbracken, die in den vier königlichen Rassen (St. Hubertushund aus den Ardennen, fahlroter Laufhund der Bretagne, graue Hunde Ludwigs des Heiligen und weiße Hunde der Könige) weitergezüchtet wurden. Da die Bretonen und die Skoten zum gleichen Volk gehörten und miteinander verkehrten, ist nicht auszuschließen, daß auch die kurzbeinigen schottischen Terrier, die die Skoten nachweislich besaßen, an der Züchtung der kurzbeinigen Bassets, insbesondere der rauhhaarigen Bretonen, beteiligt waren. Der Mensch machte sich die Vorteile der kurzen Beine zunutze, denn solche Hunde verfolgen die Spur langsamer, so daß der Jäger besser schritthalten kann, und sie dringen leichter durch dichtes Unterholz und Gebüsch, ebenso eignen sie sich für die Jagd unter der Erde auf Fuchs und Dachs. Charakteristisch ist der angeborene Spurlaut. Wie alle Laufhunde sind

Französische Niederlaufhunde   Frankreich   FCI-Gruppe 6.1

auch die Bassets Meutehunde mit ausgeprägtem Sozialverhalten. Sie fühlen sich in menschlicher Gesellschaft wohl und sind Kindern gegenüber sanft und liebenswürdig. Wach- und Schutzfunktionen sind nur mäßig entwickelt. Ihr Charakter wird geprägt durch Eigenständigkeit und große Jagdpassion. Deshalb ist frühzeitig strenge, einfühlsame Erziehung wichtig. Nur dann läßt er sich von einer aufgenommenen Spur zurückpfeifen. Im Hause sind die Bassets angenehm zu haltende, fröhliche, lebhafte, intelligente Hausgenossen, wenn sie genügend Bewegung bekommen. Ende des 19. Jh. begannen die Herren Lane und Couteulx mit der Reinzüchtung der uns heute bekannten Bassetrassen aus alten örtlichen Schlägen. Seit einigen Jahren werden außer dem Basset Fauve de Bretagne alle französischen Niederlaufhunde in Deutschland gezüchtet.

Basset Artesien-Normand FCI-Nr. 34 (Foto S. 70)
Ebenbild des großen Laufhundes aus Artois und Normandie, entstanden aus dem schweren normannischen und dem leichteren Artois-Basset. Der robuste, eifrige Jäger ist der Vorfahr des Basset-Hounds, weist aber nicht die körperlichen Übertreibungen des amerikanischen und englischen Vetters auf. Beliebter Haus- und Familienhund. Schulterhöhe: 36 cm, Gewicht: o. A.

Basset Bleu de Gascogne FCI-Nr. 35 (oben)
Niederläufiger Vertreter des blauen Laufhundes der Gascogne. Hund mit liebenswürdigem Charakter, mäßig temperamentvoll und mit lockerem Kehllaut, der wie ein langgezogenes Bellen geheult wird. Ausdauernd bei der Jagd auf Hase und Reh. Sehr selten. Schulterhöhe: 42 cm, Gewicht: o. A.

Basset Fauve de Bretagne FCI Nr. 36 (oben) Kurzbeinige Form des Griffon Fauve de Bretagne. Fauve bezeichnet die fahlrote Fellfarbe. Der rauhhaarige Draufgänger stört sich bei der Jagd nicht an dornigem, dichten Gestrüpp und stöbert Hasen, aber auch Füchse und Dachse auf. Der unkomplizierte, freundliche, temperamentvolle Bursche ist in der Meute weniger verträglich und im Charakter dem Rauhhaarteckel nicht unähnlich. Schulterhöhe: 38 cm, Gewicht: o. A.

Basset Griffon Vendeen Petit FCI-Nr. 67 (rechts oben), Grand FCI-Nr. 33 (rechts) Die Griffon Vendeen gibt es noch in allen vier Größen. Ihr lustiges, ruppiges Aussehen verschafft ihnen immer mehr Freunde. Der sanfte, stets frohgelaunte Hund besitzt ein ursprüngliches, instinktsicheres Wesen, ist unkompliziert und für Kinder ein robuster Gefährte, der nichts übel nimmt. Quirlig lebhaft besitzen sie Ausdauer und Schnelligkeit, die man ihnen nicht zumutet. Der große (Grand) mit 43 cm Schulterhöhe jagt vornehmlich Hasen, der kleine (Petit) mit 38 cm Schulterhöhe Kaninchen. Sie unterscheiden sich nicht nur in der Größe, sondern auch geringfügig in den Rassekennzeichen.
Verein für französische Laufhunde.

Dansk/Svensk-Gardhund

Dänemark/Schweden
nicht FCI-anerkannt

In Norddeutschland, Dänemark und Südschweden war der sog. „Rattenbeißer" unentbehrlich, um in den großen Ställen und Scheunen Ratten und Mäuse kurzzuhalten. Außerdem meldete er Fremde mit lautem Gebell und war der stets fröhliche, unempfindliche, nie übelnehmerische Spielkamerad der Kinder. Seine Intelligenz und Lernfähigkeit machten ihn zu einem beliebten Zirkushund. Robustheit war von jeher eines der wichtigsten Merkmale der Hofhunde. Gehörten sie bis vor wenigen Jahren zum Alltagsbild bäuerlichen Lebens, drohte den lustigen Hunden mit Aufgabe der Höfe und Abwandern der Jugend in die Städte das Ende. Der dänische und der schwedische Zuchtverband sammelten rechtzeitig auf den Höfen zuchtfähige, typische Hunde ein. Dänisch-Schwedische Hofhunde sind wachsame, gesunde Hausgenossen, leicht zu erziehen, sie wildern oder raufen nicht und brauchen kaum Pflege. Stets lustig und zum Spielen aufgelegt, sind sie gelehrige und anhängliche Kameraden, die viel Zuwendung und Beschäftigung brauchen, gerne spazierengehen, aber nur mäßiges Laufbedürfnis haben. Kupierte Rute.

Auch gescheckt, aber aus Böhmen ist der aus Mischlingen gezüchtete **Horaksche Laborhund** (ohne Foto). Er ist heute als Rasse anerkannt und ein angenehmer, ruhiger Hund, ideal für Kinder, ältere Menschen und gut in der Stadt zu halten. Schulterhöhe: 55 cm, Gewicht: 25 kg, der beagle-ähnlichere Schlag 45 cm mit 14 kg. Tschechien.

Schulterhöhe: 37 cm, Gewicht: o. A., Farben: weiß mit farbigen Flecken.

| **Shetland Sheepdog** | Großbritannien | FCI-Nr. 88/1.1 |

Die Shetland Inseln nördlich von Schottland sind berühmt für ihre kleinen Pferde, Rinder und Schafe. Aufgabe des kleinen Shetland Hundes war, Haus und Hof zu bewachen, Gärten und Felder vor gefräßigen Schafen zu bewahren, Ratten und Mäuse zu fangen. Die kleinen Burschen waren zäh, klug, wendig, schnell, gehorsam. Matrosen kauften sie gerne als Souvenirs. Eine Einnahmequelle witternd, verkreuzten die Shetlander ihre Hunde mit Zwergspaniels, Papillons und Zwergspitzen, um hübsch bunte Hunde anbieten zu können. Heute noch kommen zu groß geratene Shelties aufgrund der zur Typverbesserung vorgenommenen Collieeinkreuzungen vor. Der Shetland Sheepdog ist in England und Amerika weit beliebter als der Collie und rangiert oft unter den 10 beliebtesten Hunderassen. Hierzulande zählt er eher zu den seltenen Rassen. Dabei ist er ein robuster, kluger, lerneifriger, leichtführiger Hausgenosse und zuverlässiger Wächter. Er liebt Bewegung und Beschäftigung. Er geht ganz in seiner Bezugsperson auf und folgt ihr auf Schritt und Tritt. Fremden gegenüber ist er in der Regel abweisend. Der Sheltie ist ein idealer Weggefährte für denjenigen, der dem Hund viel liebevolle Aufmerksamkeit schenken möchte. Laute, strenge, harte Menschen werden mit dem sensiblen Sheltie nicht glücklich. Das Fell muß einmal wöchentlich gründlich gebürstet werden.

Schulterhöhe: 37 cm, Gewicht: o. A., Farben: siehe Collie, außerdem schwarz-weiß (s. im Foto links) und blue merle-weiß. Club für Britische Hütehunde.

Lakeland Terrier	Großbritannien	FCI-Nr. 70/3.1
Welsh Terrier	Großbritannien	FCI-Nr. 78/3.1
Fell oder Working Terrier	Großbritannien	
		nicht FCI-anerkannt

Lakeland Terrier (oben)
In Schafzuchtgebieten ist die Fuchsjagd eine Notwendigkeit. Jungfüchse werden genau zur Lammzeit abgesäugt. Der Verlust der Lämmer zwingt die Schäfer dazu, Füchse kurzzuhalten. Der Terrier tötet sie im Bau. Im Lake District und in den unwirtlichen Fell-Bergen entwickelte sich ein zäher Terrier, gelegentlich Patterdale genannt, mit tödlichem Biß und sprichwörtlichem Mut.
1912 gelangte er in die Ausstellungsszene. Heute ist der Lakeland ein guter Familienhund, wachsam, klein, pflegeleicht, immer fröhlich und vergnügt, doch geht er einer Rauferei nur ungern aus dem Wege. Kupierte Rute. Der Lakeland Terrier wird regelmäßig getrimmt. Schulterhöhe: 36,5 cm, Gewicht: 8 kg, Farben: schwarz/tan, blau/tan, rot, weizenfarben, rotmeliert, leberfarben, blau, schwarz. Klub für Terrier.

Welsh Terrier (rechts oben)
Der Welsh Terrier trieb bei Fuchsjagden mit Hundemeuten den Fuchs unverletzt aus dem Bau. Obwohl dem Lakeland Terrier ähnlich sehend, ist der Welsh sehr viel umgänglicher, weniger streitsüchtig, ruhiger und leichter zu erziehen. Der fröhliche, liebenswürdige Terrier ist bei ausreichender Bewegung gut in der Stadt zu halten. Das Fell wird regelmäßig getrimmt, Rute kupiert. Größe: 38,5 cm, Gewicht: 9,5 kg. Klub für Terrier.

Fell oder Working Terrier (rechts)
Ohne Rasseanerkennung, je nach Bedarf gezüchtete, robuste, widerstandsfähige, raubzeugscharfe Terrier. In Großbritannien weit verbreitet. In Aussehen und Arbeitsweise recht unterschiedlich, da reine Arbeits- und keine Schauhunde.

Fox Terrier	Großbritannien	
Drahthaar		FCI-Nr. 169/3.1
Glatthaar		FCI-Nr. 12/3.1
Parson Jack Russell Terrier	Großbritannien	FCI-Nr. 339/3.1
Japanese Terrier	Japan	FCI-Nr. 259/3.1
Brasilianischer Terrier	Brasilien	FCI-Nr. 341/3

Fox Terrier (rechte Seite)
Der Fuchs findet in Großbritannien, dem Land der Steinwälle und Hecken, idealen Lebensraum. Bei der „sportlichen Jagd" treibt der vorzugsweise weiß-bunte Terrier, der sich besser vom Fuchs unterscheidet, Meister Reinecke aus dem Versteck. Alle Foxl sind selbstbewußte, harte Terrier mit großer Jagdpassion. Intelligenter, unternehmungslustiger, immer fröhlicher, wachsamer, freundlicher und seinen Menschen treu ergebener Familienhund. Der Drahthaarfox muß getrimmt werden, um Form und Farbe zu behalten. Der Glatthaarfox (rechts oben) ist lebhafter, noch härter und pflegeleicht. Kupierte Rute. Beide werden gelegentlich jagdlich geführt. Schulterhöhe: 39 cm, Gewicht: 8,25 kg. Deutscher Foxterrier Verband.

Parson Jack Russell Terrier (oben links)
Noch immer bei der Fuchsjagd eingesetzte Stammform des Fox Terrier mit all dessen guten Eigenschaften. Unkomplizierter Familienhund. Rute kupiert. Schulterhöhe: 38 cm, VDH (anerkannt von The Kennel Club).

Japanese Terrier/Nihon Teria (oben rechts)
Anfang des 18. Jh. kamen Foxterrier-ähnliche Hunde mit holländischen Seefahrern nach Japan, später verkreuzte sich der „Kobe-Terrier" mit English toy, Mini Bullterrier und kleinen Windhunden. Intelligenter, freundlicher Familienhund. Rute kupiert. Schulterhöhe: 33 cm.

Brasilianischer Terrier/Terrier Brasileiro/Fox Paulistinha (ohne Foto)
Kurzhaarig, ähnlich dem Parson Jack Russell. Dieser wurde mit Pinscher und Chihuahua gekreuzt. Kleiner, flinker, wachsamer Terrier mit großem Jagdeifer. In seiner Heimat beliebt als Familienhund und als Rattenvertilger auf den Farmen. Gew. ca. 9 kg.

Bull Terrier Miniatur   Großbritannien   FCI-Nr. 11/3.3

Es gab schon immer kleinere Hunde in den Würfen normaler Bull Terrier. Das züchterische Bestreben nach einem Zwerghund brachte allerdings Typveränderungen mit sich, so daß der Mini immer im Schatten des Großen stand. Auch als Damenhund propagiert, machte er keine Karriere. Sein Auftreten war das des Kämpfers, nicht etwa des Schoßhundes und paßte nicht in feine Damensalons. Wo immer er auftauchte, schien er zu fragen: „Hier bin ich, wo ist die Ratte?" Um so beliebter war er in den Hinterhöfen der Städte, wo es vor Ratten wimmelte und die Bewohner dankbar für den kleinen, genügsamen, raumsparenden Rat-tenvertilger waren. 1918 wurde das Zuchtbuch geschlossen, denn die Rasse schien ausgestorben. Dabei wurden nur keine Welpen mehr zur Eintragung gemeldet, da sich ihre wahren Liebhaber nicht um Ahnentafeln und Ausstellungen scherten. In den dreißiger Jahren tauchte der Mini-Bull wieder auf. Dank Verpaarungen mit normalen Bulls und Streichung des Gewichtslimits ist der kleine Bull Terrier heute ein naturgetreues Ebenbild seines großen Bruders mit all seinen guten Wesenszügen, dabei ist er gehorsamer, jedoch auch bellfreudiger. Der feurige, robuste, pflegeleichte Zwerg ist ein Großstadthund mit Zukunft.

Schulterhöhe: ca. 36 cm, Gewicht: o. A., Farben: weiß, mit oder ohne Abzeichen am Kopf, alle anderen Farben zulässig. Diverse Clubs im VDH.

| Italienisches Windspiel | Italien | FCI-Nr. 200/10.3 |

Der kleine Windhund gehört zu den ältesten Windhundrassen, die schon in der Bronzezeit existierten. In seiner heutigen Form kann man das Windspiel bis in die Antike zurückverfolgen. Stets war es der Liebling der Könige und feinen Damen. Der berühmteste Windspielfreund war zweifellos Friedrich der Große, König von Preußen, der eine große Zucht betrieb. Das kleine Windspiel, das so zerbrechlich wirkt mit angezogenem Pfötchen und immer zu frieren scheint, ist bei natürlicher, robuster Aufzucht keineswegs empfindlich, sondern ein harter und engagierter Jagd- und Rennhund, der viel Bewegung braucht. Dabei ist er klein und handlich, genügsam, pflegeleicht und stört nie. Bei liebevoller Erziehung ist das Windspiel ein gehorsamer Kamerad, den man in der Regel gut frei laufen lassen kann. Der mit seinem dünnen Fell relativ kälteempfindliche Hund muß bei kaltem Wetter in Bewegung bleiben. Windspiele lassen sich sehr gut zu mehreren halten, was auch bei begrenzten Raumverhältnissen möglich ist. Der kleine Bursche besitzt eine unerwartet starke Persönlichkeit und viel Mut, der manchmal über seine tatsächliche Kraft hinausgeht. Das Windspiel ist ein unterhaltsamer, lebhafter Hausgenosse für Menschen, die sich gern und viel im Freien bewegen. Es eignet sich weniger als Gefährte für kleinere Kinder. Bemerkenswert ist die hohe Lebenserwartung von oft mehr als 15 Jahren.

Schulterhöhe: 38 cm, Gewicht: o. A., Farben: schwarz, schiefergrau, isabellfarben, weiß an Brust und Pfoten zulässig. Deutscher Windhundzucht- und Rennverband.

American Cocker Spaniel USA FCI-Nr. 167/8.2

Spaniels gehören zu den ältesten Jagdhundrassen überhaupt und stöberten vornehmlich Vögel auf, die mit Netzen gefangen wurden. Daher der niederläufige Hund, der sich unter den Netzen, später unter dem Schuß wegduckte. Aus ihm entwickelten sich die Setter als reine Vorstehhunde. Der American Cocker wurde in den Vereinigten Staaten aus dem englischen Cocker Spaniel herausgezüchtet. Er wird zwar auch noch jagdlich geführt, ist heute aber in erster Linie eine Schaurasse und gehört zu den beliebtesten Hunderassen in den USA. Der American Cocker ist kleiner als der englische und

unterscheidet sich hauptsächlich durch den runderen Kopf, die deutlichen Augenbögen, sehr große sprechende Augen und üppiges Haarkleid am ganzen Körper, das sorgfältig geschnitten und gepflegt werden muß. Der American Cocker ist ein zärtlicher, fröhlicher Familienhund, sanftmütig und leicht zu erziehen. Er ist sehr menschbezogen und braucht engen Kontakt. Er ist wachsam, aber nicht laut. Sein Jagdtrieb hält sich bei guter Erziehung in Grenzen. Vermutlich ist er wegen seines „frisierten" Aussehens bei uns nicht so beliebt wie in den USA. Rute kupiert.

Schulterhöhe: 38 cm, Gewicht: o. A., Farben: schwarz, rot, black und tan (Foto), weißbunt gescheckt. Diverse Vereine im VDH.

Norwegischer Lundehund   Norwegen   FCI-Nr. 265/5.2

Seit über 400 Jahren wurde der Hund abgerichtet, Papageientaucher (Lunde) in den Steilklippen der Inseln Vaeroy und Rost lebendig zu fangen und seinem Herrn zu bringen. Die hübschen, heute streng geschützten Vögel, leben in Höhlen direkt unter der Grasnarbe am Klippenrand. Für diese spezielle Aufgabe entwickelte der Lundehund einige Eigenheiten im Körperbau. So besitzt er fünf ausgebildete Zehen mit relativ großen Ballen und zwei zusätzlichen Afterkrallen für größere Trittsicherheit im glitschigen Gestein. Um geschickter in die Höhlen kriechen zu können, kann er die Vorderläufe 90 Grad vom Körper abspreizen. Zum Schutze der Ohren vor Nässe und Schmutz klappt er die Ohrmuschel seitlich ein. Das Jagdverbot der Vögel schien das Schicksal dieser einmaligen Rasse zu besiegeln, doch sie konnte rechtzeitig von Hundefreunden gerettet werden. Anfangs war die Ausfuhr verboten, weil es so wenig Zuchttiere gab. Heute sieht man den Lundehund hie und da auf Ausstellungen. Er ist ein temperamentvoller, aufmerksamer, anhänglicher Begleithund, Fremden gegenüber zurückhaltend. Ringelrute.

Schulterhöhe: 38 cm, Gewicht: 7 kg, Farben: rot-braun bis falb mit schwarzen Haarspitzen oder schwarz mit weißen Abzeichen. Deutscher Club für Nordische Hunde.

Shiba Inu   Japan   FCI-Nr. 257/5.5

Darstellungen spitzschnäuziger, stehohriger Hunde mit Ringelruten auf Bären- und Hirschjagd findet man auf jahrtausendealten Tonfiguren und Reliefs. Die Hunde gelangten vor 4000 Jahren vom asiatischen Festland auf die japanische Inselgruppe. Der fuchsartige Spitz, hat sich seit Urzeiten nicht verändert und viel ursprüngliches Hundeverhalten bewahrt. Der kleinste japanische Spitz hat, wie sein großer Vetter Akita Inu, weltweit Freunde gefunden. Heute ist er in Japan ein beliebter Familienhund. Er soll aber auch auf großen Farmen seines delikaten Fleisches wegen gezüchtet werden! Heute noch wird er jagdlich auf kleines Wild und Vögel geführt. Man trifft ihn sogar bei der Bären- und Wildschweinjagd an. Außerhalb Japans wurde er zuerst in den USA, dann in England gezüchtet. In Europa faßt er erst zaghaft Fuß. Der Hund ist lebhaft, unternehmungslustig, anhänglich und führig, aber auch kühn und sehr aufmerksam. Der hübsche, possierliche, kleine Hausgenosse ist intelligent und von Natur aus gehorsam. Bietet man dem temperamentvollen Burschen genügend Bewegung und Beschäftigung, kann man ihn gut in der Etagenwohnung halten. Er ist robust und witterungsunempfindlich und fühlt sich auch im Freien wohl. Das kurze, dichte Stockhaar ist pflegeleicht.

Schulterhöhe: 39,5 cm, Gewicht: o. A., Farben: gestromt (schwarz, rot, weiß), schwarz, sesam (beige), rot und weiß. Deutscher Club für Nordische Hunde.

| **Pudel** | Frankreich | FCI-Nr. 172/9.2 |

Pudelähnliche Hündchen waren schon in der Antike Begleiter edler Damen. Ab dem 16. Jh. findet man sie häufig auf Gemälden großer Meister. Im Barock und Rokoko waren sie außerordentlich beliebt. Sie stammen von den alten Wasserhunden ab, die viele Jagd- und Hütehundrassen prägten. Einst wie heute werden Pudel für den Zirkus ausgebildet und zur Trüffelsuche eingesetzt. Die Vielseitigkeit und die damit einhergehende Anpassungsfähigkeit des Pudels, die Tatsache, daß er keine Haare verliert, und die handliche Größe machten ihn zum bevorzugten Begleithund. Seit sich in den 50er Jahren neben der sogenannten Standardschur mit Löwenmähne und geschorenem Hinterteil die Modeschur durchsetzte, erlebte der Pudel einen kometenhaften Aufschwung. Besonders die kleinen und Zwerge wurden als Modehunde vermarktet. Der Pudel ist ein intelligenter, anhänglicher, auf seinen Menschen eingehender, bis ins hohe Alter verspielter, leicht erziehbarer Hausgenosse, der kaum Probleme bereitet. Er muß etwa alle 4 Wochen geschoren und täglich gekämmt werden, um immer hübsch auszusehen. Er ist wachsam, aber nicht aggressiv und kein Kläffer. Fremden gegenüber verhält er sich neutral. Er liebt ausgedehnte Spaziergänge, neigt nicht zum Wildern und ist verträglich mit Artgenossen. Kupierte Rute.

Schulterhöhe: **Mittel- oder Kleinpudel:** 45 cm, **Zwergpudel:** 35 cm, **Toy:** 28 cm (ohne Foto) Farben: schwarz, weiß, kastanienbraun, grau(silber) und aprikosenfarben. Diverse Vereine im VDH. Foto: weißer Mittelpudel in Modeschur, roter Zwergpudel im englischen Babyclip.

| Kooikerhondje | Niederlande | FCI-Nr. 314/8.2 |

Im wasserreichen Holland hat das „Kojenhündchen" eine uralte Tradition, wie zahlreiche Darstellungen auf alten Gemälden dokumentieren. Das Fangen von Wildenten in Kojen ist eine jahrhundertealte Jagdweise. Am Ende eines mit Draht bedeckten Kanals werden Enten aufgezogen und gefüttert. Sie kennen den Menschen und seinen Hund. Rasten die Wildenten auf dem Zuge, erscheint das Kooikerhondje am Ufer, wo der Kanal beginnt. Für die halbwilden Enten ein Zeichen, daß der Mensch kommt und Futter streut. Sie schwimmen freudig in den Kanal, gefolgt von den Wildenten. Der Hund läuft am Ufer des Kanals entlang, das so bewachsen ist, daß der Hund immer wieder auftaucht und verschwindet. Er lockt die neugierigen Enten in die Falle. Seine wichtigsten Attribute sind die buschige, weiße Rute und ruhiges, niemals nervöses Wesen, um die Enten nicht zu erschrecken und zu vertreiben. Heute unterhält man Entenkojen nur noch zu wissenschaftlichen Zwecken, und die hübschen Kooikerhondje wurden zum beliebten Begleithund. Sie sind fröhlich, lebhaft, wachsam, intelligent und gelehrig. Sie verehren ihren Herrn, für den sie alles tun, und brauchen ständigen Familienkontakt, Beschäftigung und Auslauf. Sie genießen es, mit ihrem Herrn zu arbeiten und für Gutgemachtes gelobt zu werden. Das Kooikerhondje ist leicht zu erziehen, braucht aber einen Führer, ohne den es verunsichert und aufsässig wird. Im Umgang mit groben Kindern nicht sehr geduldig. Das schlichte Langhaar ist pflegeleicht.

Schulterhöhe: 40 cm, Gewicht: o. A. Farben: weiß mit orange-roten Platten.

| **Cocker Spaniel** | Großbritannien | FCI-Nr. 5/8.2 |

Er gehört zu den ältesten bekannten Hunderassen und geht auf spanische Vogelhunde zurück. Im 19. Jh. wurde der Cocker Spaniel speziell für die Jagd auf Waldschnepfe (= woodcock) gezüchtet. Die jagdlichen Vorzüge des Cockers sind weites, bogenreines Stöbern, spurlautes Jagen, leidenschaftliches Apportieren, auch aus dem Wasser, sowie gute Leistungen auf Schweiß und Totverbeller oder -verweiser. Letzteres ist wichtig, da der kleine Hund oft die Beute nicht apportieren kann. Guter Rauschgift- und Sprengstoffsuchhund. Seine wahre Karriere ist die des Familienhundes. Er ist sehr intelligent, anhänglich und verschmust, dabei temperamentvoll, immer fröhlich, verspielt und zu Spaziergängen bereit. Der charmante Hund mit dem Madonnenblick braucht eine konsequente Erziehung, da er es gut versteht, seine Familie um den Finger zu wickeln. Dem Hund zuliebe sollte unbedingt auf zuverlässigen Gehorsam geachtet werden. Auf schlanke Linie achten, da Cocker sehr gute Futterverwerter und immer hungrig sind. Regelmäßige Haarpflege und Ausdünnen überschüssigen Fells nötig, besonders in den Ohren. Rute kupiert.

Der **Russische Jagdspaniel** stammt von verschiedenen Spanielrassen ab, die vor der Revolution nach Rußland kamen. Da es den Jägern nicht um die Reinzucht der Rassen, sondern um einen fähigen Stöberhund ging, schufen sie den inzwischen sehr beliebten Jagdspaniel. Schulterhöhe: 43 cm, viele Farben erlaubt (ohne Foto).

Schulterhöhe: 40 cm, Gewicht: 14,5 kg, Farben: Ein-, zwei- und dreifarbig. Foto: Blauschimmelrüde. Diverse Vereine im VDH.

Englische Bulldogge American Bulldog	Großbritannien FCI-Nr. 149/2.2 USA nicht FCI-anerkannt

Englische Bulldogge (Foto oben links)
Bullenbeißen war im alten England beliebter „Sport" für Menschen aller Klassen, bei dem große Summen verwettet wurden. Das merkwürdige Äußere der Bulldogge war darauf abgestimmt, den Bullen bei der Nase zu packen und zu Boden zu ziehen. Der ideale Bullenbeißer war gedrungen, niederläufig, standfest und mit enormer Kraft im Nacken- und Kieferbereich. Die kurze Nase und der vorstehende Unterkiefer erlaubten festes Zupacken, ohne zu ersticken. 1835 wurde das Bullenbeißen verboten. Aus dem ehemaligen Muskelpaket mit blitzschnellem Reaktionsvermögen wurde ein atmungs- und bewegungsbehindertes, übergewichtiges Monster, das sich kaum noch natürlich fortpflanzen kann und mit allen möglichen Krankheiten behaftet ist. Der Nationalhund Englands wurde in all seiner Häßlichkeit zum politischen Symbol. Charmantes, etwas eigensinniges Wesen. Augen und Nasenfalten pflegebedürftig. Häufig angeborene, verkürzte Krüppelruten. Schulterhöhe: o. A., ca. 40 cm, Gewicht: 25 kg, Farben: alle außer grau, schwarz und schwarz und tan. Allg. Club für Englische Bulldogs.

American Bulldog (Foto oben rechts)
In den USA nach dem Urtyp weitergezüchtete englische Bulldogge. Recht unterschiedlicher Typ, da nie Ausstellungshund, sondern vielseitiger Farmhund. Kräftiger, bewegungsfreudiger, angenehmer, etwas eigensinniger, dennoch gut zu erziehender Familienhund. Wachsam, nicht überaggressiv. Findet in Europa immer mehr Freunde. Schulterhöhe: 66 cm, Gewicht: 61 kg. Farbe: wie Englische Bulldogge.

Schulterhöhe: o. A., ca. 40 cm, Gewicht: 25 kg, Farben: alle außer grau, schwarz und schwarz und tan. Allg. Club für Englische Bulldogs.

| Boston Terrier | USA | FCI-Nr. 140/9.12 |

Der Boston Terrier ist eine amerikanische Kreation und rund 100 Jahre alt. Er entstammt der Kreuzung einer englischen Bulldogge mit dem ausgestorbenen weißen Englischen Terrier und war ursprünglich als Kampfhund gedacht. Später kam noch ein Schuß Französischer Bully hinzu. Die Rasse beruht auf einem engen Inzuchtstamm. Der anpassungsfähige Kamerad ist stets fröhlich und zu jedem Ulk bereit. Er benötigt wenig Erziehung, denn er ist sehr intelligent und feinfühlig und reagiert auf die Stimmlage. Der Boston ist wachsam, aber kein Kläffer, doch verteidigt er sein Revier wütend gegen Fremde. Auf den Bulldog zurückschlagende Bostons sind etwas gesetzter, die Terriertypen aufmerksamer, immer spielbereit und fröhlich. Das kleine Kraftpaket strotzt vor Selbstbewußtsein und ist ein ausdauernder Läufer. Das feine Haar ist ausgesprochen pflegeleicht. Größter Wert wird bei der Zucht auf Farbe, Zeichnung und intelligenten Gesichtsausdruck gelegt. Bei so wenigen Exemplaren dürfte eine einseitige Auslese auf Merkmale wie die Zeichnung kaum förderlich für Bestand und Verbreitung der Rasse sein.

Schulterhöhe: o. A., etwa 40 cm, drei Gewichtsklassen: Leicht: bis 6,5 kg, Mittel: 6,5–9 kg, Schwer: 9–11 kg, Farbe: gestromt oder schwarz mit weißen Abzeichen. Diverse Vereine im VDH.

Deutscher Jagdterrier   Deutschland   FCI-Nr. 103/3.1

Der Deutsche Jagdterrier wurde aus Fox-terrier und alten schwarz-roten englischen Rauhhaarterriern gezüchtet. Anders als in Großbritannien, erfaßte man hier den Jagd-terrier zuchtbuchmäßig, ohne daß er zum Mode-Schauhund geworden wäre, wie in England z.B. Lakeland und Welsh Terrier. Ganz im Gegenteil. Der Deutsche Jagdter-rier nimmt es an Passion und Raubzeug-schärfe mit jedem englischen Working Ter-rier auf, ist zudem aber ein vielseitig einsetz-barer Jagdhund in allen deutschen Revie-ren. Seine angeborene Schärfe und Härte sowie der ausgeprägte Freiheits- und Bewe-gungsdrang und eine gute Portion Hartnäk-kigkeit machen eine konsequente Führung notwendig. Der DJT ordnet sich auch nur seinem Führer unter. Er ist ein hervorragen-der Bauhund. Dank seiner ausgeprägten Wasserfreude gut als Wasserwildstöberer und -apporteur auszubilden. Auch bei der Schweißarbeit vermag der DJT Spitzenlei-stungen zu vollbringen, insbesondere auf der Raubwild- und Raubzeugwitterung. Spurlaut ist ihm angeboren. Dem Jagdter-rier bei der Arbeit zuzuschauen, mit wel-chem Eifer er sich rücksichtslos einsetzt, egal was von ihm gefordert wird, macht auch dem Nichtjäger viel Freude. Der Jagd-terrier will und muß arbeiten. Als reiner Haus- und Familienhund ist der charmante, liebenswerte Bursche undenkbar. Dem fast täglich führenden Berufsjäger oder Förster hingegen ist er ein kaum ersetzbarer Helfer. Rauh- und Glatthaar. Kupierte Rute.

Schulterhöhe: 40 cm, Gewicht: 10 kg, Farben: Schwarz, schwarz-grau meliert, dun-kelbraun mit braunroten Abzeichen. Deutscher Jagdterrier-Club.

| **Staffordshire Bull Terrier** | Großbritannien | FCI-Nr. 76/3.3 |

In der 1. Hälfte des 19. Jh. waren Tierkämpfe, insbesondere massenhaftes Rattentöten, beliebter Volkssport. Doch das Abschlachten Tausender Ratten in wenigen Minuten war bald nicht mehr attraktiv genug, so daß man sich etwas Neues – Hundekämpfe – einfallen ließ. Erfolgreiche Hunde brachten ihren Herren große Summen an Wettgeldern ein. Man kreuzte scharfe, schneidige Terrier mit kampfstarken, harten Bulldoggen. Das Ergebnis war ein kräftiger, wendiger Hund mit mächtigen Kiefern und unersättlichem Kampftrieb. Die kurzbeinigen, dickköpfigen Hunde, deren Ohrlappen man abschnitt, waren ausgesprochen häßlich, doch sie erfüllten den Zweck: Sie griffen alles, was Hund war, an und kämpften bis zum Tod. Diese grausamen Hundekämpfe wurden zwar verboten, aber illegal weitergeführt – bis heute! Der Staffordshire Bull Terrier wurde inzwischen zu einem harmonischen, wohlgestalteten Kraftpaket umgezüchtet, der sich als Haus- und Familienhund großer Beliebtheit erfreut. Menschen gegenüber ist er freundlich und liebenswürdig, treu und anhänglich sowie ausgesprochen gutmütig mit Kindern. Der kleine Muskelprotz geht nach wie vor keinem Hundestreit aus dem Wege und braucht eine liebevolle, aber sehr konsequente Erziehung sowie frühe Gewöhnung an den Umgang mit fremden Hunden. Abgesehen von seiner ab und an durchbrechenden Rauflust ist er ein unkomplizierter, pflegeleichter, robuster, ausdauernder Begleiter vor allem sportlicher Männer.

Schulterhöhe: 40,5 cm, Gewicht: 17 kg, Farben: rot, falb, weiß, schwarz, blau, gestromt mit oder ohne weiß. Diverse Clubs im VDH.

Tibet Terrier | Tibet | FCI-Nr. 209/9.5

Der Tibet Terrier ist kein Terrier, sondern ein Hütehund wie die sehr ähnlichen, europäischen zotthaarigen Hütehunde. Seine Heimat ist das bis 5000 m hohe Hochplateau von Tibet, das Dach der Welt. Während die anderen tibetischen Kleinhunde vom Menschen gehegt und gepflegt wurden, war der Tibet Terrier der Arbeitsgefährte der Bauern und Viehzüchter, der sich mit seinen Herren durch die rauhen Lebensbedingungen und die extremen Klimaverhältnisse durchschlagen mußte. Natürliche Auslese unter härtesten Bedingungen prägte die Rasse. In den 20er Jahren arbeitete die britische Ärztin Dr. Agnes Greig in Indien nahe Tibet. Zum Dank für die gelungene Operation einer wohlhabenden Tibeterin erhielt sie einen Tibet Terrier, der sie so faszinierte, daß sie sich bis zu ihrem Lebensende der Zucht widmete und die Rasse in Europa etablierte. Das derbe Haarkleid des robusten Naturburschen braucht bei korrekter Beschaffenheit nur einmal in der Woche gründlich gebürstet zu werden. Der Tibet Terrier gewinnt mit seinem lustigen, strubbeligen Aussehen und dem charmanten Charakter viele Freunde. Er ist lebhaft, verspielt und unkompliziert im Umgang mit Kindern, intelligent und gelehrig. Er paßt sich allen Lebensumständen bestens an, vorausgesetzt, er hat engen Familienkontakt. Der fröhliche Begleiter liebt Bewegung und Beschäftigung. Fremden gegenüber abweisend, ist er bei Bedarf ein mutiger Beschützer.

Schulterhöhe: 40,5 cm, Gewicht: o. A., Farben: alle außer schokoladenfarbig. Diverse Vereine im VDH.

Bedlington Terrier

Großbritannien · FCI-Nr. 9/3.1

Die Vorfahren des „Schäfchen im Wolfspelz" versorgten die Familien armer englischer Bergarbeiter im Gebiet um Bedlington mit erwildertem Fleisch und wertvollen Otterpelzen, verdienten ihren Unterhalt als Rattenfänger und waren immer für eine Wette beim Hundekampf gut. Vermutlich standen rauhhaarige Terrier, Bull Terrier, Greyhound, Otterhound, ja sogar Bulldog bei seiner Entstehung Pate. Der ursprüngliche, rauhhaarige Terrier erhielt seine Schäfchenform erst mit Beginn seiner Ausstellungskarriere im ausgehenden 19. Jh.

Heute ist der Bedlington eine elegante Schauschönheit mit fein gekraustem Haar, dessen mit der Schere geschnittene Frisur einiges Geschick erfordert. Geblieben sind seine Charaktereigenschaften: er ist noch immer raubzeugscharf, ein harter Kämpfer, intelligent und lernfreudig, der sich vielseitig ausbilden läßt. Der wachsame, schneidige Vierbeiner ist ein liebevoller, zärtlicher Hausgenosse, der nie ängstlich erscheinen sollte. Braucht Bewegung und Beschäftigung. Er haart nicht und muß regelmäßig gekämmt und geschnitten werden.

Schulterhöhe: 41 cm, Gewicht: 10 kg, Farben: blau und leber- und sandfarben, blau und loh. Klub für Terrier.

| Manchester Terrier | Großbritannien | FCI-Nr. 71/3.1 |

Glatthaarige, schwarz-loh-farbene Terrier gibt es in Großbritannien seit Jahrhunderten. Sie gelten als Vorfahren vieler moderner Terrierrassen. Sie wurden weniger zur Jagd als zu Tierkämpfen eingesetzt. In der Bergbauregion Großbritanniens war das Rattentöten ein beliebter Sport, bei dem es um viel Geld ging. Je mehr Ratten ein Hund tötete, desto wertvoller war er. „Billy" soll 100 Ratten in 6 Minuten und 30 Sekunden geschafft haben! Ein berühmter Rattenkiller zeichnete sich ebenfalls bei der Kaninchenhatz aus und wurde mit Whippet gepaart. So entstand um Manchester herum ein eleganter, schnellerer Typ. Da auch die Wiege der Hundeausstellungen in dieser Region stand, waren Manchester oder Black und Tan Terrier schon früh beliebte Schauhunde. Heute ist der Manchester eher eine Rarität innerhalb der Terrierfamilie, obwohl er ein überaus angenehmer Begleithund ist. Die Manchester Terrier waren immer eng dem Menschen verbunden, wurden nie im Zwinger, sondern stets in kleiner Anzahl im Haus gehalten. Wir haben es hier mit einem sehr häuslichen, freundlichen, Kindern zugetanen Hund zu tun, der ausgesprochen sauber und pflegeleicht ist. Der Manchester ist wachsam, aber nicht bissig, temperamentvoll und bewegungsfreudig, ohne ständig Beschäftigung zu fordern. Gelehrig und leicht erziehbar dürfte er auch dem unerfahrenen Hundehalter Freude machen.

Schulterhöhe: 42 cm, Gewicht: o.A., Farbe: schwarz-lohfarben. Klub für Terrier.

Hollandse Smoushond   Niederlande   FCI-Nr. 308/2.1

1850 verkaufte der Hundehändler Abraas in Amsterdam sog. „Herrenstallhunde" als vorzügliche Ratten- und Mäusefänger. Mit ziemlicher Sicherheit bezog er sie aus Deutschland, wo man sich auf die Zucht pfeffer- und salzfarbener Schnauzer konzentrierte und die gelb-roten aus der Zucht ausschloß. Diskretion den Züchtern gegenüber mag Herrn Abraas veranlaßt haben, die Herkunft der Hunde nie preiszugeben. Der gelbrote Schnauzer Hollands war allgemein beliebt. Nach dem II. Weltkrieg galt der Smoushond jedoch als ausgestorben. 1972 stieß Frau Barkman durch Zufall auf einen Smoushond und begann ein Rückzüchtungsprogramm mit schnauzerähnlichen, gelben Bauernhunden, in das der Border Terrier einbezogen wurde. Welpen werden nur über den Verein vermittelt und mit strengen Auflagen verkauft. Smousjes fallen noch recht unterschiedlich aus, aber die Rasse gewinnt stetig an Beliebtheit. Der Smous ist ein robuster, fröhlicher, freundlicher Kamerad ohne Furcht, aber nicht rauflustig und gut zu mehreren zu halten. Er streunt und wildert nicht. Der gelehrige und anhängliche Hund ist mit liebevoller Konsequenz leicht zum gehorsamen Hausgenossen zu erziehen. Der verspielte, temperamentvolle, aber nie nervöse Hund ist ein ausdauernder Läufer und geduldiger Spielkamerad der Kinder, wachsam ,aber nicht aggressiv. Das rauhe Fell ist bei korrekter Beschaffenheit pflegeleicht. Rute lang oder auf ein Drittel kupiert.

Schulterhöhe: 42 cm, Gewicht: 10 kg, Farbe: einfarbig gelb, dunklere Ohren und Fang erlaubt.

Alpenländische Dachsbracke	Österreich	FCI-Nr. 254/6.1
Westfälische Dachsbracke	Deutschland	FCI-Nr. 100/6.1
Schwedische Dachsbracke	Schweden	FCI-Nr. 130/6.1

Schon auf Bildern aus dem Mittelalter werden kurzbeinige Jagdhunde dargestellt. Niederläufige Bracken wurden aus hochläufigen Bracken herausgezüchtet, weil man langsamere Hunde zur Jagd auf Fuchs und Hase wünschte. Wegen ihrer handlichen Größe und des angenehmen Wesens sind sie zwar gut in der Familie zu halten, gehören aber dennoch ausschließlich in Jägerhand.

Alpenländische Dachsbracke (oben)
Hervorragender Schweißhund im Hochgebirge für Hochwild und Gemsen, aber auch Fuchs und Hase. Anspruchsloser, wetterharter, ausdauernder, ruhiger Hund mit feiner Nase, sehr spursicher, spurlaut, raubwild- und raubzeugscharf. Apportiert Federwild aus dem Wasser. Schulterhöhe: 42 cm, Farben: hirschrot und schwarz mit braunen Abzeichen. Verein Dachsbracke.

Westfälische Dachsbracke (rechts oben)
Anpassungsfähiger, freundlicher Jagdhund mit feiner Nase und großer Spürpassion. Wird vornehmlich zum Stöbern auf Hase, Fuchs, Kaninchen und Schwarzwild eingesetzt, daneben auch zur Schweißarbeit. Furchtloser, wachsamer Hund, genügsam, robust und liebevoll mit Kindern. Schulterhöhe: ca. 35 cm, Farben wie Deutsche Brakke. Deutscher Bracken-Club.

Drever/Schwedische Dachsbracke (rechts)
Praktisch identisch mit der Westfälischen Dachsbracke, die in Schweden weite Verbreitung fand und nach dem Krieg als schwedische Rasse anerkannt wurde. Beliebtester Jagdhund Schwedens. Passionierter, ausdauernder Hasenjäger, der auch auf Rehwild eingesetzt wird. Schulterhöhe: 38 cm.

Beagle   Großbritannien   FCI-Nr. 161/6.1

Schon die Römer fanden in Großbritannien beagleähnliche Jagdhunde vor. 1475 taucht der Name zum ersten Mal auf. Im 16. Jh. begleiteten Beagles die englischen Könige auf der Jagd. Der Beagle gilt als kleines Ebenbild des ehemaligen Southern Hound, eines vom Bleu de Gascogne abstammenden Hasenjägers. Da kleiner und langsamer als die großen, geht man mit Beaglemeuten zu Fuß auf Hasenjagd. Dem hiesigen Jäger bietet der kleine, familienfreundliche Jagdhund viel: Feine Nase, Spurlaut, Brackieren, Stöbern ebenso wie Schweißarbeit. In erster Linie wird der Beagle heute dank seiner Charaktereigenschaften als Familienhund gehalten. Anpassungsfähig, gesellig und verträglich untereinander eignen sich Beagles leider bestens für Laborzuchten und als Versuchstiere. Der kleine weißbunte Jagdhund ist sanft, fröhlich und lustig, intelligent und pfiffig, aber auch etwas stur. Der nimmermüde Spielgefährte für Kinder macht allen Unsinn mit und reagiert nicht böse auf unbeholfene Kinderhände. Niemals ist der Beagle scharf und aggressiv. Der passionierte Jagdhund folgt nur zu gerne jeder Spur, und als selbständig jagender Meutehund zeigt er auch heute noch Selbständigkeit und Eigenwille. Deshalb muß der Beagle von klein an konsequent erzogen werden, was bei den putzigen Welpen oft schwerfällt!

Schulterhöhe: 43 cm, Gewicht: o.A., Farben: alle „Hound"-Farben. Beagle Club Deutschland.

Basenji Zentralafrika FCI-Nr. 43/5.6

Die Basenjis gehören zu den primitiven Haushunden des tropischen Hackgürtels rund um die Erde, die zwar innerhalb menschlicher Siedlungen leben, sich aber selbst durchbringen müssen. Der Basenji aus dem Kongo wurde bisher als einziger Hund dieser Art als Rasse anerkannt. Die Eingeborenen schätzen ihn heute noch als Jagdhund zum Vorstehen und Stöbern. Er besitzt zudem eine hervorragende Nase. Auf jahrtausendealten ägyptischen Darstellungen ruht dieser Hund zu Füßen der Pharaonen. Im 19. Jh. brachten Afrikaforscher die ersten Basenjis nach England, wo die systematische Zucht begann. Der Basenji bellt nicht wie andere Hunde, sondern drückt Gemütsregungen durch kurzes Wuff, Grollen oder Jodeln aus. Außerdem ist er reinlich wie eine Katze und riecht nicht. Trotz dieser für einen Wohnungshund erfreulichen Eigenschaften kein Hund für jedermann. Barschheit macht ihn scheu, eigensinnig und unfolgsam. Der kluge, gelehrige, stets heitere, verspielte, anhängliche, doch unaufdringliche Hund braucht liebevolle, verständnisvolle Behandlung, um sich zu entfalten, da seine Gehorsamsbereitschaft nicht sehr groß, sein Jagdtrieb dafür um so ausgeprägter ist. Er braucht Bewegungsraum, viel Auslauf und Beschäftigung.

Schulterhöhe: 43 cm, Gewicht: 11 kg, Farbe: rot, schwarz oder schwarz mit loh, weiße Läufe, Blesse und Kragen zulässig. Foto: schwarz mit lohfarbene Hündin. Basenji-Klub Deutschland.

| **Pumi** | Ungarn | FCI-Nr. 56/1.1 |

Der Pumi entstand vermutlich im 17. und 18. Jh. Importierte Merinoschafe lösten das einheimische, weniger wirtschaftliche Zakkelschaf ab. Mit den Herden kamen fremde Hütehunde ins Land und vermischten sich mit den einheimischen. So vermutet man Verwandtschaft mit dem Berger de Brie, Spitz und sogar Terrier. Das Endprodukt war ein robuster, lebhafter Treibhund mit kurz gelocktem Haar und viel Unterwolle. Erst Anfang der 20er Jahre erkannte man im Pumi eine eigene Rasse. Der Pumi ist bis heute Arbeitshund geblieben und überall in Ungarn auf den Bauernhöfen anzutreffen.

Der überaus kluge, anpassungsfähige, gelehrige Bursche hütet sogar erstklassig Schweine und wird auch bei der Wildschweinjagd eingesetzt, wo sich sein draufgängerisches Terriererbe bewährt. Geschätzt wird seine Raubzeugschärfe als Ratten- und Mäusevertilger. Der stets aufmerksame, aktive Hund braucht Beschäftigung und Auslauf. Sportliche Menschen mit guten Nerven, die einen zuverlässigen Wachhund suchen und deren Nachbarschaft einen bellfreudigen Hund ertragen kann, finden im Pumi sicherlich einen reizvollen Begleiter. Ringelrute.

Schulterhöhe: 44 cm, Gewicht: 15 kg, Farben: weiß, schwarz, grau, rötlichbraun. Klub für Ungarische Hirtenhunde.

| Norbottenspitz | Schweden | FCI-Nr. 276/5.2 |

Der hübsche weiß-bunte, mittelgroße, stockhaarige Spitz ist in seiner Heimat sehr selten und außerhalb Schwedens praktisch unbekannt. Er stammt aus dem Norbotten-Gebiet an der finnischen Grenze. Der Norbottenspitz ist der ideale Jagdhund auf Federwild in den ausgedehnten lichten Wäldern und Mooren der Region. Der kleine Spitz jagte mit den nordischen Jägern seit Tausenden von Jahren, geriet aber in Vergessenheit und wurde 1948 für ausgestorben erklärt. Zwar blieb der Norbottenspitz Ausstellungen fern und Welpen wurden nicht mehr zur Eintragung gemeldet, doch bedeutete das nicht, daß die Jäger ihren Hund aufgegeben hatten. So wurde die Rasse 1967 wiederentdeckt und erlebt seither einen erfreulichen Aufschwung. In Jagdweise und Charakter gleicht er dem Finnenspitz. Der Hund findet die Vögel und verbellt sie anhaltend, sobald sie sich auf einem Baum niedergelassen haben. Die sich in Sicherheit wiegenden Vögel lassen sich vom Hund ablenken und bleiben sitzen, bis der Jäger herankommt. Er jagt auch ausgezeichnet Marder. Das Jagdverhalten ist dem kleinen Spitz angeboren und braucht ihm nicht beigebracht zu werden. Der Norbottenspitz ist aufmerksam, furchtlos und draufgängerisch. Er macht einen munteren, aktiven, freundlichen, selbstbewußten Eindruck. Der Hund ist nie scheu, nervös oder aggressiv. Der Norbottenspitz ist ein ausgezeichneter Wächter.

Schulterhöhe: 44 cm, Gewicht: o.A., Farbe: weiß mit gelben oder rotbraunen Flecken. Deutscher Club für Nordische Hunde.

| Norwegischer Buhund | Norwegen | FCI-Nr. 237/5.3 |

Schon die Wikinger besaßen Hütespitze. Die Bezeichnung Buhund taucht erst Ende des 17. Jh. auf. Bu bedeutet sowohl „Wohnplatz" als auch „Vieh" und bestätigt die Aufgabe des Buhundes als Wach- und Viehtreiberhund. Darüber hinaus ging er mit auf die Jagd auf Elch, Rotwild, Fuchs, Fasan und Rebhuhn. Besonderen Mut erforderte die Bären- und Wolfsjagd. Heute noch wird der Buhund im Südwesten Norwegens als Hütehund eingesetzt, wobei ihm seine Fähigkeit, sich sicher und schnell über unwegsames Gelände zu bewegen, zugute kommt. Zuverlässig findet er in unübersichtlichem Gebiet verlorene Schafe und treibt große Herden. Allerdings verdrängen ihn fertig ausgebildet aus England importierte Border Collies bei der Schafherde, dafür gewinnt er als Haus- und Familienhund immer mehr Freunde. Der Buhund wird außerhalb Norwegens in größerem Rahmen nur noch in England gezüchtet. Vereinzelt trifft man ihn in anderen Ländern Europas an. Der Buhund ist lebhaft, gelehrig und ein unerschrockener Wächter. Charmantes, menschenfreundliches Wesen, sehr anhänglich und kinderlieb. Der kleine Hund ist erstaunlich kraftvoll und ausdauernd, aber auch bellfreudig. Das dichte, derbe Fell ist pflegeleicht.

Schulterhöhe: 47 cm, Gewicht: 18 kg, Farben: falbe (wie das Fjordpferd) von sehr hell bis hin zu rot-gelblich mit oder ohne schwarze Haarspitzen, Maske akzeptiert. Schwarz, vorzugsweise einfarbig, jedoch auch mit weißem Halsring, Brust und Pfoten. Reine, klare Farben. Deutscher Club für Nordische Hunde.

Island Hund

Skandinavien   FCI-Nr. 289/5.3

Mit den Islandponies kamen auch die Islandhunde (Islandsk Farehond) nach Deutschland, wo sie sich besonders in Reiterkreisen großer Beliebtheit erfreuen. Diese uralte ehemalige Jagdhundrasse wurde auf der Insel mangels Wild zum Treib- und Hütehund umfunktioniert. Obwohl eng mit dem Menschen zusammenarbeitend, wurde er nie als Haus- oder Familienhund gehalten. Harte Auslese auf Leistungsfähigkeit und Gesundheit machen den Island Hund zu einem robusten, anspruchslosen, gehorsamen, flinken, mutigen arbeitseifrigen Hund, der sich nicht durch unwegsames Gelände oder schlechtes Wetter beeinträchtigen lassen darf. Ausgesprochen gutartig und freundlich, sind sie gut für den Umgang mit Kindern geeignet. Island Hunde hängen voller Hingabe an ihren Menschen, lernen schnell und willig, sie sind sensibel und müssen konsequent aber ohne Härte erzogen werden. Der Island Hund ist kein Schutzhund, jedoch zuverlässiger Wächter, der bellt aber nicht beißt. Verträglich im Umgang mit anderen Hunden und Tieren. Der sehr lebhafte, bellfreudige Hund braucht eine Aufgabe und Bewegung. Kein Hund für bequeme Menschen. Island Hunde können sehr unterschiedlich aussehen, sie kommen kurz- oder langhaarig und in großer Farbenvielfalt vor. Pflegeleicht.

Schulterhöhe: 46 cm, Gewicht: o.A., Farben: weiß mit braunen Abzeichen, helle Brauntöne mit schwarzen Haarspitzen, schwarz. Deutscher Club für Nordische Hunde.

| Deutsche Bracke | Deutschland | FCI-Nr. 299/6.1 |

Die Bracken sind Stammväter aller hängeohrigen Jagdhunde. Von den früher zahlreichen Brackenrassen ist in Deutschland nur die Westfälische Bracke erhalten geblieben. Ihr wichtigster Lokalschlag war die Sauerländer Holzbracke. Durch Verschmelzung dieses Schlages mit örtlichen Steinbracken entstand ein Einheitstyp, der seit 1900 offiziell als „Deutsche Bracke" bezeichnet, manchmal auch Olper Bracke genannt wird. Der hübsche Hund ist anhänglich, feinfühlig und wesensfest; im Hause ruhig und kinderlieb; passionierter, ausdauernder Spürhund für die Arbeit vor und nach dem Schuß (Waldgebrauchshund). Er zeichnet sich durch feinste Nase, eisernen Spurwillen, unbedingte Spursicherheit, lockeren Spurlaut und guten Orientierungssinn aus. Die jagdliche Verwendung liegt in folgenden Bereichen: „Laute Jagd" (spurlautes Stöbern) auf Hase, Fuchs und Kaninchen in niederwildarmen Waldrevieren, feinnasiger Saufinder bei Drück- und Treibjagden, Nachsuche auf Schalenwild (Schweißarbeit). Verlorenbringen von Hasen, Kaninchen und kleinerem Haarwild. Die Deutsche Bracke eignet sich besser als andere Laufhunde auch als Begleithund; Zuchtziel ist jedoch der Jagdgebrauchshund.

Schulterhöhe: 45 cm, Gewicht: o. A., Farbe: rot bis gelb mit schwarzem Sattel. Fang, Halsring, Brust, Läufe und Rutenspitze weiß. Deutscher Bracken-Club.

Kromfohrländer   Deutschland   FCI-Nr. 192/9.11

Der Kromfohrländer entsprang einer Laune der Natur. Eine Foxterrierhündin fand Gefallen an einem 1945 von Soldaten mitgebrachten Struppi, der ein bretonischer Griffon gewesen sein soll. Das Ergebnis waren entzückende Mischlinge, die Ilse Schleifenbaum alle aufnahm. Das fröhliche Wesen, hübsche Aussehen, die unkomplizierte Art, Anhänglichkeit und robuste Gesundheit begeisterten sie so, daß sie sich ein Leben ohne diese Hunde nicht vorstellen konnte und beschloß, sie weiterzuzüchten. Sie fand dabei Unterstützung eines erfahrenen Hundefachmanns, so daß der Kromfohrländer (Krom fohr = Krumme Furche, ein Stück Land ihrer Heimat bei Siegen) 1955 als Rasse anerkannt wurde. Kromfohrländer gibt es nur aus kleinen Liebhaberzuchten, wo die Welpen in enger Gemeinschaft mit dem Menschen aufwachsen. Sie sind deshalb aufgeschlossene, menschbezogene, anhängliche Familienhunde. Sie neigen weder zum Streunen noch zum Wildern und lieben ausgedehnte Spaziergänge, nehmen es aber nicht übel, wenn mal einer ausfällt. Die bis ins hohe Alter verspielten Hunde lassen sich leicht erziehen und beschäftigen. Sie eignen sich gleichermaßen für alleinstehende Stadtmenschen wie lebhafte Familien auf dem Lande, wenn sie nur ständig mit ihren Menschen zusammensein dürfen. Kromfohrländer sind gesellig und gut zu mehreren zu halten. Die wachsamen Kerlchen sind nicht bissig, können jedoch im Ernstfall die Zähne blitzen lassen. Die Haarpflege ist einfach.

Schulterhöhe: 46 cm, Gewicht: o. A., Stockhaar (Foto) und Rauhhaar, Farben: weiß mit braunen Flecken. Rassezuchtverein der Krohmfohrländer.

Irish Terrier	Irland	FCI-Nr. 139/3.1

Man weiß über die Entstehung der „roten Teufel" Irlands nur, daß sie im letzten Jahrhundert noch in verschiedenen Farben vorkamen und sich, wie alle irischen Terrier, in abgelegenen Gegenden zu ihrem heutigen Rassebild entwickelten. Wegen seiner Größe ist der Irish nur bedingt ein Erdhund und paßt höchstens in den Dachsbau. Er kämpft am Dachs stumm mit tolldreistem Mut. Wie überhaupt seine Lebenseinstellung zu sein scheint: „Sieg oder Tod". Er besitzt einen ausgezeichneten Ruf als Rattenvertilger und Kaninchenjäger. Ohne zu zögern, dringt er in dorniges Gestrüpp ein, um das Kaninchen herauszutreiben, und verfolgt die Ratten bis ins Wasser. In Irland wurde er viel zu Hundekämpfen verwendet. Der unwiderstehliche Charme der Irish Terrier liegt in Draufgängertum, großer Treue und Hingabe an seinen Herrn. Ein zärtlicher Hitzkopf! Der intelligente, gelehrige Hund braucht eine konsequente Erziehung, am besten eine handfeste Ausbildung im Hundesport, denn er eignet sich zu allem, was ein Hund lernen kann: Schutzhund, Breitensport, Agility, jagdliche Führung. Nach wie vor geht ein Irish keiner Rauferei aus dem Wege. Er ist sportlich und ausdauernd, Jogger, Radfahrer und Wanderer finden in ihm einen unermüdlichen Gefährten. Immer fröhlich, immer einsatzbereit, ist der Irish Terrier ideal für Menschen, die Langeweile hassen. Das drahtige Fell wird regelmäßig getrimmt. Kupierte Rute.

Schulterhöhe: 46 cm, Gewicht: 12 kg. Klub für Terrier.

| **Puli** | Ungarn | FCI-Nr. 55/1.1 |

1751 wurde der Puli erstmals in der Literatur erwähnt. Man vermutete seine Heimat in Tibet und Nordindien. Ursprünglich wurden Pulis in allen Farben und gescheckt geboren, doch mit der Schönheitszucht in den zwanziger Jahren ging der Trend zum reinschwarzen Hund. Heute züchtet man wieder andere Farben. Der Puli ist noch ein sehr ursprünglicher Hütehund und jederzeit einsatzbereit. Er ist überaus intelligent, lernt schnell und freudig und braucht engen Kontakt zu seiner Familie. Er hütet und beschützt alles, was es zu hüten und zu schützen gibt, einschließlich Kinder. Fremden gegenüber ist er mißtrauisch. Seine ausgeprägte Wachsamkeit wird durch seine Bellfreudigkeit unterstrichen. Der Puli will und muß arbeiten. Er braucht entsprechend viel Beschäftigung und Auslauf. Der fröhliche, immer aktive Hund paßt gut auf einen Bauernhof und zu aktiven Menschen. Der Hund trägt in seinem langen Schnürenhaar, das ca. 3 Jahre zur Entwicklung braucht, viel Schmutz herein. Er wird nie gekämmt, sondern vom Welpenalter an wird das Fell in dünne Schnüre gezupft. Wer keine Ausstellungspreise erringen will, sollte es den Schäfern nachtun: sie scheren jedes Jahr mit den Schafen auch die Hunde.

Schulterhöhe: 47 cm, Gewicht: 15 kg, Farben: schwarz (mit rostrot), weiß und grau.
Klub für Ungarische Hirtenhunde.

| **Whippet** | Großbritannien | FCI-Nr.162/10.3 |

Der Whippet war das „Rennpferd des kleinen Mannes" und verdankt seine Entstehung Bergleuten und Fabrikarbeitern der nordenglischen Grafschaften. Während die vornehmen, reichen Leute mit Greyhounds ihrem Jagdvergnügen nachgingen, war der gelegentlich erwilderte Kaninchenbraten für die Armen lebensnotwendig. Eine billiger zu haltende Alternative schufen sich diese Menschen durch die Verkreuzung kleiner Greyhounds mit italienischen Windspielen, drahtigen kurzhaarigen Terriern der Region und Bedlington Terrier, letztere vererbten dem Whippet die Schärfe auf Ratten und Mäuse. Es gab oft rauhhaarige Whippets, die geschoren wurden, weil man glaubte, sie seien glatthaarig schneller, so daß sich diese Variante nicht durchsetzen konnte. Der Whippet verhalf seinen Herren zum Freizeitvergnügen bei der Kaninchenhetze in geschlossenen Arenen, später, als dies verboten war, beim Rennen. Hetzobjekt war ein Tuch, das der Besitzer schwenkte, zur „Starthilfe" warf ein Helfer den Hund schwungvoll auf die Rennbahn. Der Whippet ist ein pflegeleichter, ruhiger, angenehmer Hausgenosse, zärtlich seiner Familie zugetan, lebhaft, fröhlich und verspielt im Freien, stets zu gemeinsamen Unternehmungen bereit. Rennen und Hetzen liegen ihm im Blut. Man muß ihm Auslauf verschaffen, am besten auf der Windhundrennbahn. Der Whippet ist sicherlich für sportliche Menschen, die ihren Hund immer um sich haben wollen, eine interessante Alternative.

Schulterhöhe: 47 cm, Gewicht o. A., Farben: alle Farben. Deutscher Windhundzucht- und Rennverband.

▲ Foto: Kocbec

| **Mudi** | Ungarn | FCI-Nr. 238/1.1 |
| **Kroatischer Schäferhund** | Kroatien | FCI-Nr. 277/1.1 |

Mudi (links)
Der wirkliche Arbeitshund Ungarns schwang sich nie zur Schauschönheit auf und ist in seiner Heimat weit verbreitet. Er hütet die schwierigen Steppenrinder, Zakkelschafe und Pferde und hält auf dem Hof Ratten und Mäuse kurz. Da Arbeitshunde ohne Ahnentafel in die Zucht eingebracht wurden, hat die Rasse eine gesunde Basis, es kommen allerdings noch Typabweichungen vor. Robuster, unverfälschter, noch uriger, anpassungsfähiger Haus- und Familienhund, der auch ein Luxusleben in der Stadt zu schätzen weiß. Er ist weniger laut als Pumi und Puli, anspruchslos in Haltung, Fütterung und Pflege. Er ist intelligent, leicht zu erziehen und sehr wachsam. Braucht viel Bewegung und Beschäftigung. Ringelrute oder kupiert. Schulterhöhe: 47 cm, Gewicht: 15 kg, Farben: schwarz, schwarz-weiß, selten weiß. Klub für Ungarische Hirtenhunde.

Kroatischer Schäferhund (rechts)
Ab 1935 züchtete Prof. Romic systematisch den in seiner Heimat sehr seltenen, im Ausland gänzlich unbekannten kroatischen Schäferhund (Hrvatski Ovcar). Er wird hauptsächlich als Wachhund, kaum als Haus- und Familienhund gehalten, obwohl der intelligente, lebhafte, wachsame Hund sicherlich ein sehr guter Begleithund wäre. Kupierte oder angeborene Stummelrute. Schulterhöhe: 50 cm, Gewicht o. A., Farben: schwarz, weiße Pfoten erlaubt. Jugoslawischer Hirtenhunde-Klub.

Sussex Spaniel	Großbritannien	FCI-Nr. 127/8.2
Field Spaniel	Großbritannien	FCI-Nr. 123/8.2
Clumber Spaniel	Großbritannien	FCI-Nr. 109/8.2

Sussex Spaniel (oben)
Etwa seit 150 Jahren rein gezüchteter, einstmals beliebter Jagdhund, gehört der Sussex heute zu den seltenen Rassen. Er jagt bedächtig, gründlich und besonders ausdauernd in dichtem Unterholz und besitzt eine sehr gute Nase. Ungewöhnlich für einen Spaniel, jagt er spurlaut. Der Sussex ist leichtführig, freundlich und anhänglich. Kupierte Rute. Schulterhöhe: 41 cm, Gewicht: 20 kg, Farben: leberfarben mit goldenen Haarspitzen.

Field Spaniel (rechts oben)
Ebenfalls seltener Spaniel, der im Laufe seiner Reinzucht oft modisch „verformt" und mit vielen Rassen verkreuzt wurde. Heute ausdauernder Jagdhund für rauhes Gelände mit guter Nase, dem das Apportieren beigebracht werden kann. Freundlicher, anhänglicher Familienhund, jedoch etwas eigensin-

niger als die anderen Spanielrassen, braucht er eine geduldige, konsequente Erziehung. Kupierte Rute. Schulterhöhe: 46 cm, Gewicht: 23 kg, Farben: einfarbig schwarz oder braun mit oder ohne Brand.

Clumber Spaniel (rechts unten)
Alter, von englischen Königen bevorzugter Spaniel mit Basset- oder Bluthundeinkreuzung. Man wollte einen schweren Hund, der besser durchs dichte Unterholz kam, langsam und bedächtig, dabei gründlich suchte. Trotz seiner Schwere beweglicher, ausdauernder Jäger mit hervorragender Nase, der gut apportiert. Freundlicher, ruhiger Familienhund. Kupierte Rute. Schulterhöhe: o. A., Gewicht: 31 kg, Farben: weiß mit zitronengelben Flecken.
Alle drei Rassen müssen häufig gebürstet werden. Jagdspaniel Klub.

| **Kerry Blue Terrier** | Irland | FCI-Nr. 3/3.1 |

Dieser außergewöhnliche Allroundhund stammt aus der abgelegenen Region „Ring of Kerry", wo er auf den verstreut liegenden Höfen wachte, Ratten und Mäuse kurzhielt und das Vieh trieb. Hunde gegeneinander und gegen die gefährlichen Dachse kämpfen zu lassen war bis ins letzte Jahrhundert ein beliebter Sport, bei dem sich die großen, kräftigen Terrier auszeichneten. Vermutlich ist die blaue Farbe auf die Einkreuzung von Bedlington Terrier zurückzuführen, die Ende des letzten Jahrhunderts zahlreich in Dublin gehalten wurden. Die Welpen werden wie beim Bedlington schwarz geboren und färben sich im Laufe der Jahre in alle Blau- und Silbertöne um. Das feingelockte, seidige Haar des Kerry Blue fällt nicht aus, sondern wird ausgekämmt und in Form geschnitten. Der Kerry Blue Terrier ist ein Hund, der alles kann. Er ist intelligent und gelehrig, ein vorzüglicher Wächter und zuverlässiger Beschützer, dabei bellt er nur, wenn nötig. Er kann jagdlich geführt werden und apportiert wie ein Retriever zu Wasser und zu Lande. Der Kerry ist temperamentvoll, aber nicht nervös. Er braucht Beschäftigung und Bewegung sowie eine konsequente Erziehung, insbesondere was den Umgang mit anderen Hunden betrifft, denn er rauft gerne. Zu Menschen ist er allgemein freundlich. Er ist ein hervorragender Haus- und Familienhund, sofern man Zeit hat, sich der Fellpflege zu widmen und sich ausgiebig mit dem Hund zu beschäftigen. Kupierte Rute.

Schulterhöhe: 48 cm, Gewicht: 17 kg, Klub für Terrier.

American Staffordshire Terrier   USA   FCI-Nr. 286/3.3

Mit englischen Einwanderern gelangten 1870 die ersten Staffordshire Bull Terrier in die USA und erhielten später den Namen American Staffordshire Terrier. Sie sind hochläufiger und eleganter als ihre englischen Ahnen. Leider werden sie, obwohl es verboten ist, in den USA immer noch, meist unter der Bezeichnung Pit Bull Terrier für Hundekämpfe gezüchtet. Die Rasse ist stark in Verruf geraten, weil verantwortungslose Menschen den Mut und Kampftrieb dieser Hunde nicht nur für Hundekämpfe, sondern auch für Attacken gegen Menschen ausnutzen. Von der FCI anerkannt sind nur Hunde mit AKC-Papieren, die als Schau- und nicht als Kampfhunde gezüchtet werden. Im Grunde ist der American Staffordshire Terrier Menschen gegenüber freundlich, unbefangen und ein braver Hausgenosse sowie zuverlässig im Umgang mit Kindern. Die Erziehung des starken, selbstbewußten Hundes verlangt von klein an gefühlvolles Durchsetzungsvermögen. Nach wie vor neigt er zum Raufen, deshalb müssen schon die Welpen den Umgang mit anderen Hunden lernen. Der drahtige, sportliche American Staffordshire Terrier braucht Bewegung und Beschäftigung. Trotz seines ausgeprägten Schutztriebs ist der von einem vernünftigen Züchter stammende American Staffordshire Terrier nicht überaggressiv.

Schulterhöhe: 48 cm, Gewicht: o. A. Alle Farben außer überwiegend oder rein weiß; black and tan und leberfarben unerwünscht. Mehrere Vereine im VDH.

| **Entlebucher Sennenhund** | Schweiz | FCI-Nr. 47/2.3 |

Der uralte Treib- und Bauernhund aus dem Emmental und Entlebuch wurde 1889 erstmals erwähnt und war dem Appenzeller Sennenhund sehr ähnlich. Prof. Heim förderte die Reinzucht, doch trotz großer Bemühungen schien die Rasse 1924 ausgestorben. Es ist Dr. Koblers Hartnäckigkeit zu verdanken, die letzten Exemplare aufgespürt und einen Verein gegründet zu haben, der die Entlebucherzucht rettete. Heute findet der handliche, pflegeleichte, robuste Hund mit dem klugen Gesichtsausdruck immer mehr Freunde bei Menschen, die mit ihrem Hund etwas anfangen wollen, ohne sich mit einem großen Hund zu belasten. Der Entlebucher ist stets aufmerksam, lernt schnell und willig, hat ein unerschrockenes Wesen und besitzt guten Schutz- und Wachtrieb, um nicht zu sagen er bellt gern! Trotz seiner geringen Größe kann man ihn gut zum Schutzhund, Rettungshund und Lawinenhund ausbilden, sowie in Agility und Breitensport einsetzen. Er besitzt außerdem einen hervorragenden Geruchssinn. Die Stummelrute ist manchmal angeboren, da sie aber einen erblichen Defekt darstellt, wird bevorzugt mit normalrutigen, kupierten Hunden gezüchtet.

Schulterhöhe: 48 cm, Gewicht: o.A., Schweizer Sennenhundverein für Deutschland.

| Pyrenäenschäferhund | Frankreich | FCI-Nr. 141/1.1 |
| Face rase | | FCI-Nr. 138/1.1 |

Der große weiße Pyrenäenberghund beschützt die Herden, der kleine Pyrenäenschäferhund (Berger des Pyrenees) hütet sie. Er gewann über die Grenzen seiner Heimat hinaus Freunde bei seiner tapferen Tätigkeit als Sanitäts- und Meldehund in den Weltkriegen. Der gelehrige, quicklebendige, ruppige Pfiffikus ist ein virtuoser Hütehund mit bewundernswerter Schnelligkeit, Ausdauer und Durchsetzungskraft und belegt bei Hütewettbewerben immer vordere Plätze. Dabei gilt er als unbestechlicher Wächter, der schnell anschlägt, aber nicht ausdauernd kläfft. Er ist Fremden gegenüber ausgesprochen mißtrauisch, in seiner Familie jedoch ein hingebungsvoller Hausgenosse, der nie seine Persönlichkeit aufgibt. Sein oftmals aufbrausendes Wesen muß mit konsequent liebevoller Erziehung gezügelt werden, er gehorcht nur einem Herrn, den er als solchen anerkennt, doch verträgt er keine grobe oder rauhe Behandlung. Seine Erziehung ist durchaus nicht einfach. Er ist eben ein Arbeitshund mit allen Konsequenzen. Der langhaarige Pyrenäenschäferhund wird gelegentlich gründlich gebürstet, der sehr viel seltenere langstockhaarige „face rase" mit kurz behaartem Gesicht ist pflegeleichter, etwas leichtführiger, weniger temperamentvoll und nicht ganz so zurückhaltend.

Schulterhöhe: 48 cm, Gewicht: 12 kg; ‚face rase': 54 cm, Gewicht: o. A., kleines Foto: kupierte Hündin. Farbe: sandfarben bis rotbraun, schwarz oder grau, Harlekin (buntscheckig). Diverse Vereine im VDH.

| **Lapphunde** | Skandinavien | FCI-Gruppe 5.3 |

Mit den Lappen (Samen) besiedelten auch deren Hunde vor Urzeiten das Tundragebiet nördlich des Polarkreises in Skandinavien. In den letzten Jahren retteten Rasseanerkennung und Reinzucht die Lapphunde vor dem Aussterben. Sie sind ausdauernde, robuste, witterungsunempfindliche, genügsame Tiere, die Schwerstarbeit beim Treiben und Hüten der riesigen, wildlebenden Rentierherden leisten. Als Begleit- und Familienhunde immer beliebter, brauchen die urigen Arbeitshunde eine Aufgabe und Beschäftigung. Sie sind freundlich, liebenswürdig im Umgang mit Kindern, ausdauernd, klug, lerneifrig, arbeitsfreudig und wachsam, jedoch nicht aggressiv. Das lange, harsche Haar des schwedischen und finnischen Lapphundes ist relativ pflegeleicht. Deutscher Club für Nordische Hunde.

Schwedischer Lapphund (oben) FCI-Nr. 135: Ursprünglich ein Jagd- und Schutzhund, wurde er erst später zum Rentierhütehund. Temperamentvoll, bellfreudig, einsatzfreudig und fügsam. Schulterhöhe: 48 cm, Gewicht: o. A., Farben: schwarz oder braun.

Suomenlapinkoira (rechts oben) FCI-Nr. 189: Der finnische Lapphund ist intelligent, gelassen, mutig und lernt gern. Ringelrute. Schulterhöhe: 49 cm, Gewicht: o. A., alle Farben erlaubt.

Lapinporokoira (rechts) FCI-Nr. 284: Finnischer Rentierhütehund hauptsächlich in schneereichen Gebieten. Ruhiger, gehorsamer, freundlicher, arbeitseifriger Hund. Schulterhöhe: 51 cm, Gewicht: o. A., Farbe: schwarz mit hellen Abzeichen.

Irish Soft Coated Wheaten Terrier   Irland   FCI-Nr. 40/3.1

Eine ausgesprochen aparte Erscheinung ist der etwas zottelige „weichhaarige weizenfarbige Terrier". Er kam erst vor wenigen Jahren zu uns und ist auf dem besten Wege, sich die Herzen aller zu erobern, die ihn näher kennenlernen. Er entwickelte sich auf den abgeschiedenen Bauernhöfen Irlands, wo sich die Menschen mühevoll ihren Lebensunterhalt erarbeiteten. Der Hund mußte sich sein Futter verdienen und nützlich machen. Luxushunde konnte man sich nicht leisten, ebensowenig einen Hund für die Jagd, einen für die Herde, einen Wachhund usw. Der Soft Coated Wheaten Terrier konnte alles: Er ernährte sich vornehmlich von Ratten und Mäusen, trieb das Vieh ein, beschützte Haus und Hof und half bei der Jagd. Harte natürliche Auslese schenkte uns einen robusten, gesunden Vierbeiner von charmanter Vierschrötigkeit. Der Soft Coated Wheaten ist ein fröhlicher, temperamentvoller, verspielter Hausgenosse, kinderlieb und geduldig, menschenfreundlich, wachsam aber nie bissig. Anhänglich und klug, läßt sich der Zottelterrier mit Konsequenz und Liebe leicht erziehen. Er braucht viel Bewegung und Beschäftigung. Das lange Fell bringt Schmutz in die Wohnung, auch braucht das Haar ausgiebige Pflege. Ausstellungstiere werden meist sorgfältig in Form geschnitten. Sie sind dann auch pflegeleichter als im Originalzustand. Kupierte Rute.

Schulterhöhe: 49 cm, Gewicht: 21 kg. Klub für Terrier.

Großspitz

Deutschland FCI-Nr. 97/5.4

Der Spitz war im Mittelalter aus dem täglichen Leben auf dem Bauernhof nicht wegzudenken. Der Fremden gegenüber stets mißtrauische Hund war ein ausgezeichneter Wächter. Da er keine Neigung zum Wildern zeigte und sich nicht als Jagdhund abrichten ließ, duldeten die Jagdherren solche Hunde gern bei ihren Bauern. Außerdem bewährte er sich als sogenannter Hütespitz. Natürlich duldet der Spitz keine Ratten und Mäuse auf dem Hof und macht sich in vieler Weise unentbehrlich. Obwohl der Großspitz dank seiner Reviertreue und Wachsamkeit ein idealer Haus- und Hofhund für die vielen Menschen wäre, die ein Leben abseits der Stadt suchen, ist er relativ wenig verbreitet.

Dabei ist er intelligent, gelehrig, geflügelfromm, geduldig mit Kindern, robust und witterungsunempfindlich. Der Spitz ist eine selbstbewußte Persönlichkeit, die sich nur ungern unterordnet und deshalb eine konsequente Erziehung benötigt. Von klein an erzogen, gibt es jedoch mit dem Spitz kaum Probleme. Der Hund geht gerne spazieren und liebt den Aufenthalt im Freien, er wird aber nicht hysterisch, wenn sein Spaziergang einmal ausfällt. Spitze sind nicht immer verträglich im Umgang mit Artgenossen. Die Haarpflege ist nur beim Junghund aufwendig, das erwachsene Fell wird regelmäßig gebürstet.

Schulterhöhe: 50 cm, Gewicht: o. A., Farben: schwarz, weiß, braun. Verein für Deutsche Spitze.

Schnauzer   Deutschland   FCI-Nr. 182/2.1

Der ehemalige „Rattler" lebte in Ställen und Scheunen, fing Ratten und Mäuse und bewachte den Hof. Der „urdeutsche" Bauernhund war hauptsächlich in Süddeutschland beheimatet. 1882 bezog der Hundezüchter Max Hartenstein aus Württemberg seinen Zuchtstamm und baute damit die Schnauzerzucht konsequent auf. Besonderes Augenmerk galt üppigem Bart und Augenbrauen sowie reingrauer Farbe, obwohl anfangs noch fahlrote Schnauzer erlaubt waren. Der Schnauzer hat sich seither nicht wesentlich verändert, Frisur, Haar und Farbe wurden perfekter, aber er ist ein uriger Hund geblieben. Das rauhe Haar wird regelmäßig getrimmt. Der Allroundhund ist dem sportlichen Besitzer ein ausdauernder und witterungsunempfindlicher Begleiter, der stets zu Spiel und Spaß bereit, aufmerksam, lernfreudig, unerschrocken und temperamentvoll, aber niemals nervös ist. Gutmütig, mit gesundem Mißtrauen in zweifelhaften Situationen ist der Schnauzer kein bissiger Hund, aber stets wachsam und verteidigungsbereit. Gelegentliche Rauflust muß von klein an unterbunden werden. Der Schnauzer braucht engen Familienkontakt und eignet sich für vielfältige Ausbildungsmöglichkeiten vom Breitensport bis hin zum Schutzhund. Sein reger Geist und seine selbstbewußte Persönlichkeit verlangen einen Herrn, der auf den Schnauzercharakter eingeht. Unnötige Härte, aber auch allzuviel Nachgiebigkeit verträgt er nicht. Rute kupiert.

Schulterhöhe: 50 cm, Gewicht: o. A., Farben: schwarz, pfeffer und salz (Foto: pfeffer- und salzfarbene Hündin). Pinscher und Schnauzer Klub.

Pinscher	Deutschland	FCI-Nr. 184/2.1

Der seltene Pinscher stand stets im Schatten seines rauhhaarigen Bruders, des Schnauzers. Hätte sich nicht 1956 der Pinscher und Schnauzer Klub intensiv um die Züchtung bemüht, wäre die Rasse heute vermutlich ausgestorben. Daß dieser praktische, charakterlich gute Hund so wenig Anklang findet, mag an seiner recht unscheinbaren Erscheinung und am Namen liegen. Wer will schon einen „Pinscher" spazierenführen? Das Wort geht vermutlich auf das Englische to pinch = kneifen zurück und weist auf seine Vergangenheit als Rattenfänger in Stallungen und auf seine Wachsamkeit hin. Fuhrleute schätzten ihn besonders, denn solange der Pinscher auf dem Fuhrwerk saß, wagte niemand, Pferd und Wagen anzurühren. Mit Beginn der Schnauzerzucht im ausgehenden 19. Jh. verlor der glatthaarige Pinscher immer mehr an Bedeutung, obwohl beide Varianten in einem Wurf fielen. Seine kraftvolle und doch elegante Erscheinung verleiht dem Pinscher die Schönheit eines formvollendeten Hundes. Seine Wesenszüge sind schneidiges Temperament, Aufmerksamkeit, gutartiger Charakter mit Spiellust, Anhänglichkeit an seinen Herrn, unbestechliche Wachsamkeit, ohne ein Kläffer zu sein. Hochentwickelte Sinnesorgane, Klugheit, Ausbildungsfähigkeit, Unerschrockenheit, Ausdauer und Robustheit machen den Pinscher zu einem hervorragenden Wach- und Begleithund. Pflegeleicht! Rute kupiert.

Schulterhöhe: 50 cm, Gewicht: o. A.: Farben: rot und schwarz mit roten Abzeichen (Foto: rote Hündin). Pinscher und Schnauzer Klub.

Österreichischer Kurzhaariger Pinscher Österreich FCI-Nr. 64/2.1

Der alte Hofhund Österreichs wird schon auf Gemälden des Barock und später im Biedermeier in dörflichen Alltagsszenen dargestellt. Als man später Rassehunde zu züchten begann, dachte niemand an den unscheinbaren Dorfköter. Für den Landwirt hingegen blieb der robuste Hofhund, der energisch sein Anwesen bewachte, Ratten und Mäuse kurzhielt und beim Viehtreiben half, anspruchsloser Kamerad. Genügsamkeit im Futter, robuste Gesundheit und problemlose Fortpflanzung waren selbstverständlich. 1912 stieß der Kynologe Prof. Hauck bei Forschungsarbeiten auf die uralte Hofhundrasse, die vor der Verbastardierung mit modischen Rassehunden bewahrt werden mußte. 1928 wurde die Rasse offiziell anerkannt. Der österr. Kurzhaarpinscher machte keine Karriere, aber er überlebte selbst schwere Kriegszeiten. Er gedieh im verborgenen und war außerhalb seiner Heimat weitgehend unbekannt. Erst in den letzten Jahren blühte die Zucht auf, denn die Menschen suchen mehr denn je einen urigen, unverzüchteten Hausgenossen. Der Kurzhaarpinscher streunt und wildert nicht und ist nach wie vor ein guter Wachhund und Rattenfänger. Lieber, freundlicher Familienhund, der Fremden gegenüber reserviert, wachsam und verteidigungsbereit ist und der sich leicht erziehen läßt. Der Pinscher braucht Bewegung und Beschäftigung und ist für sportliche Menschen ein unermüdlicher Begleiter. Rute lang oder kupiert.

Schulterhöhe: 50 cm, Gewicht: 18 kg, Farbe: Gelbtöne, hirschrot, schwarz und braun, gestromt, mit oder ohne weiße Abzeichen.

Bayerischer Gebirgsschweißhund Deutschland FCI-Nr. 217/6.2

In der zweiten Hälfte des vorigen Jahrhunderts änderten sich im bayerischen Alpenraum die Jagdbedingungen. Unentbehrlicher Jagdgehilfe war nun der Schweißhund, der im unwegsamen Hochgebirge frei und spurlaut auf der Schweißfährte sichere Arbeit leistete. Der Hannoversche Schweißhund eignete sich nicht für die Arbeit im Hochgebirge. Man besann sich auf die einheimischen Wildbodenhunde, die von alters her als Schweißhunde verwendet wurden, und schuf mit ihnen und dem Hannoverschen Schweißhund eine leichte, elegante Bracke mit etwas schwererem Kopf und breiteren Behängen als beim Wildboden-

hund. Der Bayerische Gebirgsschweißhund ist sehr wendig und ausdauernd, kann gut klettern und steigen. Der schneidige Schweißhund, der ebenfalls Wild- und Mannschärfe besitzt, wird gleichermaßen auf Rotwild, Gams und Rehwild eingesetzt. Er wird auch gern in Schwarzwildrevieren geführt, wobei seine Wendigkeit von Vorteil ist. Kann als Totverbeller oder -verweiser ausgebildet werden. Bayerische Gebirgsschweißhundwelpen werden ausschließlich an Jäger abgegeben. Die Zucht beruht auf scharfer Zuchtauslese und harten Prüfungsbedingungen.

Schulterhöhe: 50 cm, Gewicht: o. A., Farben: tiefrot über ockergelb bis semmelfarben, auch geflammt bzw. dunkel gestichelt, häufig schwarze Maske, Foto: tiefroter Rüde. Club für Bayerische Gebirgsschweißhunde.

| Schweizer Laufhunde | Schweiz | FCI-Nr. 59/6.1 |

In der Schweiz gab es seit Jahrhunderten eine Vielzahl schöner Bracken, die zum Teil auf die französischen Meutehunde zurückzuführen waren und diese Zucht durch regen Austausch ohne Zweifel auch beeinflußten. Mit dem Untergang der Feudalherrschaft wurde die Jagd zu einem allgemeinen Volksrecht. Die einst überhöhten Wildbestände wurden rigoros gezehntet. Dabei leistete der Laufhund, der damals in der Schweiz die dominierende Jagdhunderasse war, beste Dienste. Irrtümlicherweise geriet er in den Verruf, für den Niedergang des Rehwildes mitverantwortlich zu sein. Die Einführung des Reviersystems mit den stark verkleinerten Jagdflächen verminderte ebenfalls den Einsatz der weitjagenden Hunde. Die Laufhunde sind eher selten und werden in einigen Kantonen nur für die Hasenjagd verwendet. Da möglicherweise Hasenjagdverbote erlassen werden könnten, drohen den Laufhunden neue Gefahren – zumal sie als Haushunde kaum gefördert werden. Der Laufhund ist ein sehr feinnasiger Wildfinder, der mit großer Sicherheit die Fährte hält und spurlaut, selbst in unzugänglichem, felsigen Gelände, lang und ausdauernd jagt. Die Rassekennzeichen gelten für alle Schweizer Laufhunde. Sie unterscheiden sich nur durch die Farbe.

Schulterhöhe: 50 cm, Gewicht: o. A., Farben: **Schwyzer:** weiß mit roten Platten (Foto oben, stehend), **Berner** (rechts oben): dreifarbig weiß-schwarz-braun. **Luzerner** (rechts unten): grau-weiß gesprenkelt mit schwarzen Platten und braunen Abzeichen. **Rauhhaarlaufhunde:** alle Farben außer schwarz, schokoladenbraun und Luzerner Färbung; sie werden in der Schweiz nicht mehr gezüchtet.

Jura Laufhund	Schweiz	FCI-Nr. 59/6.1
Slovensky Kopov	Slowakei	FCI-Nr. 244/6.1
Smalandstövare	Schweden	FCI-Nr. 129/6.1

Jura Laufhund (oben und kleines Foto)
Älteste Form der alten Laufhunde, die zurückgehen auf die Keltenbracken. Jura Laufhunde erfreuen sich überall dort großer Beliebtheit, wo mit Bracken gejagt wird. Sie werden häufig mit den einheimischen Rassen gekreuzt. Zwei Formen des auch hervorragend für Schweißarbeiten geeigneten Laufhundes sind anerkannt, der leichte Typ Bruno (oben) und der schwere St. Hubert (kleines Foto), der an die alten Ardennerbracken, Vorläufer des St. Hubert, erinnert. Letzterer ist kaum noch zu finden. Schulterhöhe: 50 cm, Farbe: gelbbraun, rotbraun, mit oder ohne schwarzen Sattel, schwarzloh.

Slovensky Kopov (rechts oben)
Vielseitiger Jagdhund, hervorragend auf Schweiß, als Stöberer und Apportierer. Er besitzt bemerkenswerten Orientierungs-sinn und ist ein guter Wachhund, da unfreundlich gegenüber Fremden. Außerhalb der Slowakei weitgehend unbekannt. Schulterhöhe: 50 cm, Farbe: schwarz und loh.

Smalandstövare (rechts)
Sie stammt aus der Region Smaland in Südschweden und wird zur Jagd auf Hase und Fuchs gezüchtet. Ausgezeichneter Schweißhund, der außerhalb Schwedens praktisch unbekannt ist. Schulterhöhe: 50 cm, Farbe: schwarz mit tiefbraunen Abzeichen, teils angeborene Stummelrute.

Piccolo lepraiolo dell'Appeninno molisano (ohne Foto)
Kleinere, dem Segugio ähnliche Bracke für die Hasenjagd aus dem Apenningebirge Italiens. Reinzucht befindet sich im Aufbau. Noch nicht anerkannt. Glatt- u. rauhhaarig.

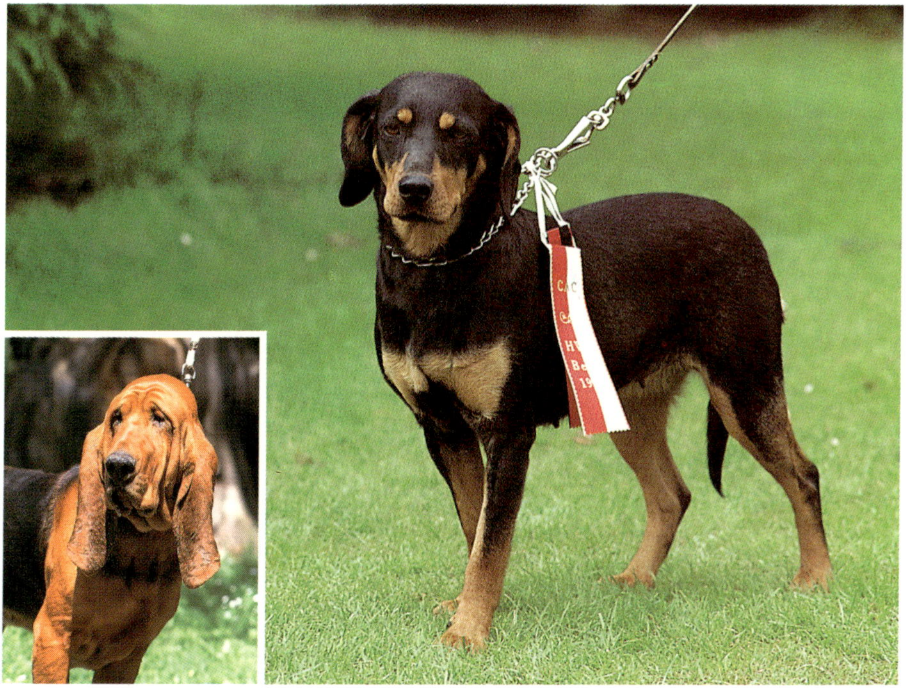

| **Österreichische Bracken** | Österreich | FCI-Gruppe 6.1 |

Österreichische Glatthaarige Bracke

Brandlbracke/Vieräugl FCI-Nr. 63 (oben) Hervorragender Schweißhund im Gebirge. Leichtführig. Guter Stöberhund zu Lande und zu Wasser, lernt auch zu apportieren. Zuchtziel: ein feinnasiger, spurlauter und fährtensicherer Hund mit Wild- und Raubzeugschärfe. Schulterhöhe: 52 cm, Gewicht: o. A., Farbe: schwarz-rot (Foto), rötlichbraun.

Tiroler Bracke FCI-Nr. 68 (rechts oben) Ursprüngliche Form der alten Wildbodenhunde, die bis ins Jahr 1500 nachzuweisen ist. Sie gilt als Meister der Schweißarbeit im rauhen Hochgebirge. Zuverlässig bei der Arbeit nach dem Schuß. Spur- und Fährten-

wille, Spur- und Fährtentreue, Totverbellen oder Totverweisen sind natürliche Veranlagungen. Schulterhöhe: 48 cm, Gewicht: 22 kg.

Steirische Rauhhaarige Hochgebirgsbracke/ Peintinger Bracke FCI-Nr. 62 (rechts) Mit der Kreuzung von Hann. Schweißhund, rauhhaariger Istrianer Bracke und Brandlbracke schuf Karl Peintinger um 1880 die Rasse. Diese sehr seltene Bracke eignet sich hervorragend zur Nachsuche in schwierigem Gelände. Schulterhöhe: 58 cm, Gewicht: o. A.

Alle Bracken werden betreut vom Verein für Brandl-, Tiroler- und steir. Hochgebirgsbracken DBV und nur an Jäger abgegeben.

| **Polski Owczarek Nizinny (PON)** | Polen | FCI-Nr. 251/1.1 |

Der PON oder auch Polnische Niederungs-hütehund hütete in der polnischen Tiefebene jahrhundertelang große Schafherden, ohne daß ihm züchterische Beachtung geschenkt worden wäre. Er war da und tat seine Arbeit, wie er aussah war unwichtig, nur nützlich mußte er sein. Das setzte eine gewisse Größe, Intelligenz, Genügsamkeit und Widerstandskraft, Hütetrieb, Wachtrieb und ein den Bodenverhältnissen und dem Klima angepaßtes Fell voraus. Nach dem II. Weltkrieg begann in Polen die Reinzucht. 1963 wurde die Rasse anerkannt und faßte ab den 70er Jahren auch in Deutschland Fuß. Seitdem ist der PON auf dem besten Wege, ein Modehund zu werden. Der untersetzte, muskulöse Hund besticht durch ein erstaunlich mühelos fließendes Gangwerk und eine reizvolle Farbenvielfalt. Der noch unverfälschte Arbeitshund braucht viel Beschäftigung und Bewegung, er hält sich gern bei jedem Wetter im Freien auf und ist ein zuverlässiger, energischer Beschützer von Haus und Hof. Er besitzt wenig Neigung zum Streunen und Wildern. Fremden gegenüber allgemein mißtrauisch, darf er jedoch nie ängstlich oder bissig sein. Der selbstbewußte, bis ins hohe Alter temperamentvolle Hund braucht eine konsequente Erziehung. Er ist ein guter Futterverwerter, und man muß auf seine Linie achten! Das standardgerechte, harsche Ziegenhaar muß regelmäßig gebürstet werden. Stummelrute angeboren oder kupiert, lange Ruten zulässig.

Schulterhöhe: 50 cm, Gewicht: 17 kg, alle Farben, auch Schecken anerkannt (außer Merlefaktor). Diverse Vereine im VDH.

Schapendoes   Niederlande   FCI-Nr. 313/1.1

Als 1940 der holländische Kynologe Toc poel die bodenständigen Hunderassen Hollands katalogisierte, stieß er auf Restbestände des Schapendoes, dem Hütehund der Heideregionen. Im ganzen Land wurden typische Exemplare zusammengesucht, überprüft und in die Zucht einbezogen. Erfahrene Züchter und Wissenschaftler der Genetik bauten die Rasse auf einem gesunden Stamm neu auf. 1968 wurde der Schapendoes offiziell anerkannt. Bisher werden die Schapendoes nur von wenigen Züchtern in kleinem Rahmen gezüchtet, die eine Vermarktung ablehnen. Jedoch gewinnt der fröhliche Naturbursche immer mehr Freunde, wo immer er auftaucht. Der Schapendoes ist ein freundlicher, verspielter, lebhafter Familienhund. Er ist wachsam ohne Schärfe und unermüdlicher Spielkamerad der Kinder. Im Hause ist er ruhig und nie nervös, vorausgesetzt, er wird beschäftigt und bekommt genügend Auslauf! Er eignet sich sehr gut für Breitensport und Agility. Der arbeitsfreudige, gelehrige Bursche will mit Verständnis erzogen werden. Für seinen Herrn tut er alles, aber er will verstehen, wofür und warum. Selbständiges Arbeiten liegt ihm noch im Blut – gehorchen ja, aber nicht angewiesen sein auf Kommandos. Der Schapendoes ist verträglich mit Artgenossen. Die Pflege ist beim jungen Hund aufwendig, bei korrektem harten Haar wird der erwachsene Hund nur alle zwei Wochen gründlich gebürstet.

Schulterhöhe: 50 cm, Gewicht: o. A., Farben: alle Farben zulässig. VDH.

Epagneul Breton	Frankreich	FCI-Nr. 95/7.1
Epagneul de St. Usuge	Frankreich	nicht FCI-anerkannt
Epagneul du Larzac	Frankreich	nicht FCI-anerkannt

Epagneul Breton (großes Foto)
Der Bretonische Vorstehhund geht auf mit-
telalterliche Vogelhunde zurück, die Ende
des 19. Jh. mit Settern gekreuzt wurden. Er
ist weltweit verbreitet und in Frankreich der
häufigste Jagdgebrauchshund. Klassischer
Vorstehhund, in allen Fächern der Feld-,
Wald- und Wasserjagd den großen Rassen
ebenbürtig. Raumgreifende Suche mit hoher Nase, feinste Nasenleistung, firmes Vor-
und Durchstehen. Für leichtes Nachsuchen
brauchbar. Zuverlässiger Verlorenbringer,
sehr wasserfreudig. Meist geringe Raub-
wildschärfe. Ausgesprochen leichtführig,
arbeitsfreudig, intelligent, anschmiegsam.
Liebevolle Ausbildung ohne Härte befä-

higt ihn zu Höchstleistungen. Rute kupiert.

Epagneul de St. Usuge (kleines Foto)
Kleinster franz. Vorstehhund aus dem franz.
Jura. Im Zuchtaufbau begriffen. Ausgezeichnet in Feld, Wald und Sumpf, sehr
wasserfreudig. Leichtführig. Sanft und kinderlieb. Schulterhöhe: 54 cm, Farbe: kastanienbraun mit grauen Flecken, Braunschimmel.

Epagneul du Larzac (ohne Foto)
Dem trockenen Klima Südfrankreichs angepaßter, dem Bretonen ähnlicher Vorstehhund. Im Zuchtaufbau begriffen. Schulterhöhe: ca. 54 cm, Farben: weiß-braun.

Schulterhöhe: 50 cm, Farbe: vorherrschend weiß-rot, weiß-schwarz, weiß-braun, dreifarbig. Club für Bretonische Vorstehhunde. Verein für franz. Vorstehhunde.

| **English Springer Spaniel** | Großbritannien | FCI-Nr. 125/8.2 |
| **Welsh Springer Spaniel** | Großbritannien | FCI-Nr. 126/8.2 |

English Springer Spaniel

Heute in England einer der beliebtesten Jagdhunde, hat sich der Springer Spaniel in zwei Typen aufgespalten: Arbeitshund und Schauhund. Selten besteht ein Schauhund Jagdprüfungen, doch so gut wie nie gewinnt ein Arbeitsspaniel einen Schönheitspreis. Ursprünglichster Spanieltyp, der 600 Jahre zurückverfolgt werden kann. Damals trieb er die Vögel in die Netze. Heute ist der Springer Spaniel ein hervorragender Jagdgebrauchshund, der sucht, weitläufig stöbert, das Wild herausdrückt und zuverlässig nach dem Schuß apportiert. Er ist ausgesprochen wasserfreudig. Kein Vorsteher. Der English Springer ist freundlich, anhänglich, zuverlässig im Umgang mit Kindern, wachsam und braucht viel Bewegung und Beschäftigung. Ideal für den Alleinjäger, der gleichzeitig einen angenehmen Familienhund sucht. Rute kupiert. Schulterhöhe: 51 cm, Gewicht: 23 kg, Farben: alle Landspanielfarben erlaubt, leberfarben-weiß, schwarz-weiß mit oder ohne braune Abzeichen bevorzugt. Jagdspaniel Klub.

Welsh Springer Spaniel (kleines Foto)

Ebenfalls sehr alte Rasse. Ausgesprochen harter, ausdauernder Hund, der besonders den Anforderungen seiner bergigen walisischen Heimat angepaßt ist. Die Jagdeigenschaften sind die des English Springers. Auch er ist ein angenehmer Familienhund, leicht zu erziehen, temperamentvoll, gut mit Kindern. Rute kupiert. Schulterhöhe: 48 cm, Gewicht: o. A., Farben: weiß mit leuchtend rotbraun, Jagdspaniel Klub.

Nova Scotia Duck Tolling Retriever	Kanada	FCI-Nr. 312/8.1

Der kleinste Retriever kommt von der Halbinsel Neuschottland im Süden Kanadas. Dort rasten ziehende Enten und Gänse. Die Indianer ahmten mit ihren Hunden den kupferroten, kanadischen Fuchs nach, der schwanzwedelnd am Ufer hin und her hüpft, bis die neugierigen Enten nahe genug heranschwimmen, um von im Versteck lauernden Füchsen gepackt zu werden. Die weißen Siedler machten sich diese ungewöhnliche Jagdmethode zunutze und züchteten aus einheimischen, rotbraunen Indianerhunden, Cocker Spaniel, Setter und Collie den Nova Scotia Duck Tolling Retriever (=Neuschottland Enten-heranlockender Apportierhund). Der Jäger veranlaßt aus einem Versteck heraus den Hund, am Ufer zu spielen und zu toben. Sind die Enten nahe genug, ruft er den Hund ins Versteck, tritt heraus, die Enten fliegen auf und werden geschossen. Der Hund bringt nun aus dem Wasser die Vögel an Land. Er gilt als robuster, vor eisigem Wasser nicht zurückschreckender, zuverlässiger Apporteur. Der Nova Scotia Duck Tolling Retriever ist ein lebhafter, verspielter, leicht erziehbarer und gehorsamer Haus- und Familienhund, der auch auf hiesigen Jagdprüfungen für Retriever geführt werden kann. Er neigt nicht zum Wildern oder Streunen und ist für Anfänger und solche, die sich nicht mit einem schwierigen Hund auseinandersetzen wollen, ein amüsanter, unkomplizierter Weggenosse. Das schlichte, etwas längere Haar ist pflegeleicht.

Schulterhöhe: 51 cm, Gewicht: 23 kg. Deutscher Retriever Club.

| Shar Pei | China | FCI-Nr. 309/2.2 |

Als seltenster Hund der Welt wurde das „Faltenwunder" aus den USA kommend weltweit vermarktet. Die uralte, chinesische Hunderasse soll zur Jagd auf Wildschweine, als Hirten-, Haus- und Hofhund sowie zu Hundekämpfen in Südchina gezüchtet worden sein. In den 50er Jahren wurden in China Hunde fast ausgerottet, einige wenige Shar Peis konnten in Taiwan, Macao, Hong Kong und in abgelegenen Dörfern Südchinas überleben. 1971 erschien in einer amerikanischen Hundezeitschrift der Hilferuf eines Züchters aus Hong Kong, um die Rasse vor dem Aussterben zu bewahren. Daß er damit den chinesischen Bauernhund zum Statussymbol des Westens machen würde, hatte er sicherlich nicht zu hoffen gewagt. Die Nachfrage war enorm. Welpenpreise stiegen in schwindelerregende Höhen. Immer faltigere Hunde wurden gezüchtet. Faltig dürfen aber nur Welpen sein. Extreme Hautfalten beim erwachsenen Hund beruhen auf Hormonstörungen und verursachen Hautprobleme, bei Hündinnen Zyklusstörungen. Faltige Kopfhaut und tiefliegende, kleine Augen bedingen eingerollte Augenlider und schmerzhafte Entzündungen. Welpen näht man die Haut auf dem Kopf fest, damit sie die Augen öffnen können. Derartige Auswüchse zu verhindern ist Bestreben der Rassezuchtvereine, denn der Shar Pei ist ein origineller, temperamentvoller, fröhlicher, zärtlicher Hausgenosse, Fremden gegenüber zurückhaltend, stets aufmerksam, wachsam und verteidigungsbereit, aber nicht scharf.

Schulterhöhe: 58 cm, Gewicht: 29 kg, Farben: einfarbig schwarz, rehbraun, cremefarbig. Diverse Vereine im VDH.

| **Australian Cattle Dog** | Australien | FCI-Nr. 287/1.2 |

Britische Siedler brachten ihre Collies mit nach Australien. Im trocken-heißen Innenland sowie im Umgang mit den halbwilden Rindern genügten sie den extremen Anforderungen nicht mehr und man verkreuzte sie mit dem einheimischen Dingo, um einen widerstandsfähigeren Hund zu bekommen. So entstand aus kurzhaarigen blue merle Collies, Dingo und später vermutlich Bull Terrier, Dalmatiner und Kelpie-Kreuzungen der heutige Australian Cattle Dog (australischer Viehhund). Die Welpen werden (wie beim Dalmatiner) weiß geboren und bekommen ihre charakteristische Zeichnung später, entweder blau oder rot gefleckt. In Australien ist der Cattle Dog der ideale Viehzüchterhund, der trotz seines gedrungenen Körperbaus ein ausgesprochen wendiger Viehtreiber im offenen Gelände ebenso wie am Pferch ist. Der kraftvolle Hund ist stets aufmerksam, außerordentlich intelligent, wachsam, mutig und besitzt ein zuverlässiges Pflichtbewußtsein. Mißtrauisch gegen Fremde ist er ein unbestechlicher Beschützer der Familie. Er braucht Beschäftigung! Da er leicht zu erziehen ist, kann man ihn vielseitig im Hundesport einsetzen. Der in seiner Heimat außerordentlich beliebte Haus- und Familienhund wird in Europa bislang wenig gezüchtet.

Schulterhöhe: 51 cm, Gewicht: o. A., blau oder rot-fleckig, Foto: rote Hündin. VDH.

| **Australian Kelpie** | Australien | FCI-Nr. 293/1.1 |

Die Vorfahren dieses hervorragenden Hütehundes waren kurzhaarige schottische Collies, aus denen australische Schaffarmer gezielt Hunde für ihre Zwecke züchteten. Das erste in Australien abgehaltene Sheep Dog Trial gewann 1872 die Hündin Kelpie. Ihre Nachkommen nannte man einfach Kelpie. In Europa noch selten anzutreffen, ist der Kelpie in den USA bei Schaf- und Rinderzüchtern begehrt. Der flinke, kluge, leise arbeitende Hund besitzt angeborenen Treib- und Hütetrieb. Seine Stärke liegt im Heranbringen von verstreutem Vieh in unübersichtlichem Gelände, insbesondere in Zusammenarbeit mit berittenen Viehhir-

ten. Bei seinem Debüt in Deutschland lag ein Kelpie auf Platz 2 im Europäischen Hütewettbewerb. Er eignet sich demnach genausogut für die Arbeit mit kleineren Herden und an der Koppel und zeigt widerspenstigen Schafen gegenüber hartes Durchsetzungsvermögen. Der Kelpie ist ein eifriger, dennoch ruhiger Hund von großer Intelligenz und Selbständigkeit. Er ist wachsam, aber kein ausgesprochener Schutzhund. Bekommt er die nötige Beschäftigung, ist er ein guter, temperamentvoller Familienhund, der allerdings konsequente Erziehung benötigt.

Schulterhöhe: 55 cm, Gewicht: o. A., Farbe: schwarz, schwarz und tan, rotbraun, rotbraun und tan, hellbraun, schokoladenbraun, rauchblau und tan.

| **Border Collie** | Großbritannien | FCI-Nr. 297/1.1 |

Seine Heimat ist die Grenzregion zwischen England und Schottland, die „Borders". Seine Arbeitsweise in der geduckten Haltung, die Schafe mit den Augen fixierend und dirigierend ist einmalig und erinnert stark an das Jagdverhalten der Wölfe. Der Schritt vom Hütehund zum Schafkiller ist deshalb auch nicht weit, so daß die Hunde in den Schafzuchtgebieten streng unter Kontrolle gehalten werden. Der Border Collie arbeitet mit dem Kommando des Schäfers auf Pfiff oder Ruf über kilometerweite Entfernungen ebensogut wie am Pferch oder in der Koppel, wo selbständiges Handeln des Hundes gefragt wird, wenn der Schäfer mit den Schafen beschäftigt ist. Hüteverhalten, Arbeitstrieb und Unterordnungsbereitschaft sind dem Border Collie angeboren. Er hat viel Temperament, und seine Intelligenz ist sprichwörtlich. Er kennt keinen Müßiggang. Der Border Collie ist trotz Leichtführigkeit und wenig Pflegeaufwand ein anspruchsvoller Hund, der sich nützlich machen will, sei es bei der Herde, auf dem Bauernhof, als Bergrettungshund, Katastrophenhund, Fährtenhund, bei Breitensport oder Agility. Wer den Arbeitseifer nicht befriedigen kann, findet kaum Freude am Border Collie.

Schulterhöhe: 53 cm, Gewicht: o. A., Farbe: vielfältig, niemals vorherrschend weiß. Club für Britische Hütehunde.

| Finnenspitz | Finnland | FCI-Nr. 49/5.2 |

Vermutlich stammt der Nationalhund Finnlands von aus dem Osten eingewanderten russischen Laiki ab. Sein sowjetisches, in Aussehen und Jagdverhalten nahezu identisches Gegenstück ist der **Russisch-(Karelisch)Finnische Laika** (nicht FCI-anerkannt). In den Wäldern seiner Heimat jagt er hauptsächlich Birk- und Auerwild. Er stöbert die großen Vögel auf und verfolgt sie, bis sie sich in den Baumkronen niederlassen. Der Hund bellt und springt, um die Aufmerksamkeit des Vogels auf sich zu lenken, der sich in den Baumkronen sicher fühlt und sitzenbleibt, bis der Jäger herbeikommt und schießen kann. Sehr viel Mut erfordert das Stellen und Verbellen eines Elches oder Bären. Die durchdringende Stimme des Finnenspitz ist ein wichtiges Merkmal. Der Finnenspitz ist kein Schmeichler und sehr selbständig, wie es seine Jagdarbeit erfordert. Er marschiert gerne auf eigene Faust los und frönt seiner Jagdleidenschaft. Der kluge Finnenspitz ist gelehrig, aber niemals unterwürfig und gehorcht keineswegs immer auf Kommando. Die Erziehung, die konsequent, aber ohne Zwang schon beim Welpen beginnen muß, erfordert Fingerspitzengefühl und Hundeverständnis. Der Finnenspitz braucht viel Bewegung und Beschäftigung. Er ist wachsam ohne Aggressivität und geduldig mit Kindern. Er benötigt kaum Pflege, ist ein genügsamer Fresser, stets fröhlich und abenteuerlustig, dabei nie nervös und hysterisch (sofern er ausreichend beschäftigt wird). Witterungsunempfindlich liebt er den Aufenthalt im Freien, trotzdem ist enger Familienanschluß unerläßlich.

Schulterhöhe: 50 cm, Gewicht: o. A. Deutscher Club für Nordische Hunde.

▲ Foto: Kleinschmidt

Foto: Japan Kennel Club

Foto: Japan Kennel Club

| **Japanische Spitze** | Japan | FCI-Gruppe 5.5 |

Die Vorfahren der japanischen Spitzrassen kamen vor rund 4000 Jahren vom asiatischen Festland auf die Inselgruppe. Sie paßten sich den Klimabedingungen von den kalten nördlichen Inseln bis zum warmen Süden hin an, ohne ihr Aussehen wesentlich zu verändern. Als selbständige Jäger ordnen sie sich nicht unter, sie kooperieren höchstens mit ihrem Rudelführer. Der Besitzer eines solch reizvollen Hundes, der noch viel ursprüngliches Hundeverhalten aufweist, muß auf die Mentalität seines Hundes eingehen, ihn konsequent, aber ohne Zwang erziehen und seine Überlegenheit als Führer beweisen. Alle sind pflegeleicht, robust und widerstandsfähig. Wachsame, verteidigungsbereite, in friedlicher Situation freundliche Hunde, die raubzeugscharf sind und z. T. auch hier jagdlich geführt werden können. Bewegungsfreudig, doch kaum ohne Leine auszuführen. Hokkaido und Kai stehen in Japan unter Naturschutz. Alle Deutscher Club für Nordische Hunde.

Hokkaido Ken/Ainu FCI-Nr. 261 (links oben)
Der von der Insel Hokkaido stammende Hund wird auch in Deutschland gezüchtet. Ehemaliger Bärenjäger. Schulterhöhe: 52 cm, Farben: vielfältig einschließlich gestromt.

Kai-Inu/Kohshu-Tora FCI-Nr. 317 (oben links)
Jagdhund auf Vögel, Hase, Dachs und Wildschwein im gebirgigen Mitteljapan. Schulterhöhe: 53 cm, Farben: schwarz- und rotgestromt, rot, weiß, schwarz, sesam (beige).

Shikoku/Kohchi Ken FCI-Nr. 319 (oben rechts)
Temperamentvoller Jagdhund mit scharfen Sinnen aus dem südwestlichen Raum. Beliebter Haus- und Familienhund in Japan. Schulterhöhe: 52 cm, Farben: gestromt, weiß, rot, schwarz, sesam (beige).

Kishu-Inu FCI-Nr. 318 (links)
Aus dem mittleren Südwesten stammender Jagdhund auf Wildschwein und Rehe. Der gute Wachhund wird in Europa gezüchtet. Schulterhöhe: 52 cm, Farben: weiß, rot, gestromt, schwarz, sesam (beige).

| Elchhunde | Skandinavien | FCI-Gruppe 5.2 |

In den undurchdringlichen Wäldern Skandinaviens verfolgen die Elchhunde den Elch lautlos und stellen ihn. Erst dann „rufen" sie durch anhaltendes Gebell den Jäger herbei. Die Hunde besitzen alle eine große Jagdpassion, sind robust und unerschrokken. Sie sind menschenfreundlich, lieb zu Kindern, fröhlich und wachsam. Als selbständige, selbstbewußte Hunde lassen sie sich zwar erziehen, werden aber nie absolut gehorsam. Sie brauchen viel Beschäftigung und Bewegung. Besonders bei nicht ausgelasteten Hunden bereitet der Jagdtrieb Probleme. Als Familien- und Haushund nur bedingt zu empfehlen. Deutscher Club für Nordische Hunde.

Norwegischer Elchhund grau FCI-Nr. 242 (oben)
Er ist Norwegens Nationalhund und auch der als Familienhund am weitesten verbreitete Elchhund. Schulterhöhe: 52 cm, Gewicht: o. A.

Norwegischer Elchhund schwarz FCI-Nr. 268 (rechts oben)
Auch in seiner Heimat sehr selten; leichter, beweglicher und lebhafter als der graue. Besonders geeignet für die Jagd im Gebirge. Schulterhöhe: 47 cm, Gewicht: o. A.

Jämthund FCI-Nr. 42 (rechts)
Der schwedische Elchhund ist der größte nordische Jagdhund. Furchtloser, energischer, aber auch ruhiger und überlegter, selbständiger Jäger. Schulterhöhe: 63 cm, Gewicht: o. A.

Anglo-français de petite vénerie	Frankreich	FCI-Nr. 325/6.1
Beagle Harrier	Frankreich	FCI-Nr. 290/6.1
Harrier	Großbritannien	FCI-Nr. 295/6.1

Anglo-français de petite vénerie (oben)
Er wurde um 1930 aus dem Poitevin und dem Harrier sowie einigen anderen französischen Laufhunden wie Porcelaine und Bleu de Gascogne herausgezüchtet. Ausdauernder, schneller, couragierter, intelligenter Hund mit vorzüglicher Nase und wohlklingender Stimme. Jagt einzeln oder in der Meute in jedem Terrain Hase, Wildschwein, Reh und Fuchs. Außerhalb Frankreichs praktisch unbekannt. Schulterhöhe: 56 cm, Gewicht: o. A. Verein für Franz. Laufhunde.

Beagle Harrier (rechts oben)
Kreuzung zwischen Beagle und Harrier, mit etwas Poitevin-Blut veredelt. Harmonischer, substanzvoller, gut gebauter Laufhund, kraftvoll und schnell. Ausdauernder Jagdhund mit melodischer Stimme bei der Verfolgung von Reh, Wildschwein und Fuchs. Die Hasenjagd geht gewöhnlich mit 10 Hunden über eine Stunde. Außerhalb Frankreichs praktisch unbekannt. Schulterhöhe: 50 cm, Gewicht: o. A., Verein für Franz. Laufhunde.

Harrier (rechts)
Die erste Harriermeute datiert 1260. Früher taten sich die weniger wohlhabenden Menschen mit ihren schweren Southern Harriern zusammen und gingen zu Fuß auf Hasenjagd. Heute jagt man mit dem schnellen Studbook Harrier und West Country Harrier zu Pferde Hase und Fuchs. In Großbritannien gibt es noch Meuten mit 40 bis 60 Hunden. Im Süden Englands ist der orangeweiße sogenannte West Country oder Somerset Harrier beliebt. Der Studbook (Zuchtbuch) Harrier ist fast immer dreifarbig. Schneller, passionierter, kraftvoller, ausdauernder Laufhund. Schulterhöhe: ca. 52 cm, Gewicht: o. A.

| Mittelgroße franz. Laufhunde | Frankreich | FCI-Gruppe 6.1 |

Briquet Griffon Vendeen FCI-Nr. 19 (oben)
Bei den Griffon Vendeen sind als einziger Laufhunderasse alle vier Größen erhalten geblieben. Er stammt aus der Landschaft Vendee südlich der Bretagne und geht auf die weißen Königshunde zurück. Schneller, nicht allzu ausdauernder Laufhund mit ausgezeichneter Nase. Robust in undurchdringlichem Dickicht bei der Verfolgung von Fuchs, Reh und Wildschwein. Fröhlich, temperamentvoll, gutmütig, eigenwillig. Außerhalb Frankreichs praktisch unbekannt. Schulterhöhe: 53 cm, Gewicht: o. A.

Griffon Bleu de Gascogne FCI-Nr. 32 (rechts oben)
Sehr seltene, rauhhaarige Form des Petit Bleu de Gascogne, die ebenfalls zur Hasenjagd gebraucht wird. Außerhalb Frankreichs praktisch unbekannt. Schulterhöhe: 52 cm, Gewicht: o. A.

Petit Bleu de Gascogne FCI-Nr. 31 (rechts)
Kleinere Form des Grand Bleu de Gascogne, die noch nicht ganz auf Größe durchgezüchtet ist. In den 60er Jahren schien die Rasse ausgestorben, wurde dann aber wieder rekonstruiert. Der Hund besitzt eine feine Nase und herrlich lockeren Kehllaut, der wie ein langgezogenes Bellen geheult wird. Liebenswürdiger Charakter, mäßiges Temperament. Vorzüglicher Hasenjäger, aber auch auf Reh geeignet. Schulterhöhe: 60 cm, Gewicht: o. A.

Petit Gascon-Saintongeois FCI-Nr. 21 (ohne Foto)
Kleinere Variante des Grand Gascon-Saintongeois mit 60 cm Schulterhöhe, Gewicht: o. A.
Alle vier Club für französische Laufhunde.

| Skandinavische Laufhunde | Skandinavien | FCI-Gruppe 6.1 |

Im Gegensatz zu den uralten Spitztypen gewannen die Laufhunde erst im letzten Jahrhundert in Skandinavien an Bedeutung, als der Adel die Brackenjagd pflegte. Sie gehen alle auf Kreuzungen russischer, französischer und deutscher Bracken mit dem englischen Foxhound zurück. Heute werden die Bracken zur Schneehasen- oder Fuchsjagd verwendet, wo sie mit herrlichem Geläut die Hasen oder den Fuchs auf die Jäger zutreiben. Der Körperbau ist dem Jagdgebiet, Gebirge oder Walddickicht, angepaßt. Sie sind alle ausdauernde, kräftige Hunde mit hervorragender Nase, die oft im tiefen Schnee jagen. Man jagt zu Fuß mit ein oder zwei Hunden. Die Hunde leben ausschließlich in Jägerhand und werden wegen des ausgeprägten Jagdtriebs nicht als Haus- und Familienhunde empfohlen, obwohl sie einen freundlichen, liebenswerten Charakter besitzen.

Dunker Norwegen FCI-Nr. 203 (oben)
Benannt nach dem Züchter Dunker. Charakteristisch der Merlefaktor, der eine Grauscheckung des Fells und blaue Augen verursacht. Der Dunker ist ein ruhiger, ausgeglichener, bedächtiger, zuverlässiger Jagdhund. Schulterhöhe: 53 cm, Gewicht: o. A., Farben: merle (Foto) oder dreifarbig.

Hygenhund Norwegen FCI-Nr. 266 (rechts oben)
Züchter Hygen kreuzte Bracken mit Beagle und schuf den kompakten Spürhund mit wohlklingender Stimme. Schulterhöhe: 54 cm, Gewicht: o. A.

Haldenstöver (rechts)
Beschreibung siehe Seite 150

Kleines Foto: Svenska Kennelklubben

Skandinavische Laufhunde   Skandinavien   FCI-Gruppe 6.1

Allgemeine Beschreibung der skandinavischen Laufhunde siehe Seite 148.

Hamiltonstövare Schweden FCI-Nr. 132 (oben)
Schwedens beliebtester Laufhund, benannt nach seinem Schöpfer Graf Hamilton. Dank seines freundlichen, anhänglichen und lebhaften Wesens ist er auch außerhalb Skandinaviens als Begleithund anzutreffen. Schulterhöhe: 57 cm, Gewicht: o. A.

Schillerstövare Schweden FCI-Nr. 131 (rechts oben)
Per Schiller züchtete im Südwesten Schwedens den hervorragenden Hasen- und Fuchsjäger, der sich durch Vitalität und Schnelligkeit auszeichnet. Schulterhöhe: 57 cm, Gewicht: o. A.

Finnenbracke/Suomenajokoira Finnland FCI-Nr. 51 (rechts)

Entstanden aus einheimischen Jagdhunden, schwedischen und europäischen Bracken. Beliebteste Bracke in Skandinavien, da hübsch, passioniert, ruhig, ausdauernd und freundlich. Schulterhöhe: 61 cm, Gewicht: o. A.

Haldenstöver Norwegen FCI-Nr. 267 (Foto Seite 149 unten)
Eleganter, lebhafter Laufhund mit starkem Foxhoundanteil, erst in den 50er Jahren anerkannt. Tritt in den letzten Jahren wieder dank mühevollem Zuchtaufbau in Erscheinung. Schulterhöhe: 56 cm, Gewicht: o. A.

Gotlandstövare Schweden (nicht FCI-anerkannt; kleines Foto oben)
Jagdhund der Bauern auf Fuchs, Hase und Kaninchen. Seit 1990 Rückzüchtungsprogramm. Schulterhöhe: 56 cm, Gewicht: o. A. Farbe: gelbbraun mit weißen Abzeichen.

| **Katalonischer Schäferhund** | Spanien | FCI-Nr. 87/1.1 |

Der katalonische Schäferhund (= Gos d'Atura Catala oder Perro de Pastor Catalan) ist ein naher Verwandter des französischen Pyrenäenschäferhundes museau normal. Er stammt aus der nordspanischen Provinz Katalonien, die von der Küste um Barcelona bis zu den Pyrenäen reicht. Der Gos d'Atura ist der alte Hütehund der Bergbauern, für die nicht Schönheit, sondern der robuste, ausdauernde, genügsame Arbeitshund zählte. Deshalb gibt es regional noch recht unterschiedliche Typen. Um die reine Rasse zu fördern, findet jährlich ein Schäferhundetreffen in den Bergen mit Geldpreisen für die besten Hunde statt. Damit weckt man das Interesse der Bauern am traditionellen Hütehund und verhindert eine Bastardisierung, die durch die zunehmende Erschließung der Pyrenäen für Touristen und deren Hunde droht. Gos d'Atura sind lebhafte, lauffreudige Hunde, die beschäftigt werden wollen. Sportlichen Menschen sind sie unermüdliche Begleiter beim Joggen, Radfahren oder Wandern. Wie alle Hütehunde sind sie gelehrig und umgänglich. Einem Gos d'Atura wird es nie langweilig. Er ist immer auf Achse und sehr wachsam. Fremden gegenüber ist er mißtrauisch. Er liebt den Aufenthalt im Freien und erträgt Hitze ebensogut wie Kälte. Er braucht aber auch engen Familienanschluß. Das Haarkleid ist harsch, es genügt einmal im Monat gründliches Bürsten, bzw. wenn er sich schmutzig gemacht hat.

Schulterhöhe: 53 cm, Gewicht: o. A., Farben: braun, sandfarben, grau und schwarz mit hellen Abzeichen oder weiß. Kurzhaar: Gos d'Atura Cerda. VDH.

| Stabijhoun | Niederlande | FCI-Nr. 222/7.1 |

Vermutlich waren die Vorfahren des friesischen Vorstehhundes spanielartige Stöberhunde, die die Spanier mitbrachten. Seit Menschengedenken jagte man zu Fuß mit den Stabijs, die oft vorstanden und sehr gut apportierten. Ende des vorigen Jahrhunderts wurden sie von ausländischen Rassen verdrängt. Zum Glück konnte sich der Stabij auf andere Weise nützlich machen und überleben. Er diente auf den Bauernhöfen als Rattenfänger und fing auf den Feldern Maulwürfe. In schlechten Zeiten fuhren Arbeitslose mit einem kleinen Stabij auf dem Rad über die Dörfer und verdienten sich mit Maulwurffangen einen kargen Lebensunterhalt. Das führte zur Erhaltung des kleineren Typs, große Welpen wurden ersäuft. 1942 endlich besannen sich niederländische Kynologen des friesischen Stabij, nahmen die letzten reinrassig erscheinenden Hunde ins Zuchtbuch auf und begannen den systematischen Zuchtaufbau. Der Stabij ist ein anhänglicher, sehr führerbezogener Hund, der ausgezeichnet Ratten, Mäuse und Maulwürfe fängt. Bei konsequenter, frühzeitig beginnender Ausbildung treten seine guten Jagdhundeigenschaften wieder zutage. Er apportiert ausgezeichnet, ist sehr wasserfreudig, bekannt für sein „weiches Maul" und steht vor. Der auch in seiner Heimat seltene Stabijhoun ist ein angenehmer Haus- und Familienhund.

Schulterhöhe: 53 cm, Gewicht: o. A., Farben: schwarz, braun oder orange mit weißen Abzeichen, gestichelt oder geschimmelt.

Deutscher Wachtelhund   Deutschland   FCI-Nr. 104/8.2

Zu den ältesten Jagdhundschlägen gehört der Stöberhund, der ursprünglich bei der Jagd mit Greifvögeln das Flugwild aufstöbern mußte. Seine Vorfahren waren Brakken, er selbst ist die Vorstufe zum Vorstehhund. Der Deutsche Wachtelhund ist vergleichbar mit den englischen jagenden Spaniels und wird in angelsächsischen Ländern als „German Spaniel" bezeichnet. Der Wachtelhund ist besonders geeignet für Waldreviere. Er besitzt eine feine Nase, ausgeprägten Spurwillen, sicheren Spurlaut, Wild- und Raubzeugschärfe, große Wasserfreude, Bringfreude und Finderwillen. In der Praxis zeichnet sich der Deutsche Wachtelhund beim Aufstöbern von Haarwild sowie Finden, spurlauten Jagen und Nachsuchen an Schalenwild aus. Hervorragendes leistet der Wachtel bei der Wasserarbeit, wo er weit und ausdauernd stöbert, sucht und bringt. Der angenehme Jagdgefährte gehört nur in Jägerhand, wo sein Arbeitseifer genutzt wird. Für Gelegenheitsjäger, die nur am Wochenende mit dem Hund arbeiten können, eignet sich der passionierte Hund sicher nicht. Die Rute wird um höchstens ein Drittel kupiert.

Größe: 54 cm, Gewicht: o. A., Farbe: einfarbig dunkelbraun (Foto, unkupierter Hund) mit oder ohne weiße Abzeichen und Brand, fuchs- oder hirschrot. Braunschimmel, braune Platten oder Mantel auf weißem Grund, Tiger mit weißer gesprenkelter oder getupfter Grundfarbe, Dreifarbige (Braunschimmel, Schecken und Tiger mit gelbem oder rotem Brand). Verein für Deutsche Wachtelhunde.

English Bull Terrier   Großbritannien   FCI-Nr. 11/3.3

Der Bull Terrier entstammt der Kreuzung alter Terrierschläge mit dem ausgestorbenen weißen Terrier und der Bulldogge. Mitte des 19. Jh. machte Mr. Hinks den Kampfhund mit seinen schneeweißen Bull Terriern mit längerem Kopf und eleganterem Äußeren salonfähig und zum Schauhund. Züchterische Übertreibungen blieben nicht aus, z. B. der eiförmige Kopf mit den kleinen Schlitzaugen. Auch das Sozialverhalten der Rasse ist nicht in Ordnung: Deckakte arten in Kämpfe aus, Mütter töten ihre Welpen, und Welpen raufen sich blutig. Leider verleitet das sorgfältig gepflegte Kampfhundimage perverse Menschen dazu, mangelndes Selbstbewußtsein mit einem scharfgemachten Bull Terrier auszugleichen. Das führt zur Verteufelung einer ganzen Rasse, die von Hause aus ausgesprochen menschenfreundlich und in der Familie zuverlässig und duldsam mit Kindern ist. Der selbstbewußte, unempfindliche, dennoch empfindsame Hund braucht eine konsequente Erziehung, darf aber nie mannscharf gemacht werden, da er von Natur aus ein furchtloser, harter Schutzhund ist, der selten angreift, aber bis zum bitteren Ende verteidigt, was ihm anvertraut erscheint. Seine Rauflust ist schwer zu zügeln. Beim Kauf sorgfältig die Einstellung des Züchters zur Rasse prüfen! Bei schneeweißen Bull Terriern kommt Taubheit vor, beim Kauf Hörvermögen prüfen.

Schulterhöhe: o. A., etwa 55 cm, Gewicht: o. A., etwa 30 kg. Diverse Clubs.

| **Hannoverscher Schweißhund** | Deutschland | FCI-Nr. 213/6.2 |

Ein seltener Jagdhund und Spezialist für das Hochwildrevier, also für die Hirsch- und Saujagd, ist der Hannoversche Schweißhund. Der Hannoversche Jägerhof besaß berühmte Brackenmeuten. Als er 1866 aufgelöst wurde und die Parforcejagd aufhörte, hatten die Leithunde, die „Führer" oder „Kopfhunde" der Meute, keine Aufgabe mehr. Um 1800 bestand hauptsächlich Bedarf an guten Schweißhunden, und so züchtete man aus den alten, schweren, stummen Leithunden mit den leichteren, fährtenlauten roten Haidbracken (heute ausgestorben) den Hannoverschen Schweißhund. Die Hauptaufgabe des schweren Hundes liegt heute bei der Schweißarbeit, wo er Hervorragendes leistet. Das Ausarbeiten der kalten Fährte (vor dem Schuß) wurde zur Nebensache und dient der Ausbildung. Um gute Leistungen vollbringen zu können, muß der Hund möglichst viele Nachsuchen absolvieren und kann nicht nur gelegentlich eingesetzt werden. Deshalb wurden Schweißhundstationen eingerichtet, die größere Gebiete betreuen. Die Zucht des Hannoverschen Schweißhundes unterliegt strengster Auslese. Der Zuchthund muß frei von Erbfehlern sein, eine Vorprüfung bestanden und den Mindestformwert „gut" haben. Außerdem muß nachgewiesen werden, daß der Hund sicht- oder fährtenlaut jagt, ausdauernd hetzt und stellt. Dieser reine Jagdhund gehört nur in Jägerhand.

Schulterhöhe: 55 cm, Gewicht: o.A., Farben: hell- bis dunkelhirschrot, gestromt, mit oder ohne Maske. Verein Hirschmann.

Kleiner Münsterländer   Deutschland   FCI-Nr. 102/7.1

Der Kleine Münsterländer ist der kleinste deutsche Vorstehhund und kommt seinen Vorfahren, den mittelalterlichen Vogelhunden noch am nächsten. Edmund Löns, Bruder des Heidedichters Hermann Löns, entdeckte die verschollen geglaubte Rasse. Der damalige Heidewachtel war nicht nur Jagdgefährte, sondern ebenso Haus-, Hof- und Familienhund der Münsterländer Bauern, die seine Wachsamkeit, sein fröhliches, lebhaftes, anhängliches Wesen und die Zuverlässigkeit im Umgang mit Kindern und Haustieren schätzten. Der im allgemeinen leichtführige, schnell lernende Hund läßt sich gut ausbilden und führen. Er muß allerdings konsequent und liebevoll abgerichtet werden. Hübsches Aussehen, handliche Größe und gute Eigenschaften als Familienhund machen ihn bei Freizeitjägern besonders beliebt. Bei ausreichender Arbeit lebt er sich sogar in einer Stadt-Etagenwohnung ein. Doch er ist und bleibt ein Jagdhund von großer Jagdpassion mit ausgeprägter Bringfreude, angeborener Vorstehanlage und Raubzeugschärfe. Auch die Schweißarbeit lernt der Hund rasch. Seiner Herkunft entsprechend liebt er die Wasserarbeit. Dieser passionierte Jagdhund darf keinesfalls als reiner Begleithund verkümmern. Nur wer bereit ist, die Veranlagungen des Hundes zu fördern und zu nutzen, sollte an die Anschaffung dieses hübschen Hundes denken, der leider schon vermarktet wird.

Schulterhöhe: 56 cm, Gewicht: o.A., Farbe: weißbraun mit Platten oder Mantel, Schimmel. Kleiner Münsterländer-Verband.

Sabueso Español	Spanien	FCI-Nr. 204/6.1
Hellenikos Ichnilatis	Griechenland	FCI-Nr. 214/6.1
Segugio Italiano	Italien	FCI-Nr. 198 und 337/6.1

Sabueso Español (oben)
Seltene, uralte Bracke aus Nordspanien, die ursprünglich zur Hasen-, heute mehr zur Fuchs- und Wildschweinjagd verwendet wird. Bestens angepaßt an Klima und Bodenverhältnisse. Der Hund besitzt eine hervorragende Nase, Kraft und Ausdauer. Kein Haus- und Familienhund, da die Beziehung zum Menschen züchterisch nie gefördert wurde. Schulterhöhe: 57 cm, Gewicht: o. A., Farbe: rot-weiß.

Hellenikos Ichnilatis (rechts oben)
Der griechische Spürhund ist durch die Verkreuzung mit Segugio und Juralaufhund vom Aussterben bedroht. Seine Herkunft ist bis in die Antike zurückzuverfolgen. Er ist den Klima- und Jagdverhältnissen der besonders waldreichen Gegend seiner Heimat bestens angepaßt. Kräftiger, lebhafter, robuster, ausdauernder Hund mit hervorragender Nase. Selbstbewußte Persönlichkeit und kaum geeignet als Familienhund. Schulterhöhe: 55 cm, Gewicht: o. A., Farbe: schwarz-loh mit kleinen weißen Abzeichen.

Segugio Italiano (rechts unten). Uralte, auf die Keltenbracke zurückgehende Laufhundrasse, die als Vorfahr der meisten europäischen Bracken gilt. Auch in schwierigem Terrain schneller, ausdauernd jagender Hund, allein oder in der Meute, mit wohlklingendem Geläut. Rauhhaarig (Pelo forte, Nr. 198, kleines Foto) und kurzhaarig (Pelo raso, Nr. 337, Foto). Schulterhöhe: 58 cm, Gewicht: 28 kg, Farbe: rotbraun oder schwarz-rot. Alle drei Rassen sind außerhalb ihrer Heimat weitgehend unbekannt.

▲ Foto: Vavourakis

Barbet	Frankreich	FCI-Nr. 105/8.3
Lagotto Romagnolo	Italien	FCI-Nr. 298/8
American Water Spaniel	USA	FCI-Nr. 301/8.3
Perro de Agua Español	Spanien	FCI-Nr. 336/8.3

Barbet (großes Foto oben)
Gilt als Vorfahre aller Wasserhunde. Wasser- und apportierfreudiger Vorstehhund. Leichtführiger Jagdhund, angenehmer Hausgenosse. Das dichte, wollige, strähnige Fell bietet Schutz vor Kälte und Verletzungen, verfilzt aber leicht. Schulterhöhe: 55 cm, Gewicht: 25 kg, Farben: schwarz, grau, braun, schmutzigweiß, einfarbig oder gefleckt. Verein für franz. Vorstehhunde.

Lagotto Romagnolo (kleines Foto oben)
Schon im Mittelalter bekannter Wasserjagdhund. Heute Spezialist für die Trüffelsuche. Robuster, intelligenter, lebhafter Hund mit ausgezeichnetem Geruchssinn. Schulterhöhe: 48 cm, Gewicht: 16 kg. Farben: schmutzigweiß, braun, orange, einfarbig oder gefleckt.

American Water Spaniel (rechts oben)
Vermutlich aus Retrievern, Irish und English Water Spaniels in den USA gezüchteter Jagdgebrauchshund mit großer Wasserpassion, der schnell und zuverlässig apportiert, auch aus eiskaltem Wasser. Kein Vorstehhund. Hervorragende Nase, arbeitet ausdauernd in unzugänglichem Gelände. Angenehmer Hausgenosse, gut mit Kindern. Wachsam. Schulterhöhe: 46 cm, Gewicht: 20 kg. Jagdspanielclub.

Perro de Agua Español (rechts)
Der Spanische Wasserhund kommt hauptsächlich in Andalusien vor. Obwohl Hütehund, holt der begeisterte Schwimmer und Apporteur alles aus dem Wasser, ob Fischernetze oder geschossene Enten. Er taucht sogar nach Fischen! Intelligent, vielseitig, wachsam, kinderfreundlich und robust. Das zottelige Fell wird gezupft oder gelegentlich geschoren. Angeborene oder gestutzte Rute. Schulterhöhe: 50 cm, Farben: alle, einfarbig oder mit weiß.

Cao da Serra de Aires   Portugal   FCI-Nr. 93/1.1

Der Cao da Serra de Aires ist der typische Hütehund Portugals. Er stammt aus der Region südlich des Tejo bis hin zur Algarve, wo er Ziegen und Schafe, ja sogar Schweine und Stiere, hütet. Über seine Herkunft weiß man nichts, vermutlich wanderte er mit den Schafherden auf die iberische Halbinsel ein und ist verwandt mit den anderen zotthaarigen Hütehunden Europas. Als Rasse wird er stammbuchmäßig noch nicht allzu lange gezüchtet, doch in Portugal zeichnet sich eine wachsende Beliebtheit dieser aparten Hunde ab, die über Holland auch in Mitteleuropa Fuß fassen. Der Cao da Serra de Aires ist ein ursprünglicher, unverfälschter

Hütehund, voller Arbeitseifer, Temperament, Ausdauer und kerngesund. Er ist sehr wachsam und Fremden gegenüber eher unnahbar, in seiner Familie aber lustig und liebevoll. Er ist sehr gelehrig und lernt gern, braucht aber eine konsequente Führung und einen Herrn, den er als Rudelführer anerkennen kann. Er will beschäftigt werden und eignet sich bestens für Breitensport, Agility und Gehorsamsprüfungen. Ein robuster, anspruchsloser, anpassungsfähiger Familienhund, den die Schönheitszucht noch nicht erfaßt hat. Das ziegenhaarartige Fell braucht regelmäßige Pflege, um nicht zu verfilzen.

Schulterhöhe: 55 cm, Gewicht: o. A., Farben: rotgelb, schwarzmarkenfarbig, blaumarkenfarbig ohne weiße Abzeichen.

Bearded Collie   Großbritannien   FCI-Nr. 271/1.1

Der Bearded Collie ist der alte Hütehund des schottischen Hochlands. Heute findet man den „bärtigen Collie" (sprich „bierded Collie") kaum noch bei seiner ursprünglichen Arbeit. Hauptsächlich trieb er die Schafe von den Bergen zu Tal, das eigentliche Hüten liegt ihm weniger. Seit nach dem Kriege Mrs. Willison mühsam einige Exemplare zur Weiterzucht und Erhaltung der Rasse in ganz Großbritannien zusammensuchte und sie damit vor dem Aussterben bewahrte, entwickelte sich die Rasse in den vergangenen 25 Jahren zum Modehund. Aus dem rustikalen zottigen Hütehund wurde eine frisierte Schönheit. Überlanges Haarkleid macht ihn für die Arbeit unbrauchbar. Die Beliebtheit des Beardie liegt in seinem entzückenden Wesen. Er ist fröhlich, temperamentvoll, freundlich, ein idealer und belastbarer Familienhund. Ein Kamerad in allen Lebenslagen. Als Wach- und Schutzhund bewährt er sich nur selten. Sein lebhaftes, manchmal etwas lautes Temperament bedarf liebevoller, aber sehr konsequenter Erziehung. Der Bearded Collie kostet Zeit, denn die Fellpflege ist sehr aufwendig, und er braucht viel Auslauf und Beschäftigung. Kein Hund für bequeme Menschen oder penible Hausfrauen.

Schulterhöhe: 56 cm, Gewicht: o. A., Farben: schiefergrau, fawn, schwarz, blau, alle Töne von Grau, Braun oder Sandfarbe mit oder ohne weiße Abzeichen. Foto: brauner Rüde. Club für Britische Hütehunde.

| Chow Chow | China | FCI-Nr. 205/5.5 |

Vor vielen hundert Jahren brachten die Mongolen Jagd-, Schutz- und Kriegshunde nach China. Uralte chinesische Hundefigürchen belegen den schweren Spitztyp. Der „Tschau Tschau" ist eine Persönlichkeit ganz besonderer Art und wird selbst von seinen Freunden als kaum erziehbar und wenig lauffreudig dargestellt. Man sollte es wenigstens mit liebevoller Konsequenz versuchen! Auch ein Chow Chow kann die üblichen Gehorsamsregeln lernen und befolgen. Der Chow Chow ist seinen Menschen treu ergeben, Fremde lehnt er ab. Er schlägt an, bellt aber nie anhaltend. Das üppige Haarkleid muß täglich gestriegelt werden. Die Ernährung des für Hautkrankheiten anfälligen Hundes ist sorgfältig abzustimmen. Leider wird seine Lebensqualität durch un-

sinnige Schönheitsideale eingeschränkt. Der erwünschte, grimmige Gesichtsausdruck (scowl) begünstigt tiefliegende Augen mit eingerolltem Augenlid mit ständig tränenden Augen, die kurze Nase verursacht Atemnot, der geforderte Stelzengang beruht auf einer viel zu steilen Hinterhand, was mit Übergewicht zu Bänderrissen führt. Man fragt nicht, ob der Hund laufen möchte, er kann es anatomisch nicht! Das spricht für eine Herkunft als Mastvieh, das sich zum Fettansatz möglichst wenig bewegen sollte. Beim Kauf unbedingt auf Hunde aus vernünftiger, gesunder Zucht achten. Der seltene Kurzhaarchow (links) kommt den ursprünglichen, in den Anfängen der Zucht aus China importierten Hunden näher.

Schulterhöhe: 55 cm, Gewicht: 30 kg, Farben: einfarbig alle Farben erlaubt. Diverse Vereine im VDH.

Samojede   Skand. Länder FCI-Nr. 212/5.1

Schon in Reiseberichten des 18. Jahrhunderts wird von dickfelligen Hunden in Nordrußland berichtet. Benannt wurden sie später nach dem Volksstamm der Samojeden, die langhaarige, weiße aber auch andersfarbige Spitze zum Hüten der Rentiere, als Jagd- und Schlittenhunde hielten. Die Hunde durften sogar mit in den Zelten schlafen und waren deshalb menschenfreundlich und anhänglich. Scott brachte die ersten Samojeden nach England, wo man sich auf die Zucht des lächelnden weißen Spitzes spezialisierte. Der Samojede ist intelligent, aufmerksam, voller Tatendrang und dem Menschen herzlich zugetan. Er ist auch zu fremden Menschen freundlich und deshalb kein Wach- oder Schutzhund. Der ehemalige Arbeitshund will beschäftigt werden und braucht viel Bewegung. Er ist robust, witterungsunempfindlich und liebt den Aufenthalt im Freien. Der Samojede ist von allen nordischen Schlittenhunden der verbreitetste Haus- und Familienhund. Doch der selbstbewußte, eigensinnige Hund braucht eine konsequente Erziehung, wird aber trotzdem nie unterwürfigen Gehorsam zeigen. Das herrliche weiße Haarkleid braucht besonders beim Junghund intensive Pflege, das erwachsene Haar hingegen wird einmal wöchentlich gebürstet. Nasse und schmutzige Hunde müssen sofort trockengerieben werden, dann bleibt das Fell in guter Verfassung. Samojeden können auch bei Schlittenhunderennen eingesetzt werden, sind aber nicht so schnell wie Huskies oder so stark wie Malamuten.

Schulterhöhe: 56 cm, Gewicht: entsprechend, Farbe: reinweiß, weiß und bisquit, cremefarben. Deutscher Club für Nordische Hunde.

166

Foto: Wemmer

Podengo Portugues medio	Portugal	FCI-Nr. 94/5.7
Pharaonenhund	Malta	FCI-Nr. 248/5.6
Cirneco dell'Etna	Italien	FCI-Nr. 199/5.7
Kritikos Ichnilatis	Kreta	nicht FCI-anerkannt

Die Laufhunde des Mittelmeerraums wurden schon auf altägyptischen Darstellungen festgehalten. Diese Bracken jagen einzeln oder in kleinen Gruppen spurlaut und gebrauchen dabei ihre Nase. Sie sind genügsame, ausdauernde, widerstandsfähige Kaninchenjäger, die dem Klima und dem rauhen Gelände optimal angepaßt sind. Alle Laufhunde sind im Hause ruhig und umgänglich, zuweilen zärtlich, sie lassen sich bis zu einem gewissen Grade auch erziehen, aber freigelassen vergessen sie bei der geringsten Wildspur alle Disziplin – ab geht die wilde Hatz. Da sie viel Bewegung brauchen, gestaltet sich die Haltung in unseren Breiten durchweg schwierig.

Podengo Portugues medio (links oben)
In seiner Heimat sehr beliebt und häufig vorkommend. Jagt in Meuten Kaninchen. Die glatthaarige Form ist dem Cirneco sehr ähnlich. Schulterhöhe: 55 cm, Gewicht: 20 kg.

Pharaonenhund/Kelb Tal Fenek
(links unten)
Kam vermutlich vor 2000 Jahren mit den Phöniziern auf die Inseln und züchtete rein weiter. Er fand bisher als einziger seinen Weg als Familien- und Begleithund. Schulterhöhe: 56 cm ideal, Gewicht: o. A., Deutscher Windhundzucht- und Rennverband.

Cirneco dell'Etna (oben links)
Auf Sizilien heimisch, wo er insbesondere an den rauhen Lavahängen des Ätna Kaninchen jagt. Schulterhöhe: 52 cm, Gewicht: 12 kg.

Kritikos Ichnilatis (oben rechts)
4000 Jahre alter Jagdhund der Minoer. Hervorragender Hasenjäger, dessen Reinzüchtung und Anerkennung angestrebt wird. Schulterhöhe: 50 cm, Gewicht: 20 kg, Farben: schwarz, weiß, weiß mit gelb oder schwarz.

| **Perdigueiro Portugues** | Portugal | FCI-Nr. 187/7.1 |

Der Portugiesische Pointer gilt als der Vorvater des englischen Pointers und daher vieler europäischer Vorstehhundrassen. Ursprünglich zur Beizjagd genutzt, stöberte er Rebhühner auf, die von den Falken im Fluge geschlagen wurden (Rebhuhn = perdigueiro). Aus den Vogelhunden entwickelten sich die Vorstehhunde. Der Perdigueiro ist in Portugal ein außerordentlich beliebter Jagdhund, denn er ist dem Jäger treu ergeben, ruhig, Fremden gegenüber zurückhaltend und sehr intelligent. Der besonders leichtführige Hund ist ein passionierter Alleskönner. Er steht vor und apportiert Federwild ebenso wie Kaninchen. Natürlich hat er sich dem Klima und den rauhen Bodenverhältnissen angepaßt und ist deshalb in Portugal den anderen Vorstehhundrassen weit überlegen, insbesondere Setter und Pointer. Man kann seine Arbeitsweise ohnehin eher mit der des deutschen kurzhaarigen Vorstehhundes vergleichen. Die Perdigueiros werden in Portugal fast ausschließlich in Jägerhand gehalten und mit Ahnentafel gezüchtet. Der sehr aktive Zuchtverein veranstaltet Feldprüfungen und Clubwettbewerbe. Gelegentlich sieht man den edlen, kraftvollen Hund auch auf Ausstellungen. Außerhalb Portugals ist dieser attraktive Jagdhund unbekannt.

Schulterhöhe: 56 cm, Gewicht: 23,5 kg.

| **Old English Sheepdog/Bobtail** | Großbritannien | FCI-Nr. 16/1.1 |

Der Bobtail (Stummelschwanz) oder alt-englische Schäferhund gehört zu den zotthaarigen Hirtenhunden. Mit Ausrottung des Wolfs wurde der mächtige, schützende Hirtenhund zum Viehtreiber umfunktioniert. Als der Eisenbahnbetrieb die langen, anstrengenden Viehtriebe vom hohen Norden Schottlands bis zu den Londoner Märkten übernahm, hatte die Zeit der Rassehundezucht begonnen, so daß der Old English Sheepdog vor dem Aussterben bewahrt wurde. Schauzüchter schufen aus dem struppigen, zotteligen Hirtenhund eine frisierte Hundeschönheit, die in aller Welt zum Werbeobjekt und Modehund avan-cierte. Leider paßt die Frisiererei so gar nicht zum nach wie vor kraftvollen, robusten, selbstbewußten Hund. Er braucht eine konsequente Erziehung ebenso wie Liebe, Verständnis und unbedingt engen Familienanschluß. Er ist ein fröhlicher Clown, liebevoller Beschützer der Kinder, wachsam ohne überaggressiv zu sein, lebhaft und sehr intelligent, dabei gelegentlich recht eigensinnig. Der Bobtail darf aufgrund seiner starken Persönlichkeit und des enormen Pflegeaufwands keinesfalls unbedacht angeschafft werden. Das gibt Probleme! Die Rute wird kupiert.

Schulterhöhe: mindestens 56 cm, Gewicht: o. A., Club für Britische Hütehunde.

| Xoloitzcuintle | Mexiko | FCI-Nr. 234/5.6 |

Der „Scholo-ietz-kwintli" oder Mexikanische Nackthund ist ein nahezu haarloser Hund, den schon die alten Tolteken und Azteken in Mexico schätzten. Sie züchteten ihn als Opfergabe, Kranke wärmten sich an ihm, und er wurde als köstliche Delikatesse verzehrt. Es ist ein eleganter Hund, von dem auch eine behaarte Variante existiert. Haarlose Hunde haben eine erhöhte Körpertemperatur, und ihr Gebiß ist nicht vollständig. Fellpflege entfällt gänzlich, gelegentlich lieben sie eine warme Dusche. Die feine, handschuhlederartige, angenehm anzufühlende Haut ist allerdings leicht verletzlich, Risse und Wunden heilen aber rasch ab. Im Winter ist die Haut hellgrau oder roséfarben, mit den ersten Sonnenstrahlen, die die Hunde genießen, färbt sie sich dunkelbraun bis schwarz. Sie sind ideale Wohnungshunde und unserer zentralbeheizten Zeit recht gut angepaßt. Normalgroße Xolos lieben ausgedehnte Spaziergänge, und solange sie in Bewegung sind, stören sie sich nicht an Wind, Regen oder einigen Minusgraden. Sie sind ausgesprochen lebhaft, sportlich und ausdauernd mit bmerkenswertem Sprungvermögen. Fröhlich und intelligent, liebevoll zu ihren Menschen, lassen sie sich leicht erziehen. Xolos sind wachsam und durchaus verteidigungsbereit, zu Fremden gleichgültig bis freundlich, nicht aggressiv oder scheu. Diese interessante Hunderasse faßt nur ganz allmählich in Europa Fuß. Es gibt eine Mini-Variante.

Schulterhöhe: Mini 30 cm, normal 56 cm, Gewicht: o. A., Farben: anthrazit, schiefer, rötlichgrau, leberfarben, bronze, rosé oder schokoladenfarbig gefleckt erlaubt. Club für Exotische Rassehunde.

| Siberian Husky | USA | FCI-Nr. 270/5.1 |

Seit Jahrhunderten unentbehrlicher Helfer nomadisierender Rentierzüchter, aber auch seßhafter Fischer und Jäger der Region zwischen Lena, Beringmeer und Ochotskischem Meer in der ehem. Sowjetunion. 1908 brachte ein russischer Pelzhändler diese Hunde erstmalig nach Alaska, wo es schon Schlittenhunderennen gab. Ein Huskyteam rettete die Stadt Nome vor einer Diphtherie-Epidemie durch den waghalsigen Transport von Serum über 674 Meilen. Das Iditarod (längstes Schlittenhunderennen der Welt) ist heute sportlicher Höhepunkt der Musher (= Hundeschlittenfahrer) aus aller Welt. Der Siberian Husky gewann seit den 70er Jahren in Europa stark an Beliebtheit, Schlittenhundrennen wurden zur winterlichen Wochenendattraktion. Der Hund mit den faszinierenden blauen Augen (sie dürfen auch braun sein) ist allerdings kein idealer Haus- und Familienhund. Die Rennleidenschaft geht Hand in Hand mit ausgeprägtem Jagdeifer, außerdem ist der Hund sehr selbständig und eigenwillig, er gehorcht nicht zuverlässig, obwohl er sehr schnell lernt. Er ist zärtlich zu seiner Familie und freundlich zu Fremden. Als Wachhund eignet sich der Husky kaum. Er braucht ausgesprochen viel Auslauf, der aufgrund seines Jagdeifers nicht immer leicht zu ermöglichen ist. Radfahren, Joggen, Wagen- und Schlittenrennen, Turnierhundsport, alles macht der Husky mit Freude. Ansonsten ist er pflegeleicht und anspruchslos.

Schulterhöhe: 57 cm, Gewicht: 27 kg, Farben: alle Farben. Deutscher Club für Nordische Hunde. **Alaskan Husky:** nur für Schlittenrennen gezüchtete schnelle Mischlinge.

Australian Shepherd USA nicht FCI-anerkannt

Einwandernde Schafzüchter aus England, Irland, Schottland, Frankreich und Spanien nahmen ihre Hütehunde mit in die USA. Mit australischen Schafen kamen dort gezüchtete Hunde mit starkem Collie- und Dingoeinschlag hinzu. Auf den Viehmärkten, Treffpunkte der Schafzüchter, wurden gute Hunde ausgetauscht. So vermischten sich die Rassen, und es entwickelte sich ein langhaariger, kräftiger, ausdauernder Schäferhund, der heute in den USA zu den beliebtesten Rassen gehört, auch bei Nicht-Schafzüchtern. Westernreiter brachten den Hund mit den Pferden nach Europa. Er ist demnach hauptsächlich in Reiterkreisen zu finden, weil er problemlos neben dem Pferd läuft und nicht zum Wildern oder Streunen neigt. Der Aussie ist temperamentvoll, ausdauernd, menschenfreundlich, dabei wachsam und durchaus verteidigungsbereit, geduldig und brav mit Kindern und umgänglich mit Haustieren. Der leicht zu erziehende Hund lernt schnell und gerne und hütet alles, was sich hüten läßt. Braucht unbedingt Bewegung und Beschäftigung. Ideal für ein Leben auf dem Bauernhof. Rute lang oder kupiert, häufig angeborene Rutenverkürzung.

Schulterhöhe: 57,5 cm, Gewicht: o. A., Farben: blue und red merle, schwarz oder rot mit oder ohne weiße und kupferfarbene Abzeichen. Foto: blue merle Rüde.

Appenzeller Sennenhund   Schweiz   FCI-Nr. 46/2.3

Appenzeller Sennenhunde trifft man heute noch bei der Arbeit im Appenzeller Land an. Der Helfer des Almhirten ist ein hervorragender Viehtreiber. Er kneift ungehorsame Rinder in die Fesseln und weicht blitzschnell den ausschlagenden Hufen aus. Der kluge Hund holt auf Fingerzeig die Kühe zum Melken ein und unterscheidet genau zwischen „seinen" und fremden, die er stehenläßt oder vertreibt. Natürlich bewacht er lautstark Almhütte wie Bauernhof und alles, was seinem Herrn gehört. Der flinke, temperamentvolle Hund mit der lustigen Posthornrute wurde Mitte des 19. Jh. erstmals beschrieben. Züchterisches Interesse begann etwa 50 Jahre später, denn die Bauern erhielten nun Prämien für ihre besten Hunde. Damit war die Reinerhaltung des ur-

wüchsigen Bauernhundes gesichert. Da stets auf die Gebrauchstüchtigkeit Wert gelegt wurde und der Hund heute noch arbeitet, blieb ihm das Schicksal der ausschließlichen Schauschönheit erspart. Als Arbeitshund stellt der unverwüstliche Blässi entsprechende Ansprüche an seinen Herrn: Er will und muß arbeiten. Seine handliche Größe, das kurze Haar, Beweglichkeit und aufmerksames, lerneifriges Wesen mit ausgeprägtem Selbstbewußtsein, erlauben eine vielseitige Ausbildung bei allen möglichen hundesportlichen Aktivitäten. Er ist wachsam, Fremden gegenüber mißtrauisch und besitzt angeborenen Schutztrieb. Der pflegeleichte, unkomplizierte Hund bellt allerdings sehr viel.

Schulterhöhe: 58 cm, Gewicht: o.A., Schweizer Sennenhundverein für Deutschland.

Balkan-Bracken

Jugoslawien   FCI-Gruppe 6.1

Die Balkan-Bracken kommen hauptsächlich in ihrer Heimat vor, und selbst dort meist nur regional. Die Nachfahren der alten Keltenbracken sind dem unzugänglichen, schwierigen Gelände bestens angepaßt und konnten sich in der Abgeschiedenheit des Balkanlandes weitgehend in ihrer ursprünglichen Form erhalten, jedoch droht manchen die Gefahr auszusterben, weil züchterisches Interesse an der Reinzucht fehlt. Heute noch hat der Gebrauchswert Vorrang, Zucht nach Standard und Schönheit wird kaum betrieben. Die Bracken werden ausschließlich zur Hasen- und Fuchsjagd gezüchtet und einzeln oder in kleinen Meuten eingesetzt. Die Bracken besitzen hervorragenden Geruchssinn, mit dem sie das Wild aufspüren und dem Jäger zutreiben. Schon die Römer nutzten die Hunde, um das Wild in Netzen oder Gruben zu fangen.

Istrianer kurzhaarige Bracke (Slowenien)
Istarski Kratkodlaki Gonic FCI-Nr. 151
Im Grab Tutmosis III. 1500 v. Chr. fand man das Bild eines weißen Hundes, der wie eine Istrianer Kurzhaarbracke aussieht. Erste schriftliche Überlieferungen stammen aus dem Jahre 1337. 1719 malte Tizian einen solchen Hund. Populärste Balkan-Bracke, da hervorragender Hasenjäger, sehr gut auf Schweiß und bestens geeignet für schwieriges, steiniges, dorniges Karstgelände. Sehr hohe, wohlklingende Stimme. Temperamentvolles, gehorsames Wesen. Edle Erscheinung. Das Fell ist weiß mit hellbraunen Flecken, kurz und dünn. Langer schmaler Kopf, schlank gebaut mit dünner, leicht erhoben getragener Rute. Schulterhöhe: 56 cm, Gewicht: 18 kg.

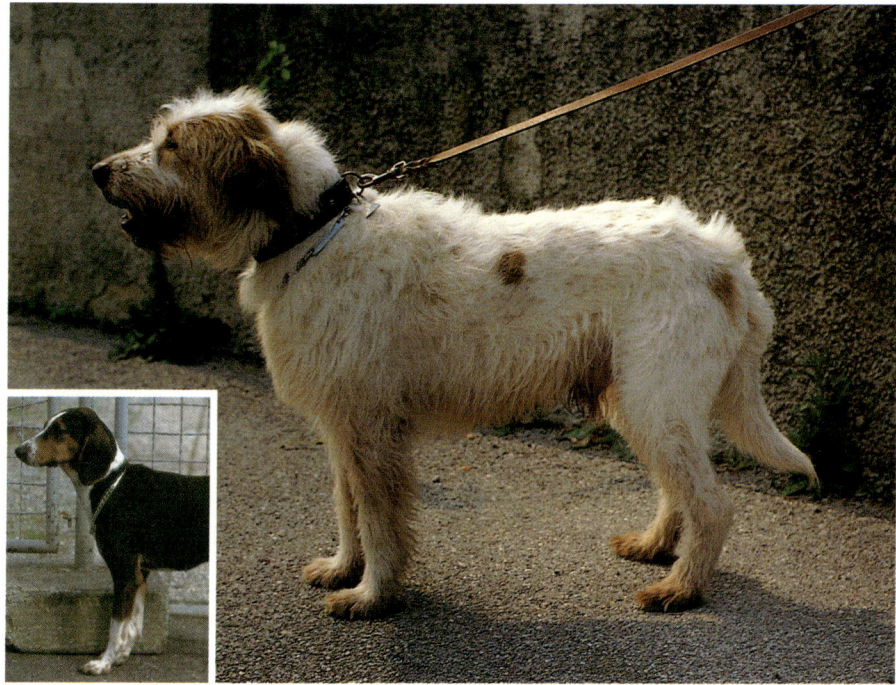

Foto: Kocbec

Balkan-Bracken · Raum ehem. Jugoslawien FCI-Gruppe 6.1

Allgemeiner Text zu den Balkan-Bracken siehe Seite 174.

Istrianer Rauhhaarige Bracke (Slowenien)
Istarski Ostrodlaki Gonic FCI-Nr. 152
Älteste schriftliche Überlieferungen zu dieser Rasse stammen von 1719. Sie ist ein recht beliebter Jagdhund in ihrer Heimat. Mit ihrer vollen, mittelhohen bis tiefen Stimme ist sie vorzüglich für Hasen- und Fuchsjagd geeignet, ebensogut auf Schweiß. Die Istrianer Rauhhaarige Bracke wird hauptsächlich im Norden des Landes gezüchtet, da sie nicht sehr kälteempfindlich ist. Das rauhe Haarkleid ist weiß mit braunen Flecken. Der lange Kopf mit den dichten Augenbrauen führt zu einem ernsten Gesichtsausdruck. Er ist ebenso charakteristisch für diese Rasse wie der kräftige Körper mit den starken Knochen und die kräftige, leicht erhoben getragene Rute. Schulterhöhe: 58 cm, Gewicht: 24 kg.

Jugoslawische Dreifarbige Bracke
Jugoslovenski Trobojni Gonic FCI-Nr. 229
(kleines Foto)
Sehr seltene Rasse mit wenigen Würfen im Jahr. Kräftiger, ausdauernder, guter Jagdhund. Impulsives und lebhaftes Wesen. Kurzes Fell, braun mit weißen und schwarzen Abzeichen. Schulterhöhe: 55 cm, Gewicht: o. A.

Jugoslawische Gebirgsbracke
Jugoslavenski Planiski Gonic (Slowenien/Kroatien) (ohne Foto)
Seltener, nahe zu der Brandlbracke identischer Laufhund.

175

Foto: Kocbec

Balkan-Bracken   Raum ehem. Jugoslawien FCI-Gruppe 6.1

Allgemeiner Text zu den Balkan-Bracken siehe Seite 174.

Savatal-Bracke/Posavski Gonic FCI-Nr. 154 (oben) (Slowenien/Kroatien)
Erste schriftliche Hinweise auf die Rasse 1719. Der Name geht auf den Sava-Fluß zurück. Kam auch häufig in Pannonien vor. Beliebte Jagdhundrasse mit zweithöchsten Eintragungsziffern. Hohe, klare Stimme. Temperamentvolles, angenehmes Wesen. Rüden kräftig, Fell weizenfarbig mit weißen Abzeichen. Schulterhöhe: 58 cm, Gewicht: o. A.

Balkan-Bracke/Balkanski Gonic FCI-Nr. 150 (rechts oben)
Vermutlich Nachkomme asiatischer Brakken, die mit den Türken ins Land kamen. Sehr selten mit nur wenigen Würfen im Jahr. Sehr guter Jagd- und Spürhund mit va-

riabler Stimme. Lebhafter, impulsiver, kräftiger, mittelgroßer Hund, fuchsfarben mit schwarzem Sattel, kurzes, dichtes Fell. Kopf lang und kräftig. Schulterhöhe: 54 cm, Gewicht: um 20 kg.

Bosnische Rauhhaarige Bracke/Bosanski Ostrodlaki Gonic Barak FCI-Nr. 155 (rechts)
Eine der ältesten Rassen des Balkans, über die schon Xenophon berichtete (393–385 v. Chr.), früher „Keltenbracke" genannt. Sie wird kaum noch gezüchtet. Guter, ausdauernder Jagdhund mit mittelhoher bis tiefer Stimme. Er ist impulsiv und mutig. Kräftiger Hund mit rauhem Fell, langem und mäßig breitem Kopf. Dichte Augenbrauen. Trotz seines fröhlichen Wesens ernster Gesichtsausdruck. Schulterhöhe: 56 cm, Gewicht: 24 kg, Farben: braun oder grau mit weiß an Brust und Bauch.

176

▲ Foto: Kocbec

| **Pudel** | Frankreich | FCI-Nr. 172/9.2 |

Pudelartige Hunde sind schon seit der Antike bekannt und bilden die Ausgangsrasse für viele Jagd- und Hütehunde. Die Pudel sind vielseitig einsetzbare Hunde und erfreuen sich nicht umsonst weltweit größter Beliebtheit. Als Familien- und Begleithund erlebte der Pudel in Deutschland um 1900 seinen Einzug in die Rassehundezucht. Beliebt war damals der heute in den USA wieder auflebende Schnürenpudel, dessen wolliges Haar wie beim Puli lange Schnüre bildet. Endlos ist die Liste prominenter Pudelliebhaber, angefangen von Karl dem Großen über Madame Pompadour, Beethoven, der eine Elegie auf den Tod seines Pudels schrieb, über Helmut Schön, Gracia Patricia, Maria Callas bis Anneliese Rothenberger und viele andere mehr. Pudel gibt es in vier Größen, verschiedenen Farben und Schuren. Der Große ist ein leicht erziehbarer, gelehriger Begleithund, er bewährte sich im Krieg beim Einsatz als Sanitäts- und Meldehund, zeigt häufig noch Jagdhundveranlagung, wildert jedoch sehr selten und beschützt seine Familie und deren Eigentum. Dabei sind Pudel nicht bissig oder aggressiv, sondern aufgeschlossen, umgänglich und unkompliziert mit Kindern. Der Standard ist für alle Pudelgrößen gleich, von den verschiedenen Schuren wird keine bevorzugt. Der Pudel wird etwa alle 4 Wochen geschoren. Er verliert keine Haare und sollte täglich gekämmt werden. Kupierte Rute.

Schulterhöhe Großpudel: 58 cm, Gewicht o. A., Farben: schwarz, weiß, kastanienbraun, grau und aprikosenfarben. Foto: schwarzer Großpudel im Continental-Clip. Diverse Vereine im VDH.

Cao de Agua	Portugal	FCI-Nr. 37/8.3

An der Küste Portugals südlich von Lissabon und an der Algarve war der Hund als Helfer der Fischer so hoch geschätzt, daß er beim Teilen des Fangs als volle Person miteinbezogen wurde. Der kluge, robuste, kräftige Wasserhund und hervorragende Schwimmer half Netze und Boote einholen, tauchte nach entkommenen Fischen und apportierte alles aus dem Wasser, was hineingefallen war und nicht hineingehörte, einschließlich Schiffbrüchiger. Auf hoher See diente er als Bote zwischen den Schiffen. Kurz: Er war bis vor wenigen Jahren der unentbehrliche Helfer der seefahrenden Portugiesen. Mit ihnen bereiste er die ganze Welt, einschließlich Nordamerika. Deshalb ist die Annahme, daß von ihm alle zotthaarigen Wasserhunde, Pudel und einige Retriever abstammen, nicht unbedingt abwegig. Inzwischen löste die Technik den treuen Vierbeiner ab, doch man ließ ihn nicht aussterben. Der Cao de Agua ist dank seiner hohen Intelligenz und seines umgänglichen Wesens ein beliebter Haus- und Familienhund, der sich leicht erziehen läßt, einen fröhlichen, kinderfreundlichen Charakter besitzt und durchaus wachsam ist, ohne aggressiv zu sein. Der Cao de Agua wurde schon von den Fischern so geschoren: für bessere Bewegungsfreiheit kurzbehaarte Hinterläufe, zum Schutz gegen das kalte Wasser das lange Brusthaar. Es gibt zwei Haarformen: das seltenere gelockte Fell und das gewellte (Foto).

Schulterhöhe: 57 cm, Gewicht: o. A., Farbe: schwarz oder braun, mit oder ohne weiße Abzeichen.

| Irish Water Spaniel | Irland | FCI-Nr. 124/8.3 |

Eigentlich mehr zu den Retrievern gehörend als zu den Spaniels, ist der Irish Water Spaniel ein typischer Vertreter der alten Wasserhunde, wie sie in den Küstenregionen Europas zu finden sind. Der English Water Spaniel ist inzwischen ausgestorben bzw. im Curly Coated Retriever aufgegangen. Seit 1850 wird der Irish Water Spaniel, auf verschiedene Lokalschläge irischer Wasserhunde zurückgehend, systematisch gezüchtet. Der ausdauernde, harte, witterungsunempfindliche Jagdhund mit dem wasserabweisenden Fell eignet sich besonders für sumpfiges, morastiges Gelände. Er stöbert, drückt das Federwild aus der Deckung und apportiert nach dem Schuß, selbst aus eisigem Meerwasser. Sein Metier ist zweifellos die Jagd auf Wasservögel. Er besitzt zudem eine hervorragende Nase. Man sagt, er vereine die Intelligenz des Pudels und die gute Nase des Setters mit der Jagdpassion des Spaniels. Der Irish Water Spaniel ist leichtführig und gehorsam. Der kluge, anhängliche Hund ist ein angenehmer Hausgenosse, der ausgedehnte Spaziergänge und Bewegung braucht. Das etwas fettige, offen gelockte Haar bedarf der Pflege. Der Hund wird nie gebadet, die beste Fellpflege ist regelmäßig Schwimmen in sauberem Wasser.

Schulterhöhe: 59 cm, Gewicht: o. A., Farbe: braun. Jagdspaniel Klub.

Epagneul de Pont Audemer — Frankreich — FCI-Nr. 114/7.1

Als Clown unter den französischen Vorstehhunden bezeichnen ihn seine Freunde. Der aus der Region um die nordfranzösische Stadt Pont Audemer stammende Jagdhund ist neben dem Barbet der zweite Wasserspezialist Frankreichs, der seine Wasserpassion vom Irish Water Spaniel ebenso geerbt hat wie das krause Haar und den Lokkenschopf auf dem Kopf. Der leichtführige Hund ist den Bedürfnissen seiner Heimat bestens angepaßt. Die wasserreiche, küstennahe Region ist ein idealer Rastplatz für ziehende Vögel. Es gibt zahlreiche Seen und Teiche, Hecken und Sümpfe. Der Epagneul du Pont Audemer stöbert in Dorngestrüpp, sucht die Sümpfe selbständig nach Enten, Gänsen und Schnepfen ab. In buschigem Gelände jagt man mit ihm Fasan, Rebhuhn, Hase und Kaninchen. Härte, Ausdauer, Unempfindlichkeit gegen Nässe und Kälte, festes Vorstehen sowie sicheres Apportieren der z. T. schweren Vögel aus dem Wasser, sind die Vorzüge des Pont Audemer. Er ist ein begeisterter und hervorragender Schwimmer. Der Wasserspezialist eignet sich daher auch weniger zur reinen Feldarbeit, da er keine weite Suche und wenig Durchsteheigenschaft im Vergleich zum Französischen Kurzhaar zeigt. In Frankreich wird dieser interessante Hund hauptsächlich von Berufsjägern geführt, die einen schneidigen, harten, unermüdlichen Vorstehhund schätzen. Er gilt als freundlicher, anpassungsfähiger, fröhlicher Hausgenosse mit besonderer Liebe zu Kindern. Er ist ein guter Familien- und Jagdhund.

Schulterhöhe: 58 cm, Gewicht: o. A., Farben: kastanienbraun mit grau. Verein für französische Vorstehhunde.

| **Wetterhoun** | Niederlande | FCI-Nr. 221/8.3 |

Der friesische Wetterhoun (= Wasserhund) war der Jagdhund der wasserreichen Gebiete der nordniederländischen Provinz Friesland. Möglicherweise haben spanische Wasserhunde, mit einheimischen Jagdhunden verkreuzt, diesen urwüchsigen, kräftigen Hund geschaffen. Der Wetterhoun besitzt eine gute Nase und kräftige Kiefer, die er zur Otterjagd auch brauchte. Heute zeichnet er sich als Ratten- und Iltisfänger aus, aber auch bei der Wasserjagd. Der eigensinnige Hund geht gerne seine eigenen Wege. Er ist wachsam, zu Fremden abweisend, besitzt angeborenen Schutztrieb und ist seiner Familie gegenüber absolut zuverlässig und liebenswürdig. Die Erziehung erfordert von klein an Konsequenz, unangebrachte Härte vergißt er jedoch nie. Der Wetterhoun braucht engen Kontakt zu seiner Bezugsperson, nur ihr allein ordnet er sich unter. Deshalb ist seine Ausbildung zum Jagdhund nicht jedermanns Sache, denn sie erfordert viel Zeit und Geduld, doch legten Wetterhouns schon Jagdprüfungen ab. Der Wetterhoun spürt Wild auf, steht vor und apportiert nach dem Schuß. Der robuste, witterungsunempfindliche Naturbursche hält sich gerne im Freien auf und gilt als idealer Hofhund. Aus dem Kraushaar wird einmal im Jahr das tote Haar mit einem groben Kamm ausgekämmt, der Hund wird nie gewaschen.

Schulterhöhe: 59 cm, Gewicht: o. A., Farben: schwarz, braun, mit oder ohne weiße Abzeichen, gestichelt oder geschimmelt.

Eurasier   Deutschland   FCI-Nr. 291/5.5

Jüngste deutsche Hunderasse. Julius Wipfel aus Weinheim/Bergstraße züchtete als Nachfolger für seinen Mischlingshund 1960 den ersten Wurf „Wolf-Chows", eine Kreuzung zwischen Wolfsspitz und Chow Chow, um einen umgänglichen, gesunden und natürlichen Haushund zu schaffen. Später wurde der Samojede eingekreuzt, der Eleganz, freundliches Wesen und Robustheit einbringen sollte. 1973 wurde die Rasse offiziell anerkannt. Der Eurasier ist ein angenehmer, ruhiger Haushund mit ausgeprägtem Sozialverhalten und einer guten Portion Eigensinn. Nicht unbedingt ein Hund für Anfänger! Konsequent erzogen ist der Eurasier allerdings ein umkomplizierter, nicht zu bewegungsfreudiger Hausgenosse. Er ist wachsam und verteidigungsbereit ohne übertriebene Schärfe. Gelegentlich bricht der Jagdeifer des Samojeden in ihm durch. Eurasierhündinnen gelten als besonders liebevolle Babysitter. Das dichte Haar ist beim Junghund sehr pflegeintensiv, ebenso während des Haarwechsels. Interessante Rasse mit vielen Wildhundeigenschaften. Seitens der Zuchtvereine erfolgt strenge Zuchtkontrolle.

Schulterhöhe: 60 cm, Gewicht: 23–32 kg, Farben: rot bis falben, wolfsgrau, schwarz und schwarz mit abgegrenzten andersfarbigen Abzeichen über den Augen, an den Unterpartien der Ellbogen bzw. Sprunggelenke sowie der Läufe, Hosen und Rute. Foto: roter Rüde. Mehrere Zuchtvereine im VDH.

Wolfsspitz   Deutschland   FCI-Nr. 97/5.4

Der holländische Schifferspitz oder Keeshond und der Wolfsspitz sind identisch. Im 18. Jh. erkor ein Anführer niederländischer Patrioten namens Kees den Wolfsspitz zum Maskottchen im Kampf für das Volk gegen das Haus Oranje. Der Spitz war der Hund des Volkes, den adligen Herrn begleiteten Wind- und Jagdhunde. Der Keeshond bewachte Bauernhöfe und in Holland die Kähne der Binnenschiffer. Heute noch nennt man den Wolfsspitz im Ausland oft Keeshond. Den Namen Wolfsspitz trägt er nach der wolfsgrauen Färbung. Er hat nicht mehr mit dem Wolf zu tun als jeder andere Haushund. Die stolze Persönlichkeit des Wolfsspitzes erregt Aufmerksamkeit und Achtung. Seine Grenzen überschreitet niemand unbeschadet. Er ist ein unbestechlicher Wächter mit angeborenem Schutztrieb. Nicht selten findet man ausgebildete Schutzhunde unter den Wolfsspitzen. Allerdings ist er wenig unterordnungsbereit und erfordert in dieser Disziplin sehr viel Geduld, Einfühlungsvermögen und Konsequenz von seinem Herrn. Dabei ist er intelligent und lernt schnell, er tut aber alle Dinge lieber nach eigenem Ermessen als auf sinnlosen Befehl hin. Der robuste Spitz liebt den Aufenthalt im Freien, viel Bewegung und Beschäftigung. Wegen geringer Neigung zum Wildern auch heute noch als Wachhund der Aussiedlerhöfe geschätzt. Nicht unbedingt freundlich im Umgang mit Artgenossen! Die Fellpflege ist beim Junghund aufwendig, der erwachsene Hund wird regelmäßig gebürstet.

Schulterhöhe: 60 cm, Gewicht: o. A., Farbe: silbergrau mit schwarzen Haarspitzen, schwarzer Fang. Verein für Deutsche Spitze.

Karelischer Bärenhund   Finnland   FCI-Nr. 48/5.2

Der Karelische Bärenhund (Karjalan Karhukoira) trägt seinen Namen nach einem finnischen Volksstamm und seiner Tätigkeit. Er wurde vornehmlich zur Bärenjagd verwendet. Aber auch bei der Jagd auf Elch, Hirsch, Luchs, Wolf und Wildschwein bewährt sich der stumme Jäger. Er verfolgt seine Beute schweigend und selbständig. Hat er das Wild gestellt, ruft er durch anhaltendes Gebell die Jäger heran. Der Karelische Bärenhund ist mit seinem schwarzen Fell, den leuchtend weißen Abzeichen und seinen sprechenden Augen ein sehr schöner Hund, aber man darf sich über die Schwierigkeiten, die seine Haltung mit sich bringt, nicht hinwegtäuschen lassen. Als selbständiger Jäger liegt ihm Unterordnung nicht. Er paßt sich höchstens seinem Rudelführer an, was eine konsequente Erziehung schon beim Welpen voraussetzt. Trotzdem wird er immer ein freiheitsliebender Hausgenosse bleiben, der gerne auf eigene Faust loszieht und wildert. In seiner Familie freundlich und liebenswürdig, ist er Fremden gegenüber eher zurückhaltend. Kein Wach- und Schutzhund. Aggressiv und rauflustig gegenüber fremden Hunden. Alles in allem ist es schwierig, diesem Hund eine rassegerechte Haltung zu bieten und seinem Tatendrang gerecht zu werden, denn aufgrund seiner Wesensart kann man ihn nur mit viel Mühe den verschiedenen Ausbildungsmöglichkeiten zuführen, auch wenn er körperlich in der Lage ist, hervorragende Leistungen zu erbringen.

Schulterhöhe: 60 cm, Gewicht: o.A., Farben: schwarz, vorzugsweise mit leichtem Braunschimmer mit klaren weißen Abzeichen. Deutscher Klub für Nordische Hunde.

Russische Jagdlaiki ehem. Sowjetunion FCI-Gruppe 5.2

Der Name Laika kommt vom russischen „lajatj" = bellen. Laiki haben nichts mit Schlittenhunden gemeinsam, sondern sind reine Jagdhunde mit typischer Jagdweise, wie wir sie auch beim Karelischen Bärenhund oder Finnenspitz finden. Die Laikarassen arbeiten lautlos, sie stöbern das Wild selbständig auf und verfolgen die Spur. Erst wenn sie Bär, Elch, Rot- oder Schwarzwild gestellt haben, bellen sie laut und anhaltend, um den Jäger herbeizurufen. Diese Arbeit erfordert ausdauernde, robuste, mutige Hunde, die sich stundenlang auch im hohen Schnee ohne zu ermüden fortbewegen können. Angeblich sollen Wölfe eingekreuzt worden sein, worüber sich aber die Gelehrten streiten. Tatsächlich sind Laiki in Verhalten und Aussehen sehr ursprüngliche Hunde, die ihr Jagdrevier mit dem Wolf teilen. Von den verschiedenen russischen Laikarassen sind drei von der FCI anerkannt. Man trifft sie hin und wieder in Westeuropa an, obwohl sie sicherlich nie als Haus- und Familienhund in Frage kommen werden. Alle drei Club für Nordische Hunde.

Russisch-Europäischer Laika FCI-Nr. 304 (rechts oben). Noch junger, aus verschiedenen Laikarassen im Raume Moskau und Leningrad mit Spezialisierung auf die schwarz-weiße Fellfarbe gezüchteter Jagdhund. Schulterhöhe: 58 cm, Gewicht: o. A., Farben: schwarz, grau, weiß gescheckt.

Westsibirischer Laika, Zapadno-Sibirskaia Laika FCI-Nr. 306 (oben)
Häufigste Laikarasse, die auch im Ausland Freunde fand. Sie wurde aus uralten Laikaschlägen aus dem Nordural und Westsibirien herausgezüchtet. Vielseitig einsetzbarer Jagdhund, der gelegentlich nur auf eine Wildart anspricht. Schulterhöhe: 60 cm, Gewicht: o. A., Farben: vielfältig.

Ostsibirischer Laika, Vostotchno Sibirskaia Laika FCI-Nr. 305 (rechts)
Am wenigsten bekannte Laikarasse, die aus Hunden der ostsibirischen Waldzone und der Amur-Region herausgezüchtet wurde. Schulterhöhe: 63 cm, Gewicht: o. A., Farbe: vielfältig.

▼ Foto: Pcholkin/Axelrod

Kanaan Hund	Israel	FCI-Nr. 273/5.6
Jindo	Thailand (Japan)	FCI-Nr. 334/5
Thai Ridgeback	Japan	FCI-Nr. 388/58
Bali-Berghund	Indonesien	nicht FCI-anerkannt
Dingo	Australien	nicht FCI-anerkannt

Kanaan Hund (oben)
Aus wildlebenden Pariahunden gezüchteter Nationalhund Israels. Beduinen ziehen heute noch wildgeborene Welpen auf. Widerstandsfähig gegen Hitze, Kälte, Ungeziefer und Infektionskrankheiten. Lernfreudiger, verteidigungsbereiter Familienhund. Braucht frühe Sozialisierung, konsequente Erziehung, Auslauf und Beschäftigung. Schulterhöhe: 60 cm, Gewicht: 25 kg. Farben: alle außer grau, gestromt und dreifarbig.

Bali-Berghund (kleines Foto rechts oben)
Pariahund aus der Bergregion Balis. Er lebt eng in der menschlichen Gemeinschaft, ohne von ihr versorgt zu werden. Selbständiger, wachsamer Hund. Unverträglich mit Artgenossen, ca. 50 cm.

Thai Ridgeback (großes Foto rechts oben)
Alte Jagdhundrasse. Lebhafte, graziöse Tiere mit enormem Sprungvermögen. Wachsam, aber kein Schutztrieb. Wenig mensch-bezogen. Typisch der Ridge auf dem Rükken. Schulterhöhe: 66 cm. Farben: kastanienrot, schwarz, silber, blau. Club für exotische Rassehunde.

Jindo (kleines Foto rechts unten)
Ehemaliger Jagd-, heute beliebter Wach- und Familienhund in Korea. Ausgeprägtes Wildhundverhalten. Angenehmer, ruhiger, verspielter, aber eigenwilliger Hausgenosse. Schulterhöhe: 56 cm, Farbe: rotbraune Töne mit oder ohne weiße Abzeichen.

Dingo (großes Foto rechts unten)
Vermutlich gelangten primitive Hunde mit den ersten Siedlern nach Australien und verwilderten. Intelligenter, dem Klima und Gelände bestens angepaßter Hund, der trotz Verfolgung durch den Menschen nicht ausgerottet werden konnte. Droht durch Vermischung mit Haushunden unterzugehen. Keine Zucht als Haus- und Familienhund. 56 cm.

▼ Foto: Reinhard/Okapia

Foto: Schmidt

Grönlandhund — Skandinavien — FCI-Nr. 274/5.1

Der Grönlandhund ist der einzige FCI-anerkannte Eskimohund. Die Schlittenhunde der Eskimos sehen sich alle ähnlich, doch kann man sie kaum als Rassen bezeichnen. Die Zucht ist den Hunden selbst überlassen, für die Arbeit werden nur die gesündesten, genügsamsten und stärksten Tiere herangezogen. Wer dem nicht genügt, stirbt. Als reine „Arbeitsmittel" zeigen diese Hunde keine enge Bindung an den Menschen, sie müssen für jeden arbeiten, der sie braucht. Den harten Kampf ums Dasein, den die Eskimos in ihrer unwirtlichen Heimat führen, teilen die Hunde. Sie ziehen Schlitten und helfen bei der Bären- und Robbenjagd. Die Fürsorge, die ihnen der Mensch zuteil werden läßt, beschränkt sich auf das Notwendigste, um die Arbeitskraft der Hunde zu erhalten. Als Haus- und Familienhunde in unserem Sinne eignen sie sich kaum. Allgemein sind sie zum Menschen freundlich und besitzen keinen Wach- und Schutztrieb. Dafür ist ihr Jagdtrieb umso ausgeprägter. Die Erziehung ist sehr schwierig, man braucht viel Geduld und Konsequenz, um dem Hund das Notwendigste beizubringen. Geprägt vom ständigen Kampf ums Überleben haben sich diese Hunde viele Wolfseigenschaften bewahrt. Sie besitzen ein starkes Rangordnungsempfinden. Der Hundebesitzer muß ständig seine Rolle als Rudelführer behaupten. Nur wenn ihn der Hund akzeptiert, ist er zu führen. Bei Schlittenhundrennen auch hierzulande anzutreffen.

Schulterhöhe: mind. 60 cm, Gewicht: o. A., Farben: alle Farben außer Albinos. Deutscher Club für Nordische Hunde.

Cao de Castro Laboreiro | Portugal | FCI-Nr. 170/2.2

Die Portugiesen sind sehr stolz auf diese ihrer Meinung nach einzigartige Rasse. Sie stammt aus dem Dorf Castro Laboreiro im Norden des Landes. In der Abgeschiedenheit des Bergdorfes, das selbst heute nur mit Mühe zu erreichen ist, entwickelte sich ohne Einkreuzung fremder Rassen dieser urige Schutzhund. Der Cao de Castro Laboreiro schützt die Herden im Gebirge vor Wölfen, die es dort noch gibt, ebenso zuverlässig wie die Bauernhöfe. Er wird in seinem Heimatdorf und der Umgebung reinrassig und unter Anleitung ordnungsgemäß gezüchtet und eingetragen; es gibt inzwischen auch Züchter im Raum Lissabon. Der Castro Laboreiro gilt als schwieriger Hund. Er besitzt ruhige Nerven, ist gut auszu-

bilden, aber seine angeborene Schärfe ist unter Umständen unberechenbar. Nicht gegenüber seinem Herrn und dessen Familie, denen er treu ergeben ist, sondern in gewissen Situationen, die dem Hund bedrohlich erscheinen, es aber nach menschlichem Ermessen nicht sind. Er gehört deshalb nur in die Hände von Menschen, die Erfahrung im Umgang mit starken, lebhaften, stets schutzbereiten Hunden haben. Der Castro Laboreiro ist vornehmlich ein erstklassiger, immer aufmerksamer Schutzhund, der sich nur bedingt als Haus- und Familienhund eignet. Besonderes Rassemerkmal ist das schwarz-gestromte Fell „Bergfarbe" genannt.

Schulterhöhe: 60 cm, Gewicht: o. A.

Foto: Kotulla

Südeuropäische Doggen FCI-Gruppe 2.2

Sie stammen von antiken Kampfhunden und mittelalterlichen Saupackern und Bärenbeißern ab, die wehrhaftes Wild verfolgten und stellten, bis die Jäger zum Töten kamen. Der Gebrauch von Gewehren löste diese Jagdweise ab, und der unerschrockene Hund wurde zum Herdenschutz- und Viehtreiberhund. Die Spanier bekämpften mit solchen Hunden bei der Eroberung Südamerikas die Inkas. In jüngerer Zeit wurden sie auf den Inseln, in deren Abgeschiedenheit sie sich erhalten konnten, wiederentdeckt und als Rassen national anerkannt. Heute bewachen sie Höfe und Anwesen. Die unbestechlichen Wach- und Schutzhunde, die im Ernstfall bedingungslos kämpfen, aber bei frühzeitiger Gewöhnung an den Umgang mit Menschen und Umwelt in friedlicher Situation nicht unnötig aggressiv sind, sind drahtig, wendig, robust, ausdauernd, witterungsunempfindlich, intelligent, gelehrig, aber nicht leichtführig und ihrem Herrn treu ergeben, jedoch allem Fremden gegenüber argwöhnisch. Sie brauchen eine freundlich-konsequente Erziehung. In ihrer Heimat meist kupiert.

Perro de Presa Mallorquin Spanien/Balearen FCI-Nr. 249/2.2 (oben)
Viehhund (Ca de Bue). Schulterhöhe: 60 cm, Gewicht: 46 kg, Farben: schwarz, gelb, rot, gestromt mit wenig Weiß.

Cao de Fila de S. Miguel Portugal/Azoren FCI-Nr. 340/1.1 (rechts oben)
Schulterhöhe: 60 cm, Gewicht: 35 kg, Farben: gestromt mit oder ohne weiße Abzeichen. Kupierte Ohren und Rute.

Cane Corso/Branchiero Siciliano in Italien, aber nicht FCI-anerkannt (kleines Foto)
Aus Sizilien und Süditalien stammend. Schulterhöhe: 70 cm, Gewicht entsprechend. Farben: schwarz, schwarz-rot, rot, kastanienbraun, falb, blau einfarbig oder gestromt. Kupierte Ohren.

Perro de Presa Canario in Spanien, aber nicht FCI-anerkannt (rechts)
Kommt von den Kanarischen Inseln. Schulterhöhe: 70 cm, Gewicht: 68 kg, Farben: löwengelb oder schwarz mit oder ohne weiße Abzeichen.

Mittelgroße französische Laufhunde	Frankreich	FCI-Gruppe 6.1

Ariegois FCI-Nr. 20 (oben)
Entstanden aus Kreuzungen des Briquet mit dem Gascon Saintongeois. Der elegante Laufhund ist den schwierigen Jagdbedingungen in der heißen, trockenen Landschaft Ariege im Südwesten Frankreichs bestens angepaßt. Vorzüglicher Laufhund für die Hasenjagd, spursicher mit wohltönender Stimme. Sehr seltener Hund. Außerhalb Frankreichs praktisch unbekannt. Schulterhöhe: 60 cm, Gewicht: o. A., Club für französische Laufhunde.

Porcelaine FCI-Nr. 30 (rechts oben)
Nachkomme der mittelalterlichen weißen Königshunde. Der Name bezieht sich auf das feine, porzellanfarbige, fast weiße Fell. Meist wird mit 4–6 Hunden das Wild aufgestöbert. Sie verfolgen es spurlaut und trei-

ben dem schußbereiten Jäger Hasen oder Rehe zu bzw. stellen das Wildschwein. Leichtführiger Jagdhund, der sich auf der Schweißfährte auszeichnet und im Ausnahmefall apportiert. Eleganter, anschmiegsamer Hund mit großem Bewegungsdrang. Schulterhöhe: 58 cm, Gewicht: o. A., Club für französische Laufhunde.

Chien d'Artois FCI-Nr. 28 (rechts)
Sehr seltener, zurückgezüchteter Laufhund, der in kleineren Meuten zur Hasenjagd verwendet wird. Er stammt aus der nordfranzösischen Region Artois. Früher nannte man ihn auch Briquet, was etwa „kleine Bracke" bedeutet. Außerhalb Frankreichs praktisch unbekannt. Schulterhöhe: 58 cm, Gewicht: o. A., Club für französische Laufhunde.

▼ Foto: Hiemstra

▲ Foto: Polk

| **Foxhound** | Großbritannien | FCI-Nr. 159/6.1 |
| **American Foxhound** | USA | FCI-Nr. 303/6.1 |

Foxhound

Schon im 6. Jh. wurden Parforce-Jagden mit Meuten abgehalten. Die Hunde verfolgen die Spur des Wildes mit der Nase, hetzen es müde und stellen es. Sehr früh wurden Zuchtbücher geführt, und die wohlhabenden Briten scheuten keine Kosten an Unterhalt und Personal für die aufwendige Haltung großer Meuten. Die Fuchsjagd zu Pferde mit Hunden ist in England nach wie vor beliebter „Sport" (1988 gab es 211 Meuten mit je 50–100 Hunden!) und wird von Tierschützern bekämpft wie alle „Jagd-Sport"-Arten. In Deutschland sind Parforce-Jagden auf lebende Tiere verboten. Die Hunde folgen einer künstlichen Fährte, und heute sind Schleppjagden ein farbenfrohes Vergnügen für alle Hunde- und Pferdefreunde. Der Foxhound wird nur zu diesem Zweck gezüchtet und ist kein Ausstellungs- oder Familienhund, obwohl jagduntaugliche Hunde in Familien abgegeben werden, die sich auf den Umgang mit diesem freundlichen, anschmiegsamen Hund verstehen, ihm viel Auslauf und eine gute Erziehung angedeihen lassen und das Risiko der Haltung eines solchen Vollblutjagdhundes kennen. Schulterhöhe: ca. 60 cm, Gewicht: o. A., Farben: alle Laufhund-Farben.

American Foxhound (kleines Foto)

Im Gegensatz zum englischen Foxhound wird der ihm sehr ähnliche und von ihm und französischen Bracken abstammende amerikanische Foxhound neben der Jagd auch als Ausstellungshund gezüchtet. Schwieriger Familienhund, da unabhängiger, wenig fügsamer Charakter. Foto: Walker Breed. Schulterhöhe: 64 cm, Gewicht: o. A., alle Farben.

Airedale Terrier   Großbritannien   FCI-Nr. 7/3.1

Der „König der Terrier" stammt aus dem Tal der Aire in Mittelengland. Vermutlich entstand er aus der Verkreuzung von Otterhound mit scharfen Terriern, um einen wasserfreudigen, raubzeugscharfen Jagdhund auf Otter, Wasserratte, Marder, Iltis aber auch auf Wasservögel zu erzielen. Die neu entstandene Rasse nannte sich zeitweise auch Bingley Terrier. Dank der vielen Kreuzungen – auch der Collie soll wegen seines umgänglichen Wesens mitgewirkt haben – und konsequenter Auslese entwickelte sich der Airedale Terrier zu einem überaus intelligenten, robusten, vielseitig einsetzbaren Hund. Er erlangte weltweite Berühmtheit als Sanitäts- und Meldehund in beiden Weltkriegen, was ihm den Namen „Kriegshund" einbrachte. Es gibt eigentlich nichts, wozu man den Airedale Terrier nicht verwenden könnte: Als Blindenführhund, Schutzhund, Rettungshund, Lawinenhund, Jagdhund und Familien- und Kinderhund. Er ist temperamentvoll, aber nicht nervös, lernfreudig und gut erziehbar, gutmütig mit Kindern, wachsam am Haus und zeigt Schutztrieb, wenn gefordert. Der Airedale ist ein Clown, der mit seinem Herrn durch dick und dünn geht. Er braucht Bewegung und Beschäftigung. Ein Vorteil: Er verliert keine Haare, dafür muß er täglich gebürstet und gekämmt sowie in regelmäßigen Abständen getrimmt werden. Rute kupiert.

Schulterhöhe: 61 cm. Gewicht: o. A. Klub für Terrier.

Dalmatiner   Jugoslawien   FCI-Nr. 153/6.3

Über seine Herkunft ist wenig bekannt. Schon im 14. Jh. wurden weiße Hunde mit dunklen Tupfen dargestellt. Später bezeichnete man ihn als Bracke, aber wo er herkam, wie und was er jagte, ist unbekannt. Selbst in Jugoslawien weiß man nur von Hunden, die 1930 aus England importiert wurden. Vielmehr wird er immer wieder als Kutschenhund bezeichnet und erreichte seine Blüte in Viktorianischer Zeit. Er lebte in den Ställen und begleitete die Kutschen, wobei er meist unter der Hinterachse lief. Als das Auto die Kutsche ablöste, hatte der dekorative Hund längst seine Zukunft als Familienhund gefunden. Der Dalmatiner ist lebhaft, temperamentvoll, fröhlich und leicht zu erzie-hen. Er ist der ganzen Familie freundlich zugetan und besonders den Kindern ein unermüdlicher Spielgefährte. Er ist nicht aggressiv, aber im Notfall durchaus verteidigungsbereit. Der schlanke, bewegliche Hund braucht viel Bewegung und ist ein herrlicher Begleiter für sportliche Menschen. Der intelligente Hund will beschäftigt werden und führt das Gelernte freudig aus. Ein unkomplizierter Familienhund, der engen Familienanschluß braucht und pflegeleicht ist. Dalmatinerwelpen werden weiß geboren, die Tüpfelung kommt erst nach einigen Tagen allmählich durch. Beim Kauf eines Dalmatiners sollte man das Hörvermögen prüfen, da gelegentlich Taubheit vorkommt.

Schulterhöhe: 61 cm, Gewicht: o. A., Farbe: weiß mit runden, klar abgegrenzten und gleichmäßig verteilten schwarzen oder braunen Tupfen. Diverse Vereine im VDH.

Golden Retriever   Großbritannien   FCI-Nr. 111/8.1

Im ausgehenden 19. Jh. züchtete Lord Tweedmouth in Schottland aus einem gelben Labrador Retriever, Irish Setter und dem heute ausgestorbenen Tweed Water Spaniel einen blonden langhaarigen Retriever, der später als Golden Retriever bekannt wurde. Der zuverlässige Apportierhund mit weichem Maul ist heute in erster Linie ein geschätzter Familienhund, der aber auch jagdlich geführt werden kann. Der ruhige, gelassene, trotzdem aufmerksame und nie langweilige Hund ist intelligent und lernfreudig. Außer zur jagdlichen Ausbildung eignet er sich als Blindenführhund, für Gehorsamsausbildungen, Breitensport usw. Der Golden Retriever ist ein ausgesprochener Kinderfreund, geduldig und niemals aggressiv. Er ist kein Schutzhund, aber im Ernstfall durchaus verteidigungsbereit. Das mittellange, schlichte Haar muß regelmäßig gebürstet werden. Der leicht und mit Liebe zu erziehende Golden Retriever bereitet auch dem unerfahrenen Hundehalter kaum Schwierigkeiten. Deshalb zählt er in den angelsächsischen Ländern zu den beliebtesten Hunden überhaupt und ist auch in Deutschland immer häufiger anzutreffen. Da er nicht zu den jagenden Hunden gehört, sondern auf Befehl geschossenes Federwild oder Hase apportiert, neigt er nicht zum Wildern oder Streunen.

Schulterhöhe: 61 cm, Gewicht: 37 kg, Farben: gold oder cremefarben, nie rot. Deutscher Retriever Club.

| **Flat Coated Retriever** | Großbritannien | FCI-Nr. 121/8.1 |

Der Flat Coated Retriever hat sich am wenigsten verändert, seit Mr. Shirley ausgangs des 19. Jh. diesen eleganten Apportierhund zu züchten begann. Vermutlich waren Neufundländer, Labrador, Setter und Collie, letzterer für Intelligenz, Führigkeit und glattes Haar, an der Zucht beteiligt. Er war damals der beliebteste Retriever. Heute ist er selbst in seiner Heimat selten geworden und gehört in Europa zu den Raritäten unter den Retrievern. Der Flat Coated ist zu Wasser und zu Lande ein hervorragender Apportierer und besitzt eine ausgezeichnete Nase. Man sagt, er eigne sich für die Arbeit in offenem Gelände oder Rübenfeld wegen seines feinen Haarkleides besser als im dornigen Gestrüpp. Er ist leichtführig, etwas sensibel und braucht ständigen Kontakt zu seiner Familie. Er ist glücklich, wenn er seinem Herrn eine Freude machen kann. Von Natur aus freundlich, ist er kein ausgesprochener Schutzhund, aber wachsam und durchaus verteidigungsbereit. Besonders im Umgang mit Kindern ist der große Schwarze zärtlich und geduldig. Der temperamentvolle Hund braucht viel Beschäftigung und Auslauf und ist dann ein angenehmer, ruhiger Hausgenosse. Der lernfreudige Retriever eignet sich bestens für alle hier angebotenen Möglichkeiten der Hundeausbildung, ausgenommen Schutzhund. Man kennt ihn als Blindenführhund, Katastrophenhund, Begleithund, aber auch in Jägerhand. Das glatte Fell ist pflegeleicht.

Schulterhöhe: 61 cm, Gewicht: 36 kg, Farben: schwarz und leberfarben. Deutscher Retriever Club.

Labrador Retriever   Großbritannien   FCI-Nr. 122/8.1

Der ehemalige St. Johns Hund stammt aus dem Süden Neufundlands und ist kleiner und kurzhaariger als der bärenhafte Neufundländer. Mit ihm gemeinsam hat er die große Wasserliebe und angeborene Apportierfreude. Englische Fischer brachten Anfang des 19. Jh. diese Hunde nach Poole und rühmten ihre Fähigkeit, Wasservögel zu apportieren. Der Earl of Malmesbury kaufte sie den Fischern ab und nannte sie Labradors. Sie waren bald in ganz Großbritannien geschätzte Apportierhunde. Heute gehören sie in den angelsächsischen Ländern zu den beliebtesten Hunden überhaupt. Ihre Vielseitigkeit ist einzigartig: erstklassiger Jagdhund, Rauschgiftspürhund, Minen-

suchhund beim Militär, Rettungshund, Lawinenhund, Blindenführhund und Familienhund. Er ist anhänglich, verschmust und fröhlich, kein Streuner, wildert nicht, wachsam, aber nie aggressiv und kein ausgesprochener Schutzhund, liebenswürdig und geduldig im Umgang mit Kindern. Kein Raufer. Der Hund besitzt gute Nerven, ein ausgeglichenes Wesen, ist leicht zu erziehen und durchaus ein Hund für Anfänger, der engen Familienanschluß, Bewegung und eine Aufgabe braucht. Sein pflegeleichtes Fell verliert viele Haare. Der begeisterte Schwimmer geht Sommer wie Winter an keinem Gewässer vorüber, ohne ein Bad zu nehmen.

Schulterhöhe: 62 cm, Gewicht: 31 kg, Farben: schwarz, gelb und schokoladenfarbig. Diverse Vereine im VDH.

| Collie Langhaar | Großbritannien | FCI-Nr. 156/1.1 |
| Collie Kurzhaar | Großbritannien | FCI-Nr. 296/1.1 |

Der langhaarige Collie kam mit den Schafen nach Schottland. Queen Victorias Liebe zum Schottischen Schäferhund und neu aufgekommene Schönheitswettbewerbe spornte die Züchter an, immer elegantere, farbenprächtigere Collies zu schaffen. Der geborene Arbeitshund (siehe Border Collie) mußte sich in feinen Salons langweilen. Kein Wunder, daß er zuweilen als hysterisch galt. Im Kriegsdienst allerdings bewährte sich der Collie als Sanitäts- und Meldehund. In den 60er Jahren mit Fernsehhund Lassie in Mode gekommen, tauchten viele ängstliche und untypische Collies auf. Verantwortungsvolle Züchter arbeiteten hart, um den guten Ruf des Collie zurückzugewinnen. Der Collie ist ein anpassungsfähiger, anhänglicher, ganz auf seine Familie bezogener, unterordnungsbereiter Hund von großer Intelligenz. Leider wird er häufig als Dekorationsstück betrachtet, und seine Fähigkeiten verkümmern. Dabei kann man mit ihm so viel machen: Rettungshund, Breitensport, Agility, Fährtenhund, Hütehund, in manchen Fällen sogar Schutzhund. Der bis ins hohe Alter verspielte Collie ist wachsam und im Ernstfall verteidigungsbereit. Das lange Haar ist relativ pflegeleicht. Der **Kurzhaarcollie** entstammt alten stockhaarigen Hütehundschlägen und war nie Modehund. Er besitzt alle guten Eigenschaften des Langhaarcollie, ist aber weniger sensibel. Eleganter, sportlicher Begleithund.

Schulterhöhe: 61 cm, Gewicht: 30 kg, Farben: gelb-weiß (Foto), tricolour (kleines Foto: Kurzhaar), blue merle. Diverse Vereine im VDH.

Holländischer Schäferhund   Niederlande   FCI-Nr. 223/1.1

Dem belgischen und deutschen Schäferhund eng verwandte Schäferhunde, die nie große Popularität erlangten und stets in kleinem Rahmen gezüchtet wurden. Sie stehen selbst in ihrer Heimat im Schatten der weltberühmten deutschen oder farbenprächtigeren belgischen Schäferhunde. Dafür konnte sich hier ein Hund erhalten, der noch sehr viel mehr den ursprünglichen Hütehundtyp verkörpert. Er ist in Charakter und Gebäude weniger extrem als sein deutscher Vetter, was viele Menschen schätzen und sich dem noch nicht vermarkteten Hund zuwenden wollen. Am häufigsten ist der Kurzhaar (im Foto rechts) zu finden, ihm folgt der Rauhhaar (Foto Mitte), sehr selten wird der Langhaar gezüchtet, der mir im Wesen sensibler erschien als Kurz- und Rauhhaar. Das Augenmerk der holländischen Züchter gilt in erster Linie dem zuverlässigen Haus- und Familienhund. Jedoch findet er auch als Blindenführhund, Zoll- und Polizeihund Verwendung. Der Holländische Schäferhund ist ein Einmannhund, der engen Führerkontakt braucht. Er ist unbestechlich, Fremden gegenüber mißtrauisch, aber seiner Familie treu ergeben und gutmütig gegenüber Kindern. Sein natürlicher Schutztrieb macht ihn zum geschätzten Wächter von Haus und Hof. Er arbeitet freudig, braucht eine konsequente Erziehung und erfreut auch Anfänger in der Hundehaltung. Bewegungsfreudiger, pflegeleichter Hund, der sich sehr gut für Breitensport und Agility eignet.

Schulterhöhe: 62 cm, Gewicht: o. A., Farben: dunkelbraun oder grau mit heller Stromung.

Belgische Schäferhunde | Belgien | FCI-Nr. 15/1.1

In Belgien entwickelte sich Ende des 19. Jh. ein mittelgroßer, wendiger, ausdauernder, genügsamer, wachsamer Schäferhund mit Schutztrieb, der stark führerbezogen war und dennoch selbständig arbeiten konnte, wenn es die Situation erforderte. 1891 nahm sich Prof. Reul der einheimischen Schäferhunde an und förderte die Reinzucht. Es dauerte eine Weile, bis man sich auf die Farben und Haararten einigte, die heute gezüchtet werden: **Groenendael** (oben) – schwarz langhaarig, entwickelte sich um das Dörfchen Groenendael. **Tervueren** (rechts) – langhaarig rotbraun oder grau mit schwarzen Haarspitzen und schwarzer Maske. **Malinois/Mechelaer** (rechts oben außen) – Kurzhaar, rotbraun mit schwarzer Maske; er stammt aus der Gegend um Malines. **Lakenois/Laeken** (rechts oben innen) – rauhhaarig rotbraun, benannt nach einer Rauhhaarschäferhundzucht im Park von Schloß Laeken. Alle belgischen Schäferhunde sind ideale Familienhunde und unermüdliche Freizeitgefährten. Sie sind intelligent, arbeitsfreudig, leichtführig, kinderfreundlich, wachsam und für vielerlei Ausbildung geeignet. Sie brauchen viel Bewegung und Beschäftigung. Der Malinois gilt als der beste Sporthund für Schutzhundfreunde, der Groenendael leistet ebenfalls Hervorragendes als Schutz- und Rettungshund. Der sensiblere Tervueren findet seine Aufgabe meist als reiner Familienhund. Der Rauhhaar ist sicher nicht weniger begabt, aber leider nur sehr selten anzutreffen. Die langhaarigen bedürfen regelmäßiger Pflege.

Schulterhöhe: 62 cm, Gewicht o. A. Diverse Vereine im VDH.

Deutscher Schäferhund   Deutschland   FCI-Nr. 166/1.1

Ende des 19. Jh. wurde nur der stockhaarige, wolfsähnliche Typ aus den deutschen Schäferhundschlägen rein gezüchtet, weil er dem Zeitgeschmack entsprach und der stockhaarige Hund mit funktionellem Gebäude am leistungsfähigsten erschien. Die zielstrebige Zucht mit thüringischen und württembergischen Schäferhunden schuf den Deutschen Schäferhund. Von Anbeginn an stand der Diensthund für Polizei und Militär im Vordergrund der Zuchtbemühungen. In beiden Weltkriegen erwarben sich Deutsche Schäferhunde an der Front hohe Achtung bei den Soldaten aller Nationen. Der Deutsche Schäferhund, im Ausland auch Alsatian genannt, stürmte in aller Welt die Ranglisten der beliebtesten Hunderassen. Wie jede andere „Moderas-se" hat auch er unter der Vermarktung zu leiden. Doch Hunde aus verantwortungsbewußten Zuchten sind nach wie vor hervorragende Diensthunde, zuverlässige Sport- und Familienhunde. Der Deutsche Schäferhund braucht engen Kontakt zu seiner Bezugsperson, viel Bewegung und Beschäftigung. Jeder Schäferhundbesitzer findet für sich und den vielseitig einsetzbaren, arbeitsfreudigen und leichtführigen Hund die passende Beschäftigung: Breitensport, Agility, Katastrophenhund, Lawinenhund, Schutzhund, Herdengebrauchshund usw. Keinesfalls darf der Schäferhund sich selbst überlassen als „Alarmanlage" mißbraucht werden. Haltungs- und Erziehungsfehler wirken sich bei dem geborenen Arbeitshund immer negativ aus.

Schulterhöhe: 62,5 cm, Gewicht: o. A., Farben: schwarz, schwarz-braun in versch. Tönen, wolfsgrau. Verein für Deutsche Schäferhunde.

Amerikanisch-Canadischer Weißer Schäferhund

USA/Kanada

nicht FCI-anerkannt

Der Amerikanisch-Canadische Weiße Schäferhund ist eine Farbvariante des Deutschen Schäferhundes, die in den USA – ebenso wie der rein schwarze Farbschlag – von einigen Züchtern speziell gezüchtet wird. Weiße Schäferhunde waren schon zu Beginn der Reinzüchtung Ende des 19. Jahrhunderts bekannt, bei den Schäfern aber nie beliebt. Tatsächlich ist die Erbanlage für weißes Fell (keine Albinos!) noch immer vorhanden, so daß gelegentlich aus normalfarbenen Eltern die unerwünschten weißen Welpen fallen. In den USA bekommen diese Hunde normale Ahnentafeln, dürfen aber nach deutschem Vorbild nicht auf Ausstellungen bewertet werden, weil sie der Rassestandard nicht vorsieht. In Kanada konnten die Züchter der Weißen das Verbot ihrer Farbvariante verhindern. Dennoch hat ein weißer Schäferhund auf Ausstellungen praktisch keine Erfolgsaussicht. Weiße Schäferhunde aus reiner Farbzucht werden demnach meist von Familienhund-Liebhaberzüchtern ohne Ehrgeiz im Ausstellungsring oder in der Ausbildung gezüchtet, was sicherlich Typ und Charakter beeinflußte. Der weiße Schäferhund gelangte durch Zufall nach Deutschland, wo er sich rasch recht großer Beliebtheit erfreute und seinen Namen erhielt. Im Wesen entspricht er dem Deutschen Schäferhund mit guten Nerven und ausgeglichenem Wesen.

Schulterhöhe: 66 cm, Gewicht: o. A., Diverse Vereine.

| **Bergamasker** | Italien | FCI-Nr. 194/1.1 |

Der Bergamasker stammt aus Norditalien, wo ihn die Bauern schon seit Jahrhunderten züchten. Die „Alpenhunde" wurden in Cane da Pastore Bergamasco umbenannt, da ein Züchter aus Bergamo als einziger seine Hunde eintragen ließ. Der Schäferhund von Bergamo ist ein robuster, widerstandsfähiger, wetterharter und genügsamer Hund. Tagsüber hütet und treibt er die Herden, nachts bewacht er sie. Sein Zottelfell schützt ihn vor der Witterung und im Kampf. In der Einsamkeit der Berge entwickelte der Bergamasker eine enge Verbundenheit mit dem Hirten. Als Familienhund braucht der Bergamasker eine konsequente Erziehung, denn er ist auf der einen Seite eine eigensinnige, temperamentvolle Persönlichkeit, stolz und alles andere als unterwürfig, auf der anderen Seite aber sehr sensibel und braucht engen Kontakt mit seinen Menschen. Der intelligente Hund ist überaus wachsam und besitzt angeborenen Schutztrieb. Besonders in der Jugend ist er allem Fremden gegenüber mißtrauisch, als erwachsener Hund strahlt er Ruhe und Sicherheit aus. Von der Schnauze bis zur Schulter wird das Haar gekämmt, am übrigen Körper verfilzt das Fell und wird in ca. 2 cm dicke breite Zotteln gezupft, aber nie gekämmt. Der Hund wird nicht gebadet, sondern nur abgeduscht. Er bringt naturgemäß viel Schmutz ins Haus.

Schulterhöhe: 62 cm, Gewicht: 38 kg, Farben: grau, grau-schwarz gefleckt, schwarz, hellgrau mit Anflug von rötlich-braun oder isabell. Klub für Ungarische Hirtenhunde.

Foto: Gaudois

Aidi/Chien de l'Atlas	Marokko	FCI-Nr. 247/2.2

Der Aidi stammt vermutlich von großen asiatischen Hirtenhunden ab. Es handelt sich nicht um einen Hütehund, sondern einen reinen Wach- und Schutzhund. Reinrassige Hunde sind nur selten anzutreffen. Besucht man jedoch die abgelegenen Dörfer oder Zeltlager der Beduinen im Atlasgebirge, treten noch immer grimmige, gefährlich anmutende Hunde dem Fremden entgegen. Man tut gut daran, die Hunde zu respektieren, denn es ist ihre Aufgabe, kompromißlos zu verteidigen. Sie sind deshalb alles andere als freundlich und umgänglich. Der Aidi ist kräftig, muskulös, intelligent und aufmerksam. Das dichte Haar schützt den Hund wie ein Panzer vor extremer Hitze,

Kälte und Sonnenbestrahlung, ebenso wie im Kampf. Der Aidi ist ein zuverlässiger Beschützer von Haus und Hof vor Dieben und der Herden vor Schakalen und Raubkatzen. Dieser noch rein für seine Aufgabe und nicht als Schau- oder Begleithund gezüchtete Berghund ist kein bequemer Hausgenosse, sondern bedarf einer verständnisvollen, konsequenten Erziehung vom Welpenalter an, ebenso wie eine frühzeitige Gewöhnung an die moderne Umwelt. Aus der Tradition heraus sicherlich eine erhaltenswerte Rasse, aber kaum geeignet als Haus- und Familienhund. In seiner Heimat häufig kupierte Ohren.

Schulterhöhe: 62 cm, Gewicht: o. A., Farben: alle Farben erlaubt.

Karstschäferhund Jugoslawien (Slowenien) FCI-Nr. 278/2.2

Schon im Jahre 1689 wird der Karstschäferhund (Kraski Ovcar) beschrieben: „... vor allem auf dem Karst und am Fluß Pivka züchtet man große und starke Hunde, die im Stande sind, dem Wolf gehörig den Pelz zu gerben. Deshalb sind sie stets in Begleitung der Hirten zu finden." Der früher Istrianer Schäferhund genannte, eisengraue Hirtenhund wurde ursprünglich als Illyrischer Schäferhund mit dem Sarplaninac in einen Topf geworfen. Auch wenn das Militär den Kraski Ovcar als Diensthund verwendet, ist er alles andere als ein diensteifriger, gehorsamer, auf Befehl handelnder Hund. Die Bauern des Karstgebirges brauchten einen mutigen, unbestechlichen, in gewissen Situationen selbständig handelnden Wach- und Schutzhund der Herden und Anwesen. Ein absolut zuverlässiger, robuster, witterungsunempfindlicher, genügsamer, schmerzunempfindlicher Hund war gefragt. Er verbrachte sein Leben in enger Gemeinschaft mit dem Hirten, aber nicht als dessen Sklave, sondern als Helfer. Der Kraski ist in der Familie anhänglich und zuverlässig, Fremden gegenüber jedoch unberechenbar und scharf. Seine Reviertreue duldet keine Eindringlinge. Der gelassen und ruhig wirkende Hund greift nach seinem Ermessen, das für den Hundehalter oft schwer erklärbar ist, unvermittelt und kompromißlos an, sowohl Menschen als auch Hunde. Der Karstschäferhund ist daher höchstens als Wach- und Schutzhund sicher eingezäunter, großräumiger Anwesen zu empfehlen.

Schulterhöhe: 60 cm, Gewicht: 40 kg, Farben: eisengrau mit sandfarbenen Abstufungen. Jugoslawischer Hirtenhunde-Klub.

| **Drentse Patrijshond** | Niederlande | FCI-Nr. 224/7.1 |

Der Rebhuhnhund aus der Provinz Drenthe stammt vermutlich von spanischen und französischen Stöberhunden ab. Höchstwahrscheinlich war ein Drentser Patrijshond an der Schaffung des modernen Kleinen Münsterländers beteiligt, mit dem er große Ähnlichkeit hat. Drentse Patrijshunde waren eigentlich mehr die Hofhunde der Heidebauern, die natürlich auch mit diesen Hunden jagten, aber sie waren keine reinen Jagdgebrauchshunde. Gelegentlich wurde ein Hund vor den Karren gespannt. Das Hofhundleben zeigt sich heute noch im Charakter des Drentse Patrijs, der alle guten Eigenschaften eines Haus- und Familienhundes besitzt und zudem ein hervorragender Vorstehhund ist. Er ist anhänglich und liebenswert, kinderlieb, bewacht den Hof zuverlässig und streunt nicht. Der leichtführige Hund läßt sich gut abrichten. Er steht vor und apportiert Federwild ebenso zuverlässig wie Kanin und Hase. Überdies ist er außerordentlich wasserfreudig. Er ist langsamer als die deutschen Vorstehhunde, arbeitet aber sehr gründlich und genau, auch in dicht bewachsenem Gelände. Bei der Suche nach Wild hält er stets Führerkontakt. In offenem Feld muß er lernen, sich weiter vom Führer zu entfernen. Auch bei der Verlorensuche bewährt sich dieser vielseitige Hund.

Schulterhöhe 63 cm, Gewicht: o. A., Farbe: weiß mit braunen, orangefarbenen oder gelben Flecken.

Epagneul Français	Frankreich	FCI-Nr. 175/7.1
Epagneul Picard	Frankreich	FCI-Nr. 108/7.1
Epagneul Bleu de Picardie	Frankreich	FCI-Nr. 106/7.1

Langhaarige „Vogelhunde" waren schon im Mittelalter bekannt. Von ihnen stammen die Setter, Spaniels, langhaarigen deutschen und französischen Vorstehhunde ab. Sie sind reine Jagdgebrauchshunde und finden allmählich auch außerhalb Frankreichs einen größeren Freundeskreis. Verein für französische Vorstehhunde.

Epagneul Français (oben)
Ältester und ursprünglichster Französisch Langhaar. Ruhiger, ausgeglichener Allround-Jagdgebrauchshund, der sich besonders in schwierigem Gelände, Dickicht ebenso wie Sumpf, hervorragend bewährt. Er besitzt ausgezeichnete Wasserqualitäten, hervorragende Nase, ausdauernde Jagdpassion, ausgeprägte Apportierfreude und sucht ruhig und sicher. Der sehr führerbezogene, intelligente und leichtführige Hund sucht nicht allzu weit und schnell. Schulterhöhe: 63 cm, Gewicht: o. A.

Epagneul Picard (rechts oben)
Ebenfalls sehr alte Rasse aus der Landschaft Picardie. Ruhiger, kraftvoller Hund mit großer Jagdpassion, der sich in jedem Gelände bewährt. Er besitzt ausgeprägte Bringfreude, eine sehr gute Nase, munteren Charakter, ist anhänglich und geduldig. Schulterhöhe: 62 cm, Gewicht: o. A.

Epagneul Bleu de Picardie (rechts)
Er entwickelte sich aus der Kreuzung Gordon Setter mit Epagneul Picard und unterscheidet sich von letzterem lediglich durch die Haarfarbe. Leichtführiger, gelehriger, angenehmer Vorstehhund mit hervorragender Nase, festem Vorstehen und dem Jagdgebrauch entsprechender Schärfe. Schulterhöhe: 60 cm, Gewicht: o. A.

| **Großer Münsterländer** | Deutschland | FCI-Nr. 118/7.1 |

Der Große Münsterländer war ursprünglich eine Farbvariante des Deutsch Langhaar und ist demnach wie dieser aus den mittelalterlichen, langhaarigen Vogelhunden hervorgegangen. Der Verein Deutsch Langhaar schloß die schwarz-weiße Variante 1908 aus der Zucht aus, da sie angeblich auf die Einkreuzung von Neufundländer, Irish und Gordon Setter schließen ließ. Gerade die Münsterländer Bauern, die mit diesen Hunden jagten, lehnten Verbastardierungen mit englischen Rassen ab. Der schwarz-weiße Münsterländer Vorstehhund war viel mehr ein vielseitiger Jagdhund, als es die englischen Hunde jemals waren. Die Bauern brauchten einen Hund, der sich in ihren Revieren mit viel Dorngestrüpp, Heide und Moor bewährte, das heißt einen kurz unter der Flinte jagenden Hund, der vorstehen sollte und nach dem Schuß das Wild zuverlässig suchte. Ab 1919 begannen systematische Zuchtbestrebungen, um den alten Vogelhund nicht doch noch aussterben zu lassen. Eine seiner hervorragendsten Eigenschaften ist die Spur- und Fährtensicherheit, verbunden mit Spur- und Sichtlaut. Das Vorstehen allerdings muß durch Abrichtung gefördert werden. Hervorzuheben ist seine ausgezeichnete Leistung bei der Wasserarbeit. Der Große Münsterländer lebt auf den Bauernhöfen in der Familie und ist deshalb besonders anhänglich, führig, intelligent und wachsam. Durch rücksichtslose Leistungszucht werden unerwünschte Sensibilität und Nervosität bekämpft.

Schulterhöhe: 65 cm, Gewicht: o. A. Verband Großer Münsterländer.

214

Foto: Kovacova

Russische Bracken   ehem. Sowjetunion   nicht FCI-anerkannt

Das riesige Gebiet der ehemaligen Sowjetunion, das ein Sechstel der Erdoberfläche ausmacht, ist bis heute für Hetzjagden mit Hunden geeignet. Während in den asiatischen Republiken die verschiedenen Windhundrassen beliebt sind, ist die Heimat der Bracken der europäische Teil der ehem. UdSSR. Die Blütezeit der Brackenjagd war im 18. und 19. Jh. Jeder Großgrundbesitzer und Jagdherr züchtete seine eigenen Meuten. An den fürstlichen Jagdfesten nahmen Hunderte von Bracken teil, die den Wolf aufstöberten und ins offene Gelände trieben, wo der Barsoi die Hatz aufnahm. Zu den bodenständigen Rassen wurden verschiedene englische und französische Laufhunde eingeführt und in die Zucht einbezogen. Die Reinzüchtung der heute anerkannten Bracken begann erst gegen Ende des 19. Jh. Alle russischen Bracken sind außerhalb ihrer Heimat praktisch unbekannt.

Die Russische Bracke
Der Russkaja Goncaja soll von einer chinesischen Bracke, dem Buansu, abstammen, worauf schräge Augen, kurze dreieckige Ohren und das Geläut hindeuten. Erste Darstellungen dieser Hunde stammen aus dem 12. Jh. Die Bracken des Mittelalters stellten keine ausgewogene Hunderasse dar, sondern wurden jeweils nach dem Geschmack ihrer Züchter, Aristokraten und Großgrundbesitzer, gezüchtet. Kräftiger, selbständiger und scharfer Hund mit hochentwickeltem Orientierungssinn und erstaunlicher Ausdauer. Die russische Bracke wird paarweise oder bei der Wolfsjagd in kleinen Meuten eingesetzt. Schulterhöhe: 68 cm, Gewicht: o. A., Farbe: rot mit schwarzem oder grauem Sattel.

215

Alle Fotos: Kovacova-Pecarova

Russische Bracken, Baltische Bracken   nicht FCI-anerkannt

Die Russische gescheckte Bracke/Russkaja Pegaja Goncaja (oben)
Durch die Einkreuzung von Foxhound erreichte man einen schnelleren Hund mit hellerer Fellfarbe, worin sich die gescheckte Bracke heute im wesentlichen unterscheidet. Die ursprüngliche Anglo-Russische Bracke wurde 1947 in Russische gescheckte Bracke umbenannt. Farbe: weiß mit schwarzen oder grauen Flecken und lohfarbenen Abzeichen.

Estländische Bracke/Estonskaja Goncaja (rechts oben innen)
Aus den ursprünglich hochläufigen Brakken züchtete man nach Verbot der Jagd mit großen Hunden durch Einkreuzung von Beagle und Luzerner Laufhund eine kleinere Bracke. Der Beagle brachte kräftige Läufe für das rauhe Gelände, der Luzerner Laufhund frühe Arbeitsfähigkeit und melodisches Geläut. Beliebt wegen seiner guten Jagdeigenschaften und Leichtführigkeit. 1954 anerkannt. Schulterhöhe: 52 cm, Gewicht: o. A., Farben: weiß-schwarz mit loh, weiß-braun, weiß-schwarz.

Litauische Bracke/Litovskaja Goncaja (rechts oben außen)
1977 anerkannte Bracke, die aussieht wie eine mächtigere, größere Lettische Bracke. Beide Rassen stammen von den alten Laufhunden des Baltikums ab. Aus den letzten vorhandenen 78 Exemplaren wurde sie durch Einkreuzung von Beagle, Ogar Polski, russischer Bracke und Bluthund gezüchtet. Schulterhöhe: 60 cm, Gewicht: o. A., Farbe: schwarz mit loh.

Lettische Bracke/Latvijskaja Goncaja (rechts)
Die kleinste Baltische Bracke erinnert stark an die Smalandstövare, mit der sie wahrscheinlich verwandt ist. Sie stellt die Rückzüchtung der alten Kurlandbracke dar und wurde 1971 anerkannt. Kleiner, wendiger, leichtführiger Hund, der sich dicht am Jäger hält und hervorragend auf Schweiß geht. Sie wird auch gerne in der Stadt gehalten, da anspruchslos an Raum und Futter. Schulterhöhe: 48 cm, Gewicht: o. A., Farbe: tiefschwarz mit lohfarbenen Abzeichen.

| **Siebenbürger Bracke** | Ungarn | FCI-Nr. 241/6.1 |

Knochenfunde beweisen, daß es im Karpatenbecken schon zur Zeit der Völkerwanderung Spürhunde gab. Wegen seiner ausgezeichneten Nase und Angriffslust wurde der aus österreichischen und polnischen Brakken herausgezüchtete schwarze Pannonische Spürhund im 19. Jh. besonders geschätzt. Mitte des 19. Jh. war die Jagd mit Spürhunden am weitesten verbreitet. Jeder Adelshof rühmte sich seiner Spürhundkoppeln, und man wetteiferte um die besten und schönsten Tiere. Gejagt wurde meist zu Pferde mit höchstens drei Koppeln und vorzugsweise im Herbst im wildarmen Gebirge, weil die Brackenjagd das Wild beunruhigte. Zu Beginn des 20. Jh. jedoch gab es nur noch wenige reinrassige Exemplare. Daran hat sich bis heute leider nicht viel geändert, angeblich werden Setter, Vizsla und sogar Deutscher Schäferhund eingekreuzt. Die kurzläufige Form, die auf Fuchs und Hase jagte, scheint ganz ausgestorben zu sein. Laut Standard ist die Siebenbürger Bracke (= Erdélyi Kopó oder Transsilvanischer Spürhund) gutmütig, angriffsfreudig und ausdauernd, hat ein ausgezeichnetes Witterungsvermögen, ist anspruchslos und leicht erziehbar. Sie wird auf Großwild (z. B. Wildschwein) eingesetzt, ist ein leidenschaftlicher Spürhund, treibt und stellt ausgezeichnet und ist zur Suche und zum Apportieren gut brauchbar. Spezifischer Spurlaut. Stark führergebunden. Kein ausgesprochen schneller, aber ausdauernder und gründlicher Spürhund.

Schulterhöhe: 65 cm (niederläufig: 50 cm), Gewicht: 35 kg, Farben: schwarz mit braunen und weißen Abzeichen, der kleine ist hauptsächlich rotbraun.

| **Polnische Bracke** | Polen | FCI-Nr. 52/6.1 |

Aufgrund der engen Beziehung zwischen Polen und Frankreich gelangten die St. Hubertushunde nach Polen, wo sie mit einheimischen, windhundartigen Jagdhunden verkreuzt wurden. Die Jagd mit großen Meuten konnte jedoch nicht in französischem Stil betrieben werden. Die polnische Bracke (Ogar Polski) jagt meist einzeln oder in Zweierkoppeln. Der schwere Hund verfolgt das Wild ruhig, bedächtig, aber ausdauernd, auch unter schwierigsten Bedingungen. Dabei eignet er sich hervorragend für die Jagd auf Schalenwild. Er ist ein sehr guter Stöberer, vor allem im Sumpf- und dichten Waldgebiet. Der Ogar wäre hier als Schweißhund gut einsetzbar, da er beweglicher als der Hannoversche Schweißhund und stärker als der Bayerische Gebirgsschweißhund ist, dabei sicher im Hochgebirge und bei Schnee. Der Ogar hat, im Gegensatz zu den meisten anderen Brakken, eine Zukunft als Haus- und Familienhund. Er ist nicht scharf, sondern lieb und freundlich. Obwohl er stark führerbezogen ist und ungern auf eigene Faust loszieht, liebt er eine gewisse Selbständigkeit und Freiheit bei Spaziergängen, ohne aber je den Kontakt zu seinem Herrn zu verlieren. Der feinfühlige, leichtführige Hund lernt rasch, gern und ohne Zwang. Er ist im Hause ruhig, fast schon als faul zu bezeichnen, kein Kläffer und zeigt keinen übertriebenen Bewegungsdrang, obwohl er für bewegungsfreudige Menschen ein ausdauernder Begleiter ist.

Schulterhöhe: 65 cm, Gewicht: o. A., Farben: schwarz, dunkelbraun oder dunkelgrau. Allgemeiner Club für polnische Hunderassen.

Kurzhaarige französische Vorstehhunde

Die Geschichte der franz. Vorstehhunde reicht bis ins 15. Jahrhundert zurück. Jeder Fürstenhof züchtete neben den Meutehunden und Bracken vortreffliche Vorstehhunde für die Jagd mit der Flinte oder dem Beizvogel. In der Französischen Revolution wurden die Jagdhunde ebenso vernichtet wie ihre verhaßten, adeligen Herren. Daher blieben von den vielen Schlägen nur wenige erhalten. Sie zeichnen sich aus durch feine Nasenleistung, firmes Vor- und Durchstehen, zuverlässiges Verlorenbringen, Ruhe auf der Schweißfährte. Sie sind passionierte Stöberer und besitzen Raubzeugschärfe. Alle franz. Vorstehhunde sind wesensfest, ausgesprochen leichtführig, intelligent und oft sensibel. Seit einigen Jahren wird die Zucht, Haltung und Ausbildung in Deutschland gefördert, so daß man sie hierzulande bald häufiger antreffen wird. Verein für französische Vorstehhunde.

Braque d'Auvergne FCI-Nr. 180
Im französischen Zentralmassiv, der Auvergne, entstand vor 300 Jahren dieser kräftige, der rauhen Landschaft gewachsene Vorstehhund. Seine Herkunft liegt im dunkeln, und es ist keine Einkreuzung fremder Rassen nachzuweisen. In Frankreich ausschließlich Jagdgebrauchshund auf Niederwild. Der intelligente Hund mit ausgezeichneter Nase ist anhänglich, leicht zu führen und besitzt die im Jagdschutzbetrieb erforderliche Schärfe. Rute kupiert. Schulterhöhe: 63 cm, Gewicht: o. A.

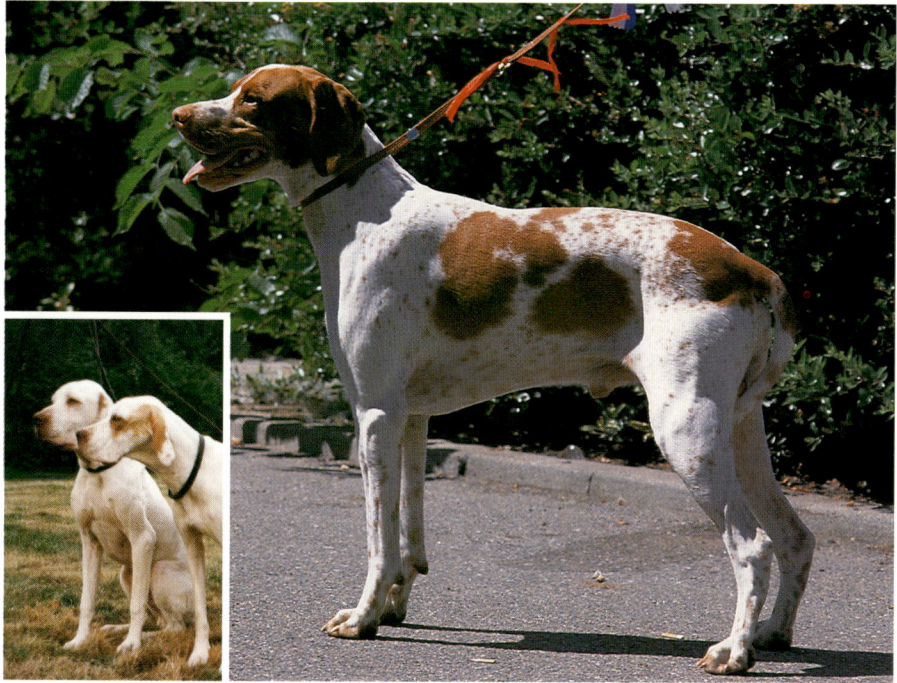

Foto: Hippler

Kurzhaarige französische Vorstehhunde   FCI-Gruppe 7.1

Allgemeine Beschreibung der Kurzhaarigen französischen Vorstehhunde siehe Seite 220.

Braque Saint Germain FCI-Nr. 115
(Foto oben)
Auch Braque Compiegne genannt. Englische Pointer wurden von Förstern im Wald von Compiegne mit einheimischen kurzhaarigen Vorstehhunden verkreuzt. Nach St. Germain versetzt, nahmen sie ihre Hunde mit, wo sie bei den Jägern in Paris Aufsehen erregten und kurz Braque St. Germain genannt wurden. Sie ist ein Universaljagdgebrauchshund, feiner als der Pointer, mit guter Nase und angeborener Bringfreude. Rute unkupiert. Schulterhöhe: 62 cm, Gewicht: o. A.

Braque du Bourbonnais FCI-Nr. 179
(Foto S. 222)
Klassischer französischer Vorstehhund, der schon 1590 urkundlich erwähnt wird. Durch die Französische Revolution ging der Hund verloren und wurde erst im vergangenen Jahrhundert wieder aufgebaut. Die Braque du Bourbonnais verfügt über einen hervorragenden Geruchssinn und gilt als ausgezeichneter Vorstehhund in jedem Gelände. Die kurze Stummelrute ist manchmal angeboren, sonst kupiert. Schulterhöhe: 55 cm, Gewicht: o. A.

Braque d'Ariège FCI-Nr. 177
(kleines Foto oben)
Alte, nahezu ausgestorbene Rasse vom Typ der „weißen Hunde des Königs". Neuzucht seit 1990. Kräftiger Hund, der sich weniger für die Arbeit in bergigem Gebiet eignet. Rute kupiert. Schulterhöhe: 67 cm.

Kurzhaarige französische Vorstehhunde   FCI-Gruppe 7.1

Allgemeine Beschreibung der Kurzhaarigen französischen Vorstehhunde siehe Seite 220.

Braque du Bourbonnais (oben)
Beschreibung siehe Seite 221.

Braque Français Type Gascogne FCI-Nr. 133
(rechts oben)
Braque Français Type Pyrenées FCI-Nr. 134
(rechts)
Die Braque Français ist als der Stammvater aller heutigen kurzhaarigen Vorstehhunde anzusehen. Aus den schweren, langsamen Vorstehhunden der Gascogne und Oysel hat man in den letzten 100 Jahren zwei Schläge herausgezüchtet. Dank seiner Größe und Jagdpassion wird der Français in allen Landstrichen Frankreichs geschätzt. Er hat einen sehr guten Charakter, ausgezeichneten Spürsinn, festes Vorstehen, Bringfreude und große Passion. Er wird sowohl vor als auch nach dem Schuß verwendet. Dabei ist er leichtführig und bereitet bei der Abrichtung keine Schwierigkeiten. Der Hund ist sehr führerbezogen und anpassungsfähig. Die Braque Français ist ausdauernd und witterungsunempfindlich und wird bei der Jagd in Feld, Wald, Wasser oder Sumpf eingesetzt. Schulterhöhe: Type Gascogne 65 cm, Type Pyrenées 56 cm, Gewicht: jeweils o. A.

222

Vizsla	Ungarn	
Rauhhaar (Drotszorü)		FCI-Nr. 239/7.1
Kurzhaar (Rovidszorü)		FCI-Nr. 57/7.1

Schon mit der Völkerwanderung kamen Spürhunde ins Karpatenbecken, das heutige Ungarn, wie Knochenfunde beweisen. Später beeinflußten semmelgelbe türkische Jagdhunde die Rasse, und im 18. Jh. begann die den neuen Jagdmethoden angepaßte Zucht. Pointer und Deutsch Kurzhaar wurden eingekreuzt. Der Ungarisch Drahthaar (links) entstand durch die Einkreuzung des Deutsch Drahthaar und ist im Jagdgebrauch etwas robuster, während der Ungarisch Kurzhaar (rechts) auch als Schauhund geführt wird. Der Vizsla ist ein sehr führerbezogener, gelehriger, leichtführiger Hund, der viel Liebe sucht und bei der Führung braucht. Bei der Niederwildjagd schneller, wendiger Sucher; fester, sicherer Apporteur; auf Schweiß ruhig und genau, neigt zum Totverbeller, Bringselverweis lernt er schnell. Er ist wasserfreudig und ein rücksichtsloser Raubzeugwürger. Hervorzuheben ist seine Ausdauer bei heißem und trockenem Wetter. Diese Vielseitigkeit, große Intelligenz und Anhänglichkeit machen ihn zum idealen Begleiter des Berufsjägers, mehr als die meisten anderen Vorstehhunderassen aber für den Freizeitjäger, der gleichzeitig einen angenehmen, gehorsamen Haus- und Familienhund schätzt. Der Vizsla eignet sich ebensogut für den Hundesport außerhalb des Jagdgebrauchs wie z. B. als Katastrophenhund.

Schulterhöhe: 64 cm, Gewicht: 30 kg, Farbe: dunkles Semmelgelb. Rute lang kupiert. Verein Ungarischer Vorstehhunde.

| **Deutsch Kurzhaar** | Deutschland | FCI-Nr. 119/7.1 |

Der Kurzhaarige Deutsche Vorstehhund ist eine der am weitesten verbreiteten Jagdhundrassen Deutschlands und auch im Ausland sehr beliebt. Ursprünglich gehen die Vorstehhunde auf den Bracco Italiano zurück. Doch um den schweren Hund zu veredeln, kreuzte man den englischen Pointer ein, von dem der Deutsch Kurzhaar die temperamentvolle Suche mit hoher Nase und das elegante Aussehen erbte. Der Deutsch Kurzhaar ist ein pflegeleichter, robuster Alleskönner. Er sucht ausdauernd und flott im freien Feld und lichten Wald, steht fest vor, apportiert freudig zu Land und zu Wasser, geht sehr gut auf Schweiß, kann waidwundes Wild abtun und ist raubzeugscharf.

Der oft nervige, übertemperamentvolle Jagdgebrauchshund gehört in Jägerhand, wo er eine angemessene Ausbildung erhält und seine Veranlagungen ausleben kann. Das dichte, kurze Stockhaar schützt den Hund vor Kälte und verhindert das Festsetzen von Kletten, Schmutz und Eisklumpen. Für Hundeliebhaber, die nicht die Möglichkeit haben, mit dem Hund im Revier zu arbeiten, ist der Deutsche Kurzhaar ungeeignet. Bei entsprechender Haltung eignet er sich auch als Familienhund. Leider sieht man ihn in den angelsächsischen Ländern immer häufiger als Schauhund in der Schönheitszucht. Kupierte Rute.

Schulterhöhe: 65 cm, Gewicht: o. A., Farben: einheitlich braun oder mit weißen oder gesprenkelten Abzeichen bzw. Platten, hell- und schwarzschimmel mit und ohne weiße Platten. Deutsch Kurzhaar-Verband.

Griffon Nivernais	Frankreich	FCI-Nr. 17/6.1
Grand Griffon Vendeen	Frankreich	FCI-Nr. 282/6.1
Griffon Fauve de Bretagne	Frankreich	FCI-Nr. 66/6.1

Griffon Nivernais (oben)
Der in Frankreich auf Fuchs- und Wildschweinjagd beliebte Hund geht auf alte, inzwischen ausgestorbene Meutehunde zurück, die Chien Gris de Saint Louis. Der Wildschweinjäger par excellence zeichnet sich durch Ausdauer, Mut, Härte, Widerstandsfähigkeit und hervorragende Nase aus. Wegen seines guten Charakters und unkomplizierten Wesens ein Hund für noch unerfahrene Jäger. Der Nivernais (benannt nach der Stadt Nevers) wurde während der Revolution fast ausgerottet. Schulterhöhe: 60 cm, Gewicht: o. A., Farbe: wolfsgrau, blaugrau, saufarben, rehbraun mit Stichelung.

Grand Griffon Vendeen (rechts oben)
Die seltene Rasse geht auf die weißen Königshunde des Mittelalters und die Grauen St. Louis-Hunde sowie den ausgestorbenen Griffon de Bresse, Nachfahre der alten Keltenbracken (Segusier), zurück. Ursprünglich zur Wolfsjagd gezüchtet, eignet er sich heute noch hervorragend für Großwild. Intelligenter, robuster, eigenwilliger Hund, lebhaft und fröhlich, bei der Jagd außerordentlich schnell. Schulterhöhe: 65 cm, Gewicht: o. A.

Griffon Fauve de Bretagne (rechts)
Ebenfalls ins Mittelalter zurückgehende Laufhunderasse. Ursprünglich ein Wolfsjäger, wird er heute zur Jagd auf Fuchs und Wildschwein eingesetzt. Sehr seltene, außerhalb Frankreichs praktisch nicht vorkommende Rasse. Schulterhöhe: 56 cm, Gewicht: o. A.
Alle drei Rassen Club für französische Laufhunde.

Galgo Español	Spanien	FCI-Nr. 285/10.3
Lurcher	Großbritannien	
		nicht FCI-anerkannt
Magyar Agar	Ungarn	FCI–Nr. 240/10.3

Galgo Español (oben)
Reste reinrassiger Galgos (= Windhunde) hetzen heute noch in Andalusien und Kastilien Hasen und bewachen die Bauernhöfe. Für professionelle Windhundrennen verkreuzte man spanische Galgos mit Greyhounds. Diese sog. „Galgos ingles-espanol" erkennt die FCI allerdings nicht an. Der Galgo ist ein schneller, ausdauernder Jäger. Als Gefährte ist er ruhig, sehr personenbezogen und Fremden gegenüber mißtrauisch bis aggressiv, wachsam. Schulterhöhe: 65 cm. Gewicht: o. A., Farben: zimt, kastanienbraun, rot, schwarz, brindle mit weiß, rauhhaarig (Foto) oder kurzhaarig.

Lurcher (rechts oben)
Uralte Windhundform Großbritanniens, die auch heute noch zur Hasen- und Kaninchenhetze verwendet wird. Lurcher sind gezüchtete Mischlinge zwischen Deerhound, Whippet oder Greyhound mit Terrier- und Collieblut. Zuchtziel ist ein robuster, nicht verletzungsanfälliger Jagd-

gebrauchshund. Charakteristisch sind Schnelligkeit, Wendigkeit, erstaunliche Intelligenz, Bereitschaft zum Gehorsam und ausgeprägte Hetzleidenschaft. Größen variieren von Whippet bis Deerhound, alle Farben, Glatt- oder Rauhhaar.

Magyar Agar (rechts)
Die im Laufe der Jahrhunderte einwandernden Volksstämme brachten alle ihre Windhunde mit ins heutige Ungarn. So entstand ein witterungsunempfindlicher, athletisch gebauter Windhund mit derbem Kurzhaar, mit dem der Adel bevorzugt jagte, den aber auch die arme Landbevölkerung zum Wildern benutzte. Ende des 19. Jh. erfolgte Greyhoundeinkreuzung. Der Agar ist ein ruhiger, treu ergebener Familienhund, wachsam und verteidigungsbereit, bei einfühlsamer Erziehung sogar gehorsam. Harter Hund, der sich gut für die Rennbahn eignet. Schulterhöhe: 70 cm, Gewicht: o. A., alle Farben.

| **Tibet-Dogge** | Tibet | FCI-Nr. 230/2.2 |

Aristoteles beschreibt die Tibet-Dogge oder Do-Khyi als mit „… kolossalen Knochen, muskulös, schwer, großköpfig und mit breiter Schnauze ausgestattet…", im Mittelalter sah sie Marco Polo „… groß wie Esel, vorzüglich zur Jagd, namentlich der wilden Ochsen (Yaks)…" Seither geistert sie als riesiger, furchteinflößender Vorfahre aller Kampf- und Hirtenhundrassen durch die Hundeliteratur. Dabei ist sie ein typischer Gebirgshirtenhund, der dem rauhen Klima und Gelände, ebenso wie dem Vieh, das er beschützt, und seinen Feinden, große Raubkatzen und Bären, bestens angepaßt ist. Meist halten die Hirten kastrierte Rüden, die beträchtlich größer werden als unkastrierte. Besonders scharfe Tiere bewachten, in Ketten gelegt, die Paläste. Um 1900 tauchten sie erstmals in England auf. In den 70er Jahren kamen die ersten Exemplare aus den USA und später aus Nepal nach Deutschland. Tibet Mastiffs sind mutig, ausdauernd und besitzen ausgeprägten Schutzinstinkt. Bei engem, verständnisvollem Kontakt mit dem Menschen können sie gutwillige, treue, Kindern gegenüber duldsame Hausgenossen werden. Zu Fremden mißtrauisch bis aggressiv. Der intelligente Hund besitzt die Selbständigkeit des Hirtenhundes und muß durch konsequente, einfühlsame Erziehung lernen, sich unterzuordnen. Das dicke, lange Fell wird gelegentlich gebürstet. Der witterungsunempfindliche Hund liebt den Aufenthalt im Freien.

Schulterhöhe: mind. 65 cm, Gewicht: um 65 kg, Farben: tiefschwarz, schwarz-mit-loh, goldbraun, schiefergrau mit oder ohne loh. Int. Club für Tibetische Hunderassen.

| **Bullmastiff** | Großbritannien | FCI-Nr. 157/2.2 |

Der Bullmastiff entstammt der Kreuzung zwischen Mastiff und Bulldogge und wird von Button schon 1791 erwähnt. 1871 wird von einem Kampf zwischen Bullmastiffs und Löwen berichtet. Ende des 19. Jahrhunderts finden wir den Bullmastiff hauptsächlich in Händen von Jagdaufsehern. Der Hund sollte den nächtlichen Wilddieb lautlos angreifen, zu Boden werfen und festhalten, aber sich nicht verbeißen. Außerdem bewachte der Bullmastiff große Landgüter, insbesondere vor Viehdieben. Mit der Rasseanerkennung 1924 kann man von einer typmäßigen Reinzucht sprechen. Der starke, lebhafte Hund mit kräftigem Körperbau darf nie elegant oder hochläufig wirken. Sein Gesichtsausdruck sollte grimmig, aber auch ehrlich und vertrauenerweckend sein. Der Bullmastiff ist ein harter, doch sympathischer Hund ohne Falsch und lernt schnell die nötigen Gehorsamsregeln. Dank seines ausgeglichenen Wesens ist er nicht unnötig aggressiv oder bissig, sondern läßt sich meist von Fremden anfassen. Gefordert, wird er stets verteidigungsbereit sein. Er sollte nie auf den Mann dressiert werden, da ihm strikte Gehorsamsdisziplin schwer beizubringen ist. Freundlicher, gutmütiger, etwas eigensinniger, pflegeleichter Familienhund.

Schulterhöhe: 68,5 cm, Gewicht: 59 kg, Farben: gestromt, rot und hellbraun, dunkle Maske. Club für Molosser.

| **Tosa** | Japan | FCI-Nr. 260/2.2 |

Dieser große, doggenartige Hund ist eine Neuschöpfung und entstand im 19. Jh. durch die Verkreuzung der einheimischen Spitzrassen mit europäischen Hunderassen, z. B. Englischer Bulldogge, Bernhardiner, Deutsche Dogge, Mastiff usw. Man vergleicht den Tosa mit Sumo-Ringern, jenen schwergewichtigen Männern, die sich gegenseitig umzuwerfen versuchen. Angeblich sollen die Tosas die Sumo-Ringer unter den Hunden sein, die sich beim Kampf nicht zerfleischen, sondern den Gegner umdrükken und auf dem Boden festhalten. Man kann sich derartiges Kampfverhalten kaum vorstellen, dafür sprechen aber die zahlreichen Fotos eines dicken japanischen Tosabuches, indem sich die Sieger solcher Kämpfe mit Schärpen behängt stolz mit ihrem Besitzer der Kamera stellen. Die Tiere sind makellos ohne eine Spur von Wunden oder Narben. Es gibt in Europa nur wenige Tosas, aber ich lernte sie als ausgeglichene, temperamentvolle Hunde mit ausgeprägtem Sozialverhalten kennen. Sie sind wachsam, besitzen Schutzinstinkt, sind aber nicht unangebracht scharf. Wie jeder große, selbstbewußte Hund brauchen sie eine konsequente Erziehung. Der Standard beschreibt ihr Wesen als bemerkenswert geduldig, gelassen, kühn und mutig. Sympathisch ist, daß sie keinerlei rassische Übertreibungen aufweisen, wie andere sogenannte „Kampfhunde" und beweglich, drahtig und gesund wirken.

Schulterhöhe: mind. 60 cm, Gewicht: o. A., Farben: einfarbig rot, aber weiße oder rote Abzeichen erlaubt. Club für Molosser.

Rhodesian Ridgeback   Südafrika   FCI-Nr. 146/6.3

Hunde mit „Ridge", einem Streifen gegen den Strich wachsenden Fells auf dem Rückgrat, wurden schon von den Hottentottenhäuptlingen Afrikas geschätzt. Weiße Siedler kreuzten die einheimischen Hunde mit mitgebrachten Jagdhunden. Da der Hund früher zur Löwenjagd eingesetzt wurde, nennt man ihn heute noch „Löwenhund". Natürlich kann es kein Hund mit einem Löwen aufnehmen, der Ridgeback attackierte vielmehr den Löwen immer wieder und wich den Prankenhieben blitzschnell aus. Er lenkte den Löwen ab, bis der Jäger nahe genug heran war. Diese Arbeit erforderte einen unerschrockenen, draufgängerischen Hund mit schnellem Reaktionsvermögen und enormer Wendigkeit. Heute wird der Rhodesian Ridgeback als Wach- und Polizeihund, im Sanitäts- und Blindendienst eingesetzt. Der anpassungsfähige, robuste Hund fühlt sich auch bei uns wohl. Er wird gelegentlich zur Jagd ausgebildet und zeichnet sich bei der Schweißarbeit aus. Er ist sehr intelligent, lernfreudig, kräftig, temperamentvoll und braucht eine konsequente, verständnisvolle Erziehung. Auch ohne Ausbildung ist der Rhodesian Ridgeback ein unbestechlicher Wach- und Schutzhund. Der bewegungsfreudige Hund ist gehorsam genug, um sich von einer Spur zurückrufen zu lassen, und man kann mit ihm stundenlang wandern, radfahren oder ausreiten. Kein Hund für bequeme Menschen! Pflegeleicht.

Schulterhöhe: 67 cm, Gewicht: o. A., Farben: hell- oder rotweizenfarben, schwarzer Fang und Ohren erlaubt. Rhodesian Ridgebackclub Deutschland.

Deutscher Boxer   Deutschland   FCI-Nr. 144/2.2

Vor dem Gebrauch von Feuerwaffen hielten bei der Sau- und Bärenjagd starke Hunde das gestellte Wild fest. Breitmäulige Hunde mit vorstehendem Unterkiefer konnten sich fest verbeißen und trotzdem Luft holen. Diese Sau- oder Bärenpacker waren gute Schutzhunde und wurden zum Bullenbeißen mißbraucht. Im 18. Jh. jagte man nicht mehr mit Kampfhunden, Tierkämpfe wurden verboten. Der Hund überlebte bei Metzgern und Viehhändlern. 1860 tauchte erstmals der Name Boxer auf, und in München begann um diese Zeit die Reinzucht. Der Boxer ist heute eine der beliebtesten Hunderassen überhaupt, dessen Vermarktung Wesens- und Gesundheitsprobleme mit sich brachte, die von den anerkannten Zuchtvereinen konsequent bekämpft werden. Der freundliche, charmante, anhängliche Familienhund ist bei Bedarf ein unbestechlicher Wächter und Beschützer, der nie unnötig kläfft. Er ist absolut zuverlässig mit Kindern, immer zum Spiel bereit und nie übelnehmerisch. Mit liebevoller Konsequenz läßt er sich gut erziehen, versucht aber gelegentlich mit freundlicher Sturheit seinen Willen durchzusetzen. Mit Bestimmtheit ohne unnötige Härte kann man ihn in seine Schranken weisen, doch die ausdrucksvolle Boxermiene besiegt oft die besten Vorsätze! Wer den Boxer zu motivieren weiß, erreicht mit ihm Höchstleistungen im Hundesport. Der temperamentvolle Hund braucht Bewegung und Beschäftigung, das kurze Haar ist pflegeleicht. Er ist hitze- und kälteempfindlich. Kupierte Rute.

Schulterhöhe: 63 cm, Gewicht: ca. 30 kg, Farben: gelb und gestromt mit oder ohne weiße Abzeichen. Diverse Vereine im VDH.

| Dogo Argentino | Argentinien | FCI-Nr. 292/2.2 |

Die Spanier brachten scharfe Kampfdoggen mit nach Südamerika. Erst im 20. Jh. begann die systematische Zucht eines Jagdhundes für die Jagd auf Wildschweine und Raubkatzen. Um einen schnellen, kampfstarken Hund zu bekommen, kreuzte man Deutsche Dogge, Bull Terrier, Pointer usw. ein. Die Auslese auf feine Nase – der Dogo jagt mit hoher Nase, da sich Pumas auf Bäume flüchten –, drahtigen Körperbau zur ausdauernden Verfolgung des Wildes in unzugänglichem Gelände und weißes Fell, damit der Jäger den Hund gut sehen und vom Wild unterscheiden kann, schuf den heutigen Dogo Argentino. 1969 kamen die ersten drei Dogos nach Deutschland. Sie erwiesen sich als anpassungsfähige, robuste, witterungsunempfindliche Hausgenossen. Der Dogo ist ein anhänglicher, gutmütiger, kinderlieber Familienhund, der wenig bellt. Bei genügend Auslauf und Beschäftigung kann er gut im Hause gehalten werden. Sein kurzes, weißes Fell ist pflegeleicht, der Hund genügsam. Der nervenfeste, selbstsichere, ausgeglichene Hausgenosse braucht eine liebevoll konsequente Erziehung vom Welpenalter an, da der selbständig jagende Hund nicht zur Unterwürfigkeit neigt. Der Dogo ist ein unbestechlicher Schutzhund, der keine Furcht kennt und bis zur Selbstaufgabe kämpft, wenn es die Situation erfordert. Er läßt sich jedoch schwer provozieren und greift nicht leichtfertig an. Gelegentlich neigt der Dogo zur Rauflust. Beim Kauf das Hörvermögen prüfen.

Schulterhöhe: 67 cm, Gewicht: 45 kg, Farbe: reinweiß, dunkler Fleck am Kopf gestattet, schwarzes Nasenpigment. Deutscher Dogo Argentino Club.

Akita Inu   Japan   FCI-Nr. 255/5.5

Angeblich kann die Existenz Akita-ähnlicher Hunde 5000 Jahre zurückverfolgt werden. Nachweislich waren sie die Begleiter der Samurai und nehmen seither einen festen Platz in der japanischen Mythologie ein. Akita-Abbildungen werden als Glückssymbole verschenkt. Anfang des 20. Jahrhunderts setzte man Akitas bei Hundekämpfen ein, bis sie der Kaiser 1926 verbot und die Hunde zum „Nationalbesitz" erklärte. Erst seit Kriegsende gelangten Akitas mit amerikanischen Soldaten ins Ausland. Auch heute ist der Import schwierig.

Seinen Namen hat der große, spitzähnliche Hund von der Provinz Akita im Norden Japans, wo er Großwild jagt und Lasten zieht. Der Akita Inu ist ein intelligenter, ruhiger, robuster, starker Hund mit ausgeprägtem Jagd- und Schutztrieb. Wegen seines Jagdtriebs und Eigensinns kein leichtführiger Hund. Neigt zum Raufen mit anderen Hunden. Zuverlässig in seiner Familie und mit Kindern. Pflegeleichter Hund, der engen Familienanschluß und viel Verständnis für sein Wesen bei konsequenter Erziehung braucht.

Schulterhöhe: 66,5 cm, Gewicht: o. A., Farben: beige, schwarz, rot, gestromt, weiß und gefleckt. Diverse Vereine im VDH.

Alaskan Malamute   USA   FCI-Nr. 243/5.1

Größter und mächtigster Schlittenhund, der sich trotz seines stämmigen, knochenstarken Körperbaus mühelos, ja nahezu elegant, bewegt. Als Lastenzieher besitzt er enorme Muskelkraft. Er ist nach einem Eskimostamm im westlichen Alaska benannt, der diese Hunde seit Jahrhunderten züchtete. Weltweit bekannt wurden sie als Schlittenhunde bei Polarexpeditionen. Der Malamute ist allen Fremden gegenüber zutraulich und freundlich und nicht auf eine Person bezogen. Trotz seines gelassenen, ruhigen Wesens braucht der intelligente Hund Beschäftigung und Bewegung. Er benötigt von klein an konsequente Erziehung, um nicht die Rudelführung anzustreben. Kein Hund für Anfänger oder Menschen, die keine Zeit und Neigung haben, sich intensiv mit dem Hund auseinander- und durchzusetzen. Man bedenke auch, daß es sich hier um einen ausgesprochenen Kraftprotz mit ausgeprägtem Selbstbewußtsein handelt. Man sollte sich sportlich mit ihm betätigen, z. B. beim Langlauf oder mit mehreren Hunden bei Schlittenhundrennen.

Schulterhöhe: 63,5 cm, Gewicht: 39 kg, Farben: alle Schattierungen von wolfsgrau bis schwarz mit hellen Abzeichen oder reinweiß. Deutscher Club für Nordische Hunde.

Black and Tan Coonhound	USA	FCI-Nr. 300/6.1
Bluthund	Belgien	FCI-Nr. 84/6.1
Otterhound	Großbritannien	FCI-Nr. 294/6.1

Black and Tan Coonhound (oben)
Er stammt aus der Kreuzung von Bluthunden mit American und Virginia Foxhounds und wurde zur nächtlichen „racoon" = Waschbären-Jagd gezüchtet. Er verfolgt die Fährte mit gesenkter Nase gründlich und bedächtig und verbellt den sich auf Bäume flüchtenden Waschbär. Genausogut arbeitet er Hirsch-, Puma-, Bären- und andere Großwildfährten aus. Der seinem Herrn gegenüber freundliche Hund besitzt natürlichen Schutztrieb, ist witterungsunempfindlich und robust. Schulterhöhe: 69 cm, Gewicht: o. A.

Bluthund/Chien de St. Hubert/Bloodhound (rechts oben)
Uralte Brackenrasse aus den Ardennen, deren Name nichts mit Blut zu tun hat, sondern „reinblütig" bedeutet. Er besitzt eine sprichwörtlich hervorragende Nase. Der schwere, langsame Hund mit majestätischem Gangwerk ist sanftmütig, zu Fremden zurückhaltend und ein wenig stur. Leider verlangt der Standard herabhängende Augenlider und ausgeprägte Gesichtshautfalten, weshalb er zu Augenentzündungen neigt. Schulterhöhe: 67 cm, Gewicht: o. A., Farben: rostbraun oder schwarz/rostbraun. St. Hubert-Bloodhoundclub.

Otterhound (rechts)
Die Jagd mit Meuten auf den listigen, im Kampf gefährlichen Schwimmkünstler Otter war in Großbritannien schon im Mittelalter beliebt. Im 19. Jh. verkreuzte man französische Griffons, Bluthund und Welsh Hound. Otterhounds sind erstklassige Schwimmer, freundlich, ruhig, aber voller Jagdpassion und kaum als Haushunde geeignet. Schulterhöhe: 67 cm, Gewicht: o. A., Farben: alle Laufhundfarben.

| **Berger Picard** | Frankreich | FCI-Nr. 176/1.1 |

Die rauhhaarige Variante der französischen Schäferhunde besitzt etwa die gleiche Geschichte wie der Beauceron und der Briard, ist aber immer ein seltener Hund geblieben. Dabei ist der Picard ein außergewöhnlich charmanter Gefährte von originellem Aussehen. Er ist feinfühlig, seiner Familie treu ergeben. Im Hause ruhig und nie störend entfaltet er im Freien sein sprühendes Temperament. Der lauffreudige und ausdauernde Hund ist ein guter Begleiter für Jogger, Wanderer und Radfahrer, jedoch geneigt, Wildfährten zu folgen, daher immer im Auge halten und rechtzeitig zurückrufen! Bemerkenswert ist seine Kinderfreundlichkeit und Geduld gegenüber den Kleinen. Zu Fremden ist er zurückhaltend freundlich. Wachsam, aber nicht scharf und bissig ist er in wirklich bedrohlichen Situationen ein zuverlässiger Schutzhund. Der Picard will freundlich, aber konsequent erzogen werden. Seine gewisse Dickschädeligkeit ist nicht mit Aufsässigkeit zu verwechseln, sondern eher seiner Intelligenz und selbständigen Handlungsweise zuzuschreiben. Der Hund will beschäftigt werden, ist aber nur bedingt für den Schutzhundsport geeignet.

Schulterhöhe: 65 cm, Gewicht: o. A., Farbe: grau, grau-schwarz, grau mit schwarzen Flecken, grau-blau, grau-kupferrot, helles Braun oder grundiertes Braun. Club für Französische Hirtenhunde.

Berger de Beauce — Frankreich — FCI-Nr. 44/1.1

Alter, französischer Schäferhund, der erst 1896 den Namen Berger de Beauce bekam, um ihn von der langhaarigen Variante, dem Briard, zu unterscheiden, aber nicht, weil er in der Landschaft Beauce besonders häufig wäre. Der Beauceron ist ein mächtiger, aktiver, harter, ausdauernder Schäferhund, der heute immer mehr im Polizei-, Zoll- und Militärdienst Verwendung findet und auch im Privatleben eine Aufgabe braucht. Seine Erziehung erfordert Konsequenz und liebevolles Einfühlungsvermögen. Dank seiner Nervenfestigkeit ist er ein zuverlässiger Begleiter in unserer hektischen Zeit und trotz seiner angeborenen Schärfe und Verteidi-

gungsbereitschaft aufgrund seiner Selbstsicherheit kein gefährlicher Hund. Bei falscher Erziehung und Aufzucht kann er allerdings aggressiv und unberechenbar werden. Eine solide Schutzhundausbildung ist ratsam, denn Unterordnung und in Bahnen gelenkter Kampftrieb kommen seinem Wesen entgegen. Hart im Schutzdienst und in der Unterordnung gut zu führen. Erstklassiger Fährtenhund. Im Hause ist er ruhig, bei der Arbeit aufmerksam und eifrig. Der pflegeleichte, witterungsunempfindliche Hund kann als Familien- und Wachhund auf dem Lande empfohlen werden.

Schulterhöhe: 67 cm, Gewicht: o. A., Farben: schwarz-rot (bas-rouge) und Harlekin (graugefleckt). Club für Französische Hirtenhunde.

| **Berger de Brie** | Frankreich | FCI-Nr. 113/1.1 |

Dieser attraktive Schäferhund gehört zu den ältesten französischen Hunderassen und wird erstmals 1809 erwähnt. Nach der Französischen Revolution und der folgenden Landaufteilung fand die Umstellung vom schützenden Hirtenhund zum wendigen, kleineren Schäferhund statt. Die langhaarige Variante wurde ab 1896 Briard genannt, obwohl dies kein Hinweis auf sein Vorkommen in der Landschaft Brie ist. Heute ist der herrliche Hund mehr als Begleithund zu finden und auf dem besten Wege, sich zum Modehund zu entwickeln, mit allen Nachteilen, die daraus erwachsen.

Abgesehen von der aufwendigen Haarpflege ist der Briard kein Dekorationsstück, sondern ein sehr anspruchsvoller Hund. Er ist sehr temperamentvoll, eigensinnig, intelligent und wachsam mit einer guten Portion Schutztrieb. Seine Erziehung erfordert Einfühlungsvermögen, starken Willen und Konsequenz, eine Kombination, die nur wenige Hundebesitzer aufbringen können. Mit dem alten Arbeitshund soll gearbeitet werden: Begleithund, Breitensport, Schutzhund, Agility, Hütearbeit, Schlittenziehen, Radfahren, jede Art sportlicher Betätigung ist dem Briard recht.

Schulterhöhe: 68 cm, Gewicht: o. A., Farben: schwarz, grau, fauve (blond bis braun) ohne weiße Abzeichen. Foto: unkupierter, fauvefarbener Rüde. Diverse Vereine im VDH.

| **Deutsch Drahthaar** | Deutschland | FCI-Nr. 98/7.1 |

Der Drahthaarige Deutsche Vorstehhund ist eher ein Kuriosum der Jagdhundezucht als eine alte ehrwürdige Rasse. Als die Reinzucht Mode wurde, neigte man zur Aufteilung der verschiedenen, bisher miteinander verkreuzten rauhhaarigen Vorstehhundschläge in einzelne rein zu züchtende Rassen. Das paßte denjenigen nicht, die jagdliche Leistung über rassisches Detail stellten und alle drahthaarigen Schläge zusammenfassen wollten. So trennten sich die Züchter der Griffons, Deutsch Stichelhaar und Pudelpointer in den Verein Deutsch-Rauhhaar ab und distanzierten sich damit von den drahthaarigen Kreuzungsprodukten. Sie konnten nicht ahnen, daß sie damit eine Hunderasse namens Deutsch Drahthaar förderten, die heute der beliebteste Vorstehhund ist. Der Deutsch Drahthaar ist ein passionierter, temperamentvoller, nie nervöser Jagdgebrauchshund, der alles kann. Er eignet sich besonders für rauhes Gelände und ist ausgesprochen wasserfreudig. Der eher kraftvolle als schnelle Hund steht fest vor, apportiert zuverlässig, geht sicher auf Schweiß, ist ein guter Totverbeller wie Bringselverweiser und raubzeugscharf. Der harte Jagdgebrauchshund, der eine gute Mannschärfe mitbringt, ist sicherlich nicht als leichtführig zu bezeichnen und braucht eine feste Erziehung. Er gehört nur in Jägerhand. Rute kupiert.

Schulterhöhe: 67 cm, Gewicht: o. A., Farbe: braun, braun- oder schwarzschimmel. Verein Deutsch Drahthaar.

Foto: Kovacova

Slowakischer Rauhbart	Slowakei	FCI-Nr. 320/7.1
Tschechischer Stichelhaar	Tschechei	FCI-Nr. 245/7.1
Deutsch Stichelhaar	Deutschland	FCI-Nr. 232/7.1

Slowakischer Rauhbart/
Slovensky hrubosrsty stavac (ohar) (oben)
Kreuzung zwischen dem drahthaarigen
Weimaraner, Deutsch Drahthaar und Cesky Fousek. Drahthaarige Weimaraner kamen ganz selten nur in der Tschechoslowakei vor und wurden in Deutschland nicht
anerkannt. Da sie hervorragende Leistungen erbrachten, wollte man sie als Rasse erhalten und erweiterte die Zuchtbasis mit
den erwähnten Rassen. Vielseitiger Jagdhund, geborener Apportierer und Schweißhund, wasserfreudig, leichtführig. Schulterhöhe: 68 cm, Farbe: grau, grau-hellbraun,
rotschimmel (Hund auf dem Foto etwas zu
lang im Haar). Rute kupiert.

Tschechischer Stichelhaar/Cesky Fousek/
Böhmischer Rauhbart (rechts oben)
Alte einheimische Rasse, die schon ab 1896

rein gezüchtet wurde. Populärster Jagdhund seiner Heimat, da vielseitig einsetzbar,
gehorsam, sehr intelligent und außerdem
auch hübsch. Schulterhöhe: 68 cm, Gewicht: o.A., Farbe: schokoladenbraun,
weiß oder grau mit braunen Abzeichen und
Stichelung. Rute kupiert.

Deutsch Stichelhaar (rechts)
Nachkommen des uralten stichelhaarigen
Hühnerhundes, der schon im 16. Jh. auf
Holzstichen von Ridinger dargestellt wird.
Er ist ein vielseitig einsetzbarer Jagdge-
brauchshund, der gleichermaßen gut in
Feld, Wald und Wasser arbeitet. Der was-
serfreudige Hund besitzt Veranlagung zur
Schärfe. Er hat viel Ähnlichkeit mit dem
Böhmischen Rauhbart. Zuchtgebiet haupt-
sächlich Ostfriesland. Schulterhöhe: 66 cm,
Club Stichelhaar. Rute kupiert.

244

▲ Foto: Ilbeck

Griffon d'arrêt à poil dur	Frankreich	FCI-Nr. 107/7.1
Pudelpointer	Deutschland	FCI-Nr. 216/7.1
Spinone	Italien	FCI-Nr. 165/7.1

Griffon d'arrêt à poil dur/Korthals Griffon
(oben)
Den rauhhaarigen französischen Vorstehhund züchtete in Deutschland der Holländer Korthals in der 2. Hälfte des vorigen Jahrhunderts aus dem französischen Griffon. Der feinnasige, wasserfreudige und spurfeste Jagdgebrauchshund ist überall einsetzbar und macht – anhänglich, leichtführig und zuverlässig – auch dem unerfahrenen Hundeführer Freude. Kupierte Rute. Schulterhöhe: 60 cm, Gewicht: o. A., Farben: blaugrau, grau mit braunen Platten. braun, gestichelt, weiß mit braun. Griffon-Club.

Pudelpointer (rechts oben)
Aus Pudel und schwerem Pointer gezüchtet, um die guten Eigenschaften beider Rassen zu verbinden. Anlaß war „Juno" aus der Zufallspaarung eines braunen Königspudels mit einer braunen Pointerhündin, die hervorragende Leistungen zeigte, dabei klug und umgänglich wie der Pudel war. Der „Pupo" zeichnet sich durch große Wasserfreudigkeit, Lernfähigkeit, Apportierfreude, sichere Schweißarbeit und Schärfe aus. Rute kupiert. Schulterhöhe: 68 cm, Gewicht: o. A., Farben: dunkelbraun bis dürrlaubfarben oder schwarz. Verein Pudelpointer.

Spinone (rechts)
Rauhhaariger Vorstehhund, dessen Geschichte bis in die Antike zurückreicht. Vielseitig einsetzbarer Vorstehhund mit ausdauernder, ruhiger Suche, der sich besonders für die Arbeit am Wasser und im Sumpf eignet. Gelehriger, intelligenter, angenehmer Jagdgefährte mit Schutztrieb. Der Spinone ist außerhalb Italiens weitgehend unbekannt. Rute kupiert. Schulterhöhe: 70 cm, Gewicht: o. A., Farben: weiß, weiß-orange, weiß-braun, braunschimmel.

Altdänischer Hühnerhund	Dänemark	FCI-Nr. 281/7.1
Perdiguero de Burgos	Spanien	FCI-Nr. 90/7.1
Bracco Italiano	Italien	FCI-Nr. 202/7.1

Altdänischer Hühnerhund/Gammel Dansk Honsehond (oben)
Aus Jagdhunden der Zigeuner (möglicherweise Nachkommen spanischer Jagdhunde), Bluthund und Bauernhunden im 18. Jh. herausgezüchteter Vorstehhund. Ruhiger, selbstbewußter Hund, der bedächtig und sicher arbeitet und immer Kontakt mit dem Jäger hält. Schulterhöhe: 60 cm, Gewicht: 35 kg, Farbe: braun-weiß. Rute kupiert.

Perdiguero de Burgos (rechts oben)
Den Bracken nahestehender uralter Vorstehhund Nord- und Zentralspaniens. Robuster, dem Klima und jedem Gelände und Wild angepaßter, gehorsamer, kräftiger Hund mit hervorragender Nase, der sicher und ausdauernd sucht und vorsteht. Gelehrig und ruhig, intelligent. Rute kupiert. Schulterhöhe 67 cm, Gewicht: o. A., Farbe:

braunschimmel. Ähnlich ist der nicht anerkannte **Pachon de Navarro.**

Bracco Italiano (rechts)
Älteste Vorstehhundrasse Europas, die als Stammvater aller europäischen Vorstehhunde gilt. Er ist langsamer als die Deutschen Vorstehhunde, aber ausdauernd sowohl im Feld als auch im Wald und Wasser. Hervorragender Schweißhund und sicherer Apportierer ohne Raubzeugschärfe. Der arbeitsfreudige, intelligente Hund bedarf einer gefühlvollen Ausbildung ohne Härte. Er ist freundlich, temperamentvoll, wachsam, aber kein Schutzhund. Es gibt zwei Schläge, den schwereren aus der Lombardei und den eleganteren aus Piemont. Rute kupiert. Schulterhöhe: 67 cm, Gewicht: 40 kg, Farben: weiß-orange, braunschimmel. Foto: weiß-orange Hündin Typ Piemont.

| Chesapeake Bay Retriever | USA | FCI-Nr. 263/8.1 |

1807 strandete ein englisches Schiff an der amerikanischen Küste von Maryland. Unter den Schiffbrüchigen befanden sich zwei Neufundländerwelpen, ein brauner und ein schwarzer. Als Dank für die Rettung blieben die beiden Hunde als Geschenk in Amerika. Sie erwiesen sich als hervorragende, wasserliebende Apportierhunde und wurden deshalb mit den einheimischen Jagdhunden verkreuzt. Vermutlich waren noch Water Spaniel und Curly Coated Retriever mit von der Partie. Der Chesapeake Bay Retriever besitzt einen ausgeprägten Hang zum Stöbern und Apportieren. Besonders bei der Entenjagd in eiskaltem Wasser arbeitet er unermüdlich, denn das charakteristische, etwas fettige Fell schützt ihn vor Nässe und Kälte. Er ist ein lebhafter, mutiger, nervenfester Hund, der eine feste Erziehung benötigt. Der liebenswerte, treue und sehr wachsame Retriever braucht Familienanschluß, Beschäftigung und Bewegung. Die Pflege ist anspruchslos. Es gibt nur wenige Exemplare dieses attraktiven Retrievers in Europa.

Schulterhöhe: 66 cm, Gewicht: 35 kg, Farben: dunkelbraun bis blaßrotbraun und wie „totes Gras". Deutscher Retriever Club.

Curly Coated Retriever | Großbritannien | FCI-Nr. 110/8.1

Der größte Retriever gehört zu den ältesten Wasserhunden. Verwandtschaftliche Beziehungen bestehen wahrscheinlich zu Pudel, Irish Water Spaniel und Labrador Retriever. Charakteristisch ist sein dichtes, festgelocktes Haar. Es isoliert im Wasser vor Kälte und schützt den Hund beim Durchdringen von Dornengestrüpp. Er besitzt ausgeprägten Schutztrieb, denn er wurde vorzugsweise von Jagdaufsehern gehalten, die gegen Wilderer anzukämpfen hatten. Insgesamt ist der Curly robuster und eigensinniger als die anderen Retriever, dennoch besitzt auch er den „Will to please" (Willen zu gefallen). Er stellt höhere Anforderungen an die Erziehung, die schon konsequent beim Welpen beginnen muß. Unterwürfigkeit ist dem Curly fremd. Vielleicht hat der attraktive Hund deshalb nie die Beliebtheit der anderen Retriever erreicht und gehört heute zu den seltenen Hunderassen. Der temperamentvolle Junghund und Spätentwickler benötigt einen geduldigen, liebevollen Herrn mit ruhigem Durchsetzungsvermögen, der ihm Platz, viel Bewegung und Beschäftigung bieten kann. Breitensport, Agility, Rettungshund, Schutzhund oder Jagdausbildung – der Curly ist vielseitig einsetzbar. Er braucht Familienanschluß und ist geduldig im Umgang mit Kindern. Der erstklassige Jagdhund und hervorragende Schwimmer ist witterungsunempfindlich. Das Fell, das kaum Haare verliert, wird nur mit lauwarmem Wasser angefeuchtet und mit den Fingerspitzen massiert.

Schulterhöhe: 68,5 cm, Gewicht: o. A., Farben: schwarz und leberfarben. Deutscher Retriever Club.

Gordon Setter	Großbritannien	FCI-Nr. 6/7.2

Im ausgehenden 18. Jh. hielt der Duke of Gordon einen berühmten, schwarz-roten Setterstamm, der sich durch besonders intelligente, schwere Hunde auszeichnete. Für die Arbeit im schwierigen Gelände Schottlands war weniger der schnelle, elegante als der ausdauernde, kraftvolle Hund gefragt. Früher hatte der Gordon Setter weiße Abzeichen, die sich heute auf einen kleinen Brustfleck beschränken. Den Berichten des Duke of Gordon nach wurde eine Arbeits-Colliehündin eingekreuzt, um Intelligenz und Führigkeit zuzuführen. Der Gordon Setter ist ein Einmannhund, der am liebsten alleine mit seinem Herrn jagt.

Fremden gegenüber ist er eher zurückhaltend und verträgt schlecht Besitzerwechsel. Der Gordon Setter ist spätreif und braucht von klein an eine konsequente Erziehung. Setter sind selbstbewußte Hunde mit großer Jagdpassion, deren Abrichtung konsequent durchgeführt werden muß. Für den Jäger bietet er sich als Vorstehhund für die Feldarbeit an und zeigt besondere Begabung bei der Nachsuche auf Schalenwild. Außerdem ist er sehr wasserfreudig. Der Familienhund braucht viel Bewegung und eine ebenso konsequente Erziehung wie der Jagdgebrauchshund, um die Jagdpassion zügeln zu können. Tägliche Fellpflege nötig.

Schulterhöhe: 66 cm, Gewicht: 29 kg, Farben: tiefschwarz mit sattem kastanienfarbenen Brand, kleiner weißer Brustfleck erlaubt. Diverse Vereine im VDH.

English Setter   Großbritannien   FCI-Nr. 2/7.2

Aus alten Spaniel- und Pointerschlägen herausgezüchteter Vorstehhund. Sir Laverack hat die Rasse im 19. Jh. wesentlich geprägt, nach ihm werden die Setter auch heute noch häufig benannt. Der Setter ist spezialisiert auf die schnelle Suche im offenen Feld, insbesondere auf Rebhuhn. Seine hervorragenden jagdlichen Eigenschaften sind Suchen, Finden und Vorstehen, d. h. die gesamte Feldarbeit, wobei mehrere Hunde einander sekundieren. Der passionierte Wasserhund kann den deutschen Jagdverhältnissen entsprechend vielseitiger ausgebildet werden. Der English Setter macht auch als Haus- und Familienhund Freude, denn er ist liebenswert, sanft und ruhig im Haus. Draußen allerdings entfaltet der bewegungsfreudige Hund sein ganzes Temperament. Er braucht eine freundliche, konsequente Erziehung, am besten bei einem Jagdhundelehrgang, um gefahrlos bei Spaziergängen frei laufen zu können. In dieser Beziehung ist der Setter anspruchsvoll, er muß laufen und ist, wie jeder Jagdhund, immer bereit, seiner Jagdpassion nachzugehen. Gemütlich mit seinem Setter in wildreichem Gebiet spazierengehen ist kaum möglich! Tägliche Fellpflege nötig.

Schulterhöhe: 68 cm, Gewicht: 29,5 kg, Farben: weiß mit gleichmäßig verteilten gelben, orangefarbenen, braunen oder schwarzen Tupfen, dreifarbig; Plattenfärbung gestattet, Tüpfelung wird bevorzugt. Mehrere Vereine im VDH.

Irish Red Setter   Irland   FCI-Nr. 120/7.2

Der Rote Ire erfreut sich weltweit großer Beliebtheit. In England ist er in erster Linie Ausstellungshund, während in Irland der Jagdgebrauchshund geschätzt wird. In Deutschland strebt man den schönen Jagdgebrauchshund an. Der Irish Setter ist ein weit ausholender, schneller und ausdauernder Vorstehhund, der auch vorliegt, er eignet sich zur Wasserarbeit und läßt sich zur Nachsuche auf Schalenwild abrichten, er apportiert gerne und ist gelegentlich raubzeugscharf. Der lebhafte, stets nach Wild Ausschau haltende Hund sollte niemals unbedacht nur der Schönheit wegen gekauft werden. Der Irish Setter muß seinen ausgeprägten Bewegungsdrang gefahrlos ausleben können, das setzt einen sportlichen Besitzer voraus, der viel Zeit und Freude an der Natur aufbringt und in der Lage ist, seinen Setter konsequent mit Einfühlungsvermögen zu zuverlässigem Gehorsam zu erziehen, was bei dem temperamentvollen, selbstbewußten Hund nicht leicht ist. Er braucht engen Kontakt zu seinem Menschen und will beschäftigt werden. Er ist freundlich, doch wachsam, kinderlieb und intelligent. Schulterhöhe: 70 cm, Gewicht: o. A., Farbe: mahagonirot ohne schwarz, kleine weiße Abzeichen erlaubt.

Rot-weißer Irish Setter FCI-Nr. 330 (kleines Foto)
Ursprüngliche Form des Irish Setter, die heute wieder als anerkannte Rasse gezüchtet wird. Kräftiger und athletischer als der rote Irish Setter, freundlich, folgsam, intelligent, arbeitsfreudig. Schulterhöhe und Gewicht: o. A., Farbe: weiß mit rotbraunen Flecken.
Bei beiden tägliche Fellpflege nötig. Mehrere Vereine im VDH.

| **Pointer** | Großbritannien | FCI-Nr. 1/7.2 |

Englischer Vorstehhund, dessen Vorfahren von der Iberischen Halbinsel nach England gekommen sein sollen. Dieser edle, schnelle Vollblutjagdhund war an der Veredlung des deutschen Vorstehhundes maßgeblich beteiligt. Der Pointer weist – wie sein Name sagt (engl. to point – anzeigen) auf das sich versteckende Federwild in seiner typischen Pose hin, und die verängstigten Vögel verharren, bis der Jäger nahe genug zum Schuß herankommt und der Hund nun die Vögel „herausdrückt", zum Auffliegen bringt. Der Pointer ist für diese Arbeit der Spezialist schlechthin. Er sucht das Gelände in rasendem Lauf ab, je mehr Vögel ein Hund aufspürt, desto besser. Der Pointer ist demnach ein sehr schneller, ausdauernder, temperamentvoller, nerviger Hund, der sich wenig zum Haus und Familienhund eignet, obwohl er einen umgänglichen, liebenswerten Charakter hat und ausgesprochen sauber ist. Doch sein angeborenes Laufbedürfnis und sein Jagdtrieb sind für den Nichtjäger kaum in Bahnen zu lenken. Der Pointer gehört daher in Deutschland zu den selten gesehenen Hunden. Der deutsche Jäger bevorzugt einen vielseitig einsetzbaren Jagdgefährten.

Zierlicher, drahtiger und eleganter als der englische Pointer ist der dänische **Hertha Pointer** mit seiner typischen fahlroten Farbe (kleines Foto). Er ist noch nicht offiziell anerkannt.

Schulterhöhe: 63–69 cm, Gewicht: 20–30 kg, Farben: weiß mit gelben, orangen, leberfarbenen oder schwarzen Flecken. Foto: Orangefarbener Rüde vom Showtyp. Mehrere Vereine im VDH.

| **Bouvier des Flandres** | Frankreich/ Belgien | FCI-Nr. 191/1.2 |

Dieser alte Viehtreiber- und Metzgershund stammt aus Flandern, das sich an der Küste von Holland bis Nordfrankreich erstreckt. Der Flandrische Treibhund oder Flamse Koehond, wie er auch genannt wird, war ein zottiger, derber Hund, dem züchterisch wenig Beachtung geschenkt wurde und der unter härtesten Lebensbedingungen arbeiten mußte. Erst 1912 wurde der Rassestandard erstellt und die planmäßige Zucht aufgenommen. Im I. Weltkrieg kamen die meisten Hunde um, so daß ein mühseliger Aufbau folgte. Der Berger Picard soll eingekreuzt worden sein. In den 70er Jahren kam der Bouvier nach Deutschland, wo er rasch Freunde fand und heute sehr beliebt im Schutzhundsport ist. Der starke, robuste, vitale Hund ist intelligent und lernt gerne, doch sein Temperament und Selbstbewußtsein fordern eine konsequente, sorgfältige Erziehung, durch die man einen zuverlässig gehorsamen Hund bekommt. Er ist ein ausgezeichneter Wach- und Schutzhund, dabei sollte er nicht unnötig aggressiv sein, doch Fremden gegenüber ein gesundes Mißtrauen bewahren. Der Bouvier braucht Bewegung und Beschäftigung. Das ruppige Fell wird regelmäßig gründlich gebürstet und leicht in Form getrimmt, die Rute ist kupiert.

Schulterhöhe: 65 cm, Gewicht: o. A., Farben: rehbraun bis schwarz, dunkelbraun, pfeffer- und salzfarben, grau. Diverse Clubs im VDH.

Rottweiler
Deutschland   FCI-Nr. 147/2.2

Im schwäbischen Rottweil trafen sich schon zur Römerzeit die Viehhändler mit ihren Herden. Unerschrockene, ausdauernde, wendige, ausgesprochen genügsame und robuste Treibhunde waren ihr wichtigstes Handwerkszeug. Aus ihnen züchteten ortsansässige Metzger den „Rottweiler". Temperamentvoll, aufmerksam, draufgängerisch, hart, unerschrocken mit angeborenem Schutzverhalten und großer Kraft ausgestattet, dabei nervenfest, von Hause aus wenig mißtrauisch gegen Fremde, friedlich, anhänglich, gehorsam und arbeitsfreudig, bringt der Rottweiler alle Voraussetzungen zu einem vielseitig einsetzbaren Gebrauchshund mit, der als Polizei-, Rettungs- und Blindenführhund gleichermaßen geschätzt wird. Aber bei falscher Erziehung gerät er leicht außer Kontrolle, besonders, wenn züchterisch Kampftrieb und Schärfe gefördert und Nervenfestigkeit vernachlässigt werden. Schutztrieb entwickelt der spätreife Hund ganz von selbst. Schon der junge Hund muß lernen, sich unterzuordnen, er darf nicht frühzeitig „scharfgemacht" werden. Der Rottweiler braucht eine konsequente, doch einfühlsame Erziehung, eine Aufgabe und engen Kontakt zu seiner Familie. Ein Welpe mit guten Nerven und normalem Sozialverhalten fügt sich als angenehmes, zuverlässiges Familienmitglied ein, das seine Menschen und deren Besitz verteidigt, ohne eine Gefahr für die Mitmenschen darzustellen. Beim Welpenkauf auf umgängliches Wesen der Elterntiere und seriöse Züchter achten! Rute kupiert.

Schulterhöhe: 68 cm, Gewicht: o. A., Farbe: schwarz mit rotbraunen Abzeichen. Allgemeiner Deutscher Rottweiler Klub.

| Berner Sennenhund | Schweiz | FCI-Nr. 45/2.3 |

Imposanter, auffallend lackschwarz-rot-braun-weiß gezeichneter, kräftiger Hund. Er wurde aus altherkömmlichen Bauernhunden der abgelegenen Schweizer Alpentäler herausgezüchtet. Dort bewachte er Haus und Hof, half beim Viehtreiben und zog den Milchkarren. 1892 begann ein Schweizer Hundefreund, die „Dürrbächler", „Ringgi" oder „Blässli" genannten Vierbeiner zu sammeln und einem Zuchtprogramm zuzuführen. Damit war der später Berner Sennenhund genannte, alte Schweizer Bauernhund vor dem Aussterben bewahrt worden. Heute zählt der Berner Sennenhund zu den populären Hunderassen, nicht nur aufgrund seiner Schönheit, sondern vor allen Dingen wegen seiner Charaktereigenschaften: Er ist wachsam, aber nicht aggressiv, menschenfreundlich, gelehrig, kein ausgesprochen lauffreudiger Hund, obwohl er gerne und viel spazierengeht. Der junge Hund ist voll ungestümen Temperaments und bedarf konsequenter, liebevoller Erziehung. Nur in Ausnahmefällen wurden wildernde Berner bekannt. Er braucht engen Familienanschluß. Berner Sennenhunde eignen sich gut zur Ausbildung zum Begleithund, Schutzhund, Fährtenhund und Katastrophenhund. Trotz des schönen Haarkleids braucht der Berner nur zweimal wöchentlich gebürstet zu werden. Er fühlt sich in warmem Klima nicht wohl.

Schulterhöhe: ideal bis 68 cm, Gewicht: o. A., Schweizer Sennenhundverein für Deutschland.

Bordeaux-Dogge   Frankreich   FCI-Nr. 116/2.2

Schon die Kelten besaßen schwere, kampf-starke Doggen, zum Schutz von Hab und Gut und zur Großwildjagd. Ob englische Doggen (Mastiff) auf den Kontinent kamen oder die Doggen Südfrankreichs nach England gelangten, läßt sich heute kaum mehr sagen. Jedenfalls waren in Frankreich Tierkämpfe ebenso beliebt wie in England, und eine Verkreuzung der Rassen fand sicherlich statt, vermutlich kamen noch spanische Doggen hinzu. Die Bordeaux-Dogge ist leider sehr selten geworden, die Zucht ist nicht einfach, und die Lebenserwartung der Hunde nicht sehr hoch. Leider deshalb, weil die Bordeaux-Dogge ein hervorragender Haus-, Hof- und Familienhund ist. Sie ist ruhig, ausgeglichen, sehr familienbezogen und verschmust, Fremden gegenüber reser-viert, sich in Gegenwart des Herrn neutral verhaltend. Sie besitzt ein intaktes Sozial-verhalten, ist Kindern gegenüber gutmütig und auch zu mehreren gut zu halten. Kein Raufer. Der sensible Koloß reagiert am besten auf liebevoll konsequente Erziehung, die Stimmlage genügt, um dem Hund Recht und Unrecht beizubringen. Härte verstört ihn. Die Bordeaux-Dogge ist, einmal erzo-gen, gehorsam und neigt nicht zum Wildern. Kein ausgesprochen lauffreudiger Hund, braucht aber Bewegungsfreiheit und Lebensraum. Die Bordeaux-Dogge ist ein hervorragender Wach- und Schutzhund, der niemals ohne Grund angreift und ein zuverlässiges Gespür für ernsthafte und vermeintliche Bedrohung hat.

Schulterhöhe: 68 cm, Gewicht: mind. 55 kg, Farben: rotbraun mit brauner oder schwarzer Maske. Club für Molosser.

| **Kaukasischer Owtcharka** | ehem. Sowjetunion FCI-Nr. 328/2.2 |

Im Kaukasusgebirge und in den Steppen des Kaukasus- und Astrachangebiets beschützt der mächtige Hund seit Jahrhunderten die Schafherden vor Wölfen. Zum Schutz vor Verletzungen werden in seiner Heimat die Ohren kurz kupiert, und er trägt ein stachelbewehrtes Halsband. Sowohl der leichtere Steppen- als auch der gedrungenere, mächtigere Bergkaukase kommen kurz- und langhaarig vor. Die ersten Kaukasen gelangten in den 70er Jahren in die BRD, wo die Rasse rasch Freunde fand. Die Kaukasier sind widerstandsfähig, genügsam und halten sich vorzugsweise im Freien auf. In der Familie lieb und einfühlsam, ruhig und nicht aufdringlich, dulden sie keine Fremden in ihrem Revier. Außerhalb des Reviers verhalten sie sich eher unsicher. Der Kaukase hat einen stark ausgeprägten Schutztrieb, unabhängigen Charakter und ist selbständiges Handeln gewohnt. Daher läßt er sich nur bis zu einem gewissen Grad erziehen. Konsequenz, Einfühlungsvermögen und Kraft sind nötig, um dem Hund Rudelführer zu sein, den er akzeptiert und dem er folgt. Trotzdem wird er nie ein aufs Wort gehorchender Hund. Kein Hund für jedermann! Seine Schärfe darf nicht in falsche Bahnen gelenkt werden. Eine Schutzhundausbildung ist unbedingt abzulehnen.

Der **Moskauer Wachhund** ist eine Kreuzung zwischen Kaukase und St. Bernhardshund, um einen umgänglicheren Wachhund für dichtbevölkerte Regionen zu bekommen. Er sieht aus wie ein leichter Bernhardiner und ist nicht FCI-anerkannt.

Schulterhöhe: mind. 65 cm, Gewicht: o. A., Farben: grau, rötlichblond, gescheckt. Foto: grauer kurzhaariger Rüde. Kaukasischer Owtcharka Klub.

Südrussischer Owtcharka   ehem. Sowjetunion   FCI-Nr. 326/1.1

Imposanter, langhaariger Hirtenhund, der im gesamten südrussischen Raum beheimatet ist. Außerordentlich robuster Schutzhund der Herden und Dörfer. Ende des 18. Jh. kamen mit spanischen Merinoschafen kleine Schäferhunde in die Ukraine, die sich aber nicht als Schutzhunde gegen die Wölfe behaupten konnten. Jedoch sollen sie zur Entstehung des heutigen Südrussischen Owtcharka beigetragen haben, der nicht mehr das Zotthaar seiner Ahnen aufweist. Mächtiger Körperbau, imposante Erscheinung, beachtliche Schärfe und Furchtlosigkeit brachten ihm den Namen „Bärenhund" ein. Das Militär züchtete besonders scharfe Exemplare zum selbständigen Bewachen einsamer Militär- und Industrieanlagen. Berichten aus Rußland nach müssen heranwachsende Südrussische Owtcharkas häufig getötet werden, weil ihre Besitzer nicht mit ihnen fertigwerden. Man kann sich dies bei einem starken, temperamentvollen, großen Hund, dem selbständiges Handeln und blitzschneller Angriff ohne Vorwarnung angezüchtet wurden, sehr gut vorstellen. Allerdings gelangten in den letzten Jahren einige Exemplare nach Westeuropa, die bei früher Sozialisierung und konsequenter Erziehung durchaus brauchbare Familienhunde sein sollen. Kein Hund für Anfänger. Er braucht Lebensraum, ein Revier zum Bewachen und darf nie sich selbst überlassen werden. Das lange, derbe weiße Haar ist pflegeintensiv.

Schulterhöhe: mind. 65 cm, Gewicht: o. A., Farben: weiß mit oder ohne gelbliche, graue oder hellrötliche Flecken, auch rauchfarben. Kaukasischer Owtcharka Klub.

Mittelasiat   ehem. Sowjetunion FCI-Nr. 335/2.2

Der Mittelasiat oder Sredneasiatskaia Owtcharka ist ein mit der Tibet-Dogge und dem türkischen Kangal verwandter Hirtenhund aus den Gebieten Kasachstan, Usbekistan, Turkmenien, Kirgisien und Afghanistan, der ebenfalls in mehreren regionalen Schlägen vorkommt. In den Steppengebieten lebt ein leichterer, oft mit Windhunden verkreuzter Typ, während die Hunde des Pamirgebirges größer und robuster sind. Es gibt langstockhaarige und kurzhaarige Tiere. Sie sind der Hitze, Kälte und Trockenheit Zentralasiens bestens angepaßt. Seit Jahrhunderten begleiten diese Hunde die Nomaden mit ihren Herden zum Schutz gegen Wölfe, doch mit Aufgabe der traditionellen Lebensweise verliert der Hirtenhund seine Daseinsberechtigung. Die Rasse ist vom Aussterben bedroht. In jüngster Zeit wird sie in Moskau gezüchtet und soll gute Eigenschaften für den Gebrauch als Diensthund aufweisen. Der als außerordentlich mutig bekannte Hund soll auch bei der Jagd auf Wildschwein und Schneeleopard eingesetzt werden. Der Mittelasiat strahlt die typisch asiatische Ruhe aus. Er schätzt jede Situation sofort richtig ein, bellt niemals ohne Grund und ist bis zur letzten Sekunde ausgesprochen gelassen, doch greift er ohne zu zögern und ohne Vorwarnung blitzschnell an und versteht keinen Spaß. Ohren und Rute werden in seiner Heimat nach alter Tradition zum Schutze vor Verletzungen im Kampf kurz kupiert. Beginn kleiner Zuchten in Westeuropa.

Schulterhöhe: mind. 65 cm, Gewicht: o. A., Farben: grau, weiß, falb, Rottöne, schwarz, gestromt, gefleckt. Kaukasischer Owtcharka Klub. (Foto: kupierter Hund)

Fotos: Kovacova

Carpatin	Rumänien	nicht FCI-anerkannt
Mioritic Hirtenhund	Rumänien	nicht FCI-anerkannt

Carpatin/Ciobanescul Romanesc Carpatin (links)
Der rumänische Hirtenhund ist ein mit dem Kaukasen und Sarplaninac eng verwandter, starker Wach- und Schutzhund. Hochintelligent, unabhängiges Wesen, seinem Herrn treu ergeben, mit scharfen Sinnen ausgestattet, dürfte er auch im Verhalten den beiden Rassen stark gleichen. Leider soll die ursprüngliche Rasse durch Verkreuzung mit Bernhardiner und Collie stark gefährdet sein. Die Rasse wird fast nur von Hirten für den eigenen Bedarf gezüchtet, die großen Wert auf Leistungsfähigkeit, Ausdauer, Gesundheit und Genügsamkeit legen. Ebenso wie der Mioritic ist er außerhalb seiner Heimat unbekannt. Schulterhöhe: mind. 65 cm, Gewicht: o. A., Farben: Grautöne, wolfsfarben, beige, weiß-gescheckt.

Mioritic Hirtenhund/
Ciobanescul Romanesc Mioritic (rechts)
Der zotthaarige Hirtenhund ist besonders im Grenzgebiet der Moldau verbreitet. Erst 1978 brachte ein Kürschner aus Radauti einige Exemplare aus dem Karpaten-Gebirge mit, wo die Hunde „Mocano" genannt werden. 1981 wurde die Rasse offiziell anerkannt. Nach wie vor liegt die Zucht des Mioritic in Händen der Schäfer, die nur nach eigenem Bedarf züchten. Eine ausgesprochen robuste Rasse, die noch natürlicher Auslese unterworfen ist. Angeblich leichtführiger, mutiger, intelligenter Hund, der der rauhen Umgebung seiner Heimat bestens angepaßt ist. Erstklassiger Wach- und Schutzhund, der im Frühjahr geschoren wird. Schulterhöhe: 60 cm, Gewicht: o. A., Farben: weiß, hellgelb, hellgrau, weiß mit grauen Flecken.

| **Weimaraner** | Deutschland | FCI-Nr. 99/7.1 |

Eine außergewöhnlich aparte Erscheinung unter den Jagdhunden ist der Weimaraner und wohl derjenige deutsche Vorstehhund, der weltweite Verbreitung gefunden hat, häufig als reiner Schau-, aber auch als Polizei- und Schutzhund. Ob der Weimaraner, wie gerne berichtet wird, in seiner heutigen Form wirklich am Hofe zu Weimar gezüchtet wurde, ist umstritten. Sicher ist nur, daß Großherzog Carl August (1757–1828) ein leidenschaftlicher Jäger war und aus Frankreich Bracken mitbrachte. Es ist bekannt, daß er seine Hunde bei herrschaftlichen Jägern und Bauern unterbrachte und daß die grauen Vorstehhunde hauptsächlich im Gebiet Weimar/Halle vorkamen. Der Weimaraner ist hierzulande selten, die Zucht bedarf deshalb besonderer Aufmerksamkeit, um Inzuchtschäden zu vermeiden. Der Weimaraner Vorstehhund ist ein vielseitiger, anhänglicher, leichtführiger, passionierter Jagdgebrauchshund mit ausdauernder, nicht allzu temperamentvoller Suche. Geschätzt werden seine hervorragende Nase, Wild-, Raubzeug- und Mannschärfe. SchHI-Prüfung bei Rüden erwünscht. Der Hund ist besonders geeignet für die Arbeit nach dem Schuß (Schweiß, Verlorenbringen usw.). Der Weimaraner ist sicherlich kein Stadtwohnungshund, er braucht Bewegung und Arbeit. Noch seltener kommt der **langhaarige Weimaraner** (kleines Foto) mit unkupierter Rute vor.

Schulterhöhe: 70 cm, Gewicht: o. A., kupierte Rute, Farbe: silber-, reh- oder mausgrau. Weimaraner Klub.

Deutsch Langhaar
Deutschland   FCI-Nr. 117/7.1

Langhaarige Jagdhunde wurden im Zusammenhang mit der Vogeljagd schon im 16. Jahrhundert beschrieben. Der Langhaarige Deutsche Vorstehhund entwickelte sich aus den alten Vogelhunden über Stöberhunde hin zum heutigen Vorstehhund. Erst im letzten Jahrhundert wurden Gordon Setter und Pointer, ja sogar Neufundländer, später Deutsch Kurzhaar eingekreuzt. Der im Wesen ausgeglichene, kräftige Hund eignet sich für Feld-, Wasser- und Waldjagd und besticht durch unermüdliche Wasserarbeit, präzise Schweißarbeit mit Spurlaut, Verlorensuche und Apportierfreude. Viele Hunde sind raubzeugscharf. Wegen ihrer Mannschärfe, deren Nachweis für die Zuchtzulassung erbracht werden muß, werden sie gerne im Jagdschutz gebraucht. Das Zuchtziel ist ein vielseitiger Jagdgebrauchshund für die Arbeit vor und nach dem Schuß und im Wasser. Besonderer Wert wird auf ein derbes, leicht gewelltes und am Körper anliegendes Haar gelegt, das den Hund nicht bei seiner Arbeit behindert und keine übermäßige Pflege braucht. Trotzdem muß der langhaarige Vorstehhund regelmäßig gebürstet werden. Auch dieser schöne Hund gehört nur in Jägerhand, wo er seine Jagdinstinkte ausleben kann.

Schulterhöhe: 70 cm, Gewicht: o. A., Farben: einfarbig braun, braun mit weißem oder geschimmeltem Brustfleck, braun-weiß, Dunkelschimmel, Hellschimmel, Forellentiger (mit vielen kleinen braunen Flecken auf weißem Grund). Deutsch-Langhaar-Verband.

| Riesenschnauzer | Deutschland | FCI-Nr. 181/2.1 |

Der größte Sproß der Schnauzerfamilie stammt von bayerischen Bauern- und Metzgershunden ab. Man nannte ihn „Russenschnauzer", „Bärenschnauzer" und schließlich „Münchener Schnauzer" oder bezeichnete die großen, rauhhaarigen Bewacher der Brauereiwagen als „Bierschnauzer". Welche Rassen an der „Veredlung" des modernen Riesenschnauzers beteiligt waren, wird immer ein Geheimnis bleiben, man spricht von Dogge, Pudel und Schnauzer. Schon 1925 wurde der Riesenschnauzer offiziell als Diensthund anerkannt. Er ist ein temperamentvoller Draufgänger und trotzdem ruhig und besonnen, ein unerschrockener Hund mit gutartigem Charakter und zuverlässigem Schutztrieb. Der wehrhafte, respekteinflößende Riese hat ein weiches Herz und braucht viel Zuwendung, eine konsequente Führung ohne unnötige Härte, die Geduld und Hundeverständnis erfordert. Er wird bei der Polizei als Diensthund, Sprengstoffsuchhund und im Katastropheneinsatz geführt. Wegen seiner Kinderfreundlichkeit wird er mehr und mehr als reiner Familienhund gehalten, der auch ohne Schutzhundausbildung sein Wächteramt hervorragend erfüllt. Ein erstklassiger, aber nicht leichtführiger Sporthund und großartiger Familienhund. Wird regelmäßig getrimmt. Rute kupiert.

Schulterhöhe: 70 cm, Gewicht o. A., Farben: schwarz, pfeffer und salz. Pinscher und Schnauzer Klub.

Dobermann   Deutschland   FCI-Nr. 143/2.1

Der 1834 in Apolda geborene Louis Dobermann war Hundefänger, Steuereintreiber, Nachtpolizist und Abdecker. Er züchtete scharfe Hunde, die als bedingungslose Kämpfer, unbestechliche Wächter und raubzeugscharfe Jagdhunde galten, mannscharf waren und sich nicht von Stockschlägen oder Schüssen beeindrucken ließen. Man weiß nicht, welche Rassen er benutzte, jedenfalls legte er den Grundstein zur Zucht eines schönen, eleganten Schutzhundes mit viel Schneid und Temperament. Der Dobermann ist leichtführig, aufmerksam und lernfreudig. Der ausgesprochene Einmannhund schließt sich nur einer Person eng an, nur sie akzeptiert er. Besitzerwechsel übersteht er nur sehr schwer. Er ist Hunden gegenüber unverträglich und zurückhaltend zu fremden Menschen. Bei frühzeitiger Gewöhnung an Artgenossen und Menschen kann man vermeiden, daß der Dobermann zum Raufer oder Beißer wird. Da manche Dobermannhalter den umgänglichen, gut sozialisierten Hund gar nicht wollen, sondern seine Wesensart noch unterstützen, gerät der Dobermann leider oft in Verruf. Der pflegeleichte Hausgenosse braucht viel Bewegung und Beschäftigung, er ist immer wachsam, immer in Hab-Acht-Stellung. Bellfreudigkeit und Neigung zum Wildern müssen von klein an unterbunden werden. Der Dobermann sollte unbedingt eine solide Ausbildung genießen. Er ist kein Hund für bequeme oder nervöse Menschen und darf nur nach reiflicher Überlegung angeschafft werden. Kupierte Rute.

Schulterhöhe: 70 cm, Gewicht: o. A., Farben: schwarz, dunkelbraun oder blau mit leuchtend rotbraunen Abzeichen. Dobermann-Verein.

| **Großer Schweizer Sennenhund** | Schweiz | FCI-Nr. 58/2.3 |

Der ehemalige Karrenhund der Hausierer und Marktfahrer, Hofhund der Bauern und Viehtreiber der Metzger war in der ganzen Schweiz weit verbreitet und Ausgangsrasse für den St. Bernhardshund und die großen Sennenhunde. Der Bauernhund mußte den Anforderungen seiner Besitzer gerecht werden. Andernfalls wurde er geschlachtet und gegessen! Respekteinflößende Größe, Wetterhärte, Gesundheit, Kraft, Ausdauer und Genügsamkeit waren Voraussetzung für ein Überleben. Kräftiger Körperbau galt sicherlich als Vorzug, möglicherweise auch eine hübsche, gleichmäßige Zeichnung und leuchtende Farben. Die Bauernhunde waren dreifarbig, rot-weiß gescheckt oder schwarzmarkenfarbig. 1908 traf Prof. Heim einen „kurzhaarigen" Berner Sennenhund, sah darin eine eigene Rasse und nannte sie Großer Schweizer Sennenhund. Die Reinzucht der dreifarbigen, symmetrisch gezeichneten Hunde schuf den uns heute bekannten, imposanten Hund. Der Große Schweizer ist ein robuster, kräftiger Bursche von ruhigem, ausgeglichenen Wesen und gutem Schutztrieb, ohne überaggressiv zu sein. Er braucht Platz, engen Familienanschluß und ist geduldig mit Kindern. Er hält sich gerne in Hof und Garten auf, ohne zu streunen. Wetterhart, pflegeleicht und genügsam ist er heute noch ein idealer Wächter für den Bauernhof. Er besitzt eine gute Nase und läßt sich gut zum Schutzhund, Rettungshund und Lawinenhund ausbilden.

Schulterhöhe: 70 cm, Gewicht: o.A., Schweizer Sennenhundverein für Deutschland.

| St. Bernhardshund | Schweiz | FCI-Nr. 61/2.2 |

Seit dem 18. Jh. ist bekannt, daß Hospizhunde den Bergführern halfen, bei Nacht und Nebel den Weg zu finden und Vermißte zu suchen. Der legendäre Barry I soll 40 Menschenleben gerettet haben. Die alten Hospizhunde stammten von rot-weißen Bauernhunden aus den Tälern der Umgebung. Es waren kräftige, aber bewegliche, im Vergleich zum heutigen Bernhardiner leichte, wendige, stockhaarige Hunde, die sich im hohen Schnee gut bewegen konnten. Langhaarige Welpen schenkte man den Bauern im Tal. Sie erregten das Interesse der Hundezüchter und wurden besonders in England modern, wo man hohe Preise für sie zahlte. Immer größer, immer massiger war gefragt, so daß der moderne St. Bernhardshund wenig Ähnlichkeit mit dem alten Hospizhund hat und auch nicht zur Arbeit eines Lawinenhundes fähig ist. Er ist heute repräsentativer Familienhund, der viel Platz und Futter braucht. Die Aufzucht des Junghundes ist teuer und anspruchsvoll. Der Hund hat kein allzu großes Laufbedürfnis, muß aber regelmäßig bewegt werden. Er braucht eine frühe, konsequente Erziehung; jung an Kinder gewöhnt, entwickelt er seine sprichwörtliche Kinderfreundlichkeit. Der Bernhardiner besitzt Schutztrieb, gelegentlich sind aggressive Tiere anzutreffen. Bernhardiner speicheln stark. Extrem verzüchtete Hunde neigen zu Bindehautentzündungen und bei Hitze und Streß zu Kreislaufschwächen. Regelmäßiges Bürsten des Langhaars erforderlich, Augenpflege wichtig.

Schulterhöhe: mind. 70 cm, Gewicht: o. A., Lang- und Stockhaar (Portrait), Farben: weiß und rot. St. Bernhards-Klub.

Polski Owczarek Podhalanski	Polen	FCI-Nr. 252/1.1
Slovensky Cuvac	Slowakei	FCI-Nr. 142/1.1
Cane da Pastore		
Maremmano-Abruzzese	Italien	FCI-Nr. 201/1.1

Polski Owczarek Podhalanski (oben)
Slovensky Cuvac (rechts oben)
Die enge Verwandtschaft der beiden Hirtenhunde aus den Karpaten, dem Grenzgebirge zwischen Polen und der Slowakei, ist nicht zu verleugnen. Beide schützen Herden und Höfe vor Bären und Wölfen und sind besonders nachts aktiv. Ab 1937 wurde der Podhalaner zuchtbuchmäßig erfaßt und vom Militär ausgebildet.
Der auf der slowakischen Seite des Gebirges lebende Cuvac verdankt seine Rasseanerkennung Prof. Hruza. Er legte nach alten Gemälden und Beschreibungen den Standard fest und suchte in den Bergen Zuchttiere zusammen, um die Hunde nach alter Tradition weiterzuzüchten. Beide Rassen sind gelehrig, intelligent, arbeitsfreudig, temperamentvoll und anschmiegsam in der Familie. Die selbstsicheren, wachsamen, verteidigungsbereiten Hunde dürfen nie ängstlich, nervös oder unangebracht aggressiv sein. Beide brauchen eine konsequente Erziehung. Das Fell ist pflegeleicht.

Schulterhöhe: 70 cm, Gewicht: o. A., Farbe: weiß. Podhalanski: Allg. Klub für Polnische Hunderassen, Cuvac: Club Slovensky Cuvac.
Der Kreuzung zwischen Cuvac und einem Malamutenbastard aus Alaska entstammt der **Böhmische Berghund** (Cesky horsky pes). Zuchtziel: robuster, wasserfreudiger, ausdauernde Hunde für alle Aufgaben im Gebirge. Schulterhöhe: 70 cm, Gewicht: 45 kg, Farbe: weiß-gefleckt. Nur national anerkannt.

Cane da Pastore Maremmano-Abruzzese (rechts)
Der Hirtenhund des Abruzzengebirges in Mittelitalien schützt dort nach uralter Tradition die Herden vor Wölfen und ist in Italien allgemein ein beliebter Schutzhund großer Anwesen. Selbstbewußter, selbständiger Hirtenhund, der konsequente Erziehung braucht. In der Familie zuverlässig, freundlich. Schulterhöhe: 73 cm, Gewicht: 40 kg, Farbe: weiß.

▲ Foto: Ilbeck

| **Kuvasz** | Ungarn | FCI-Nr. 54/1.1 |

Der Kuvasz kam mit den einwandernden mongolischen Hirtenvölkern aus Asien ins heutige Ungarn. Er ist ein unbestechlicher Wächter und Beschützer der Herden und des Eigentums seines Herrn. Während der Weltkriege erlitt die Rasse schwere Rückschläge, 1956 wäre sie beim Ungarnaufstand in ihrer Heimat sogar beinahe ausgerottet worden. Hinderten die tapferen Hunde die Soldaten am Eindringen in ihr Revier, wurden sie kurzerhand erschossen. Glücklicherweise hatten die schönen weißen Hunde längst ihre Liebhaber in Europa und Amerika, und die ungarische Zucht konnte sich wieder erholen. Der ausgesprochen schöne Hund besitzt eine starke Persönlichkeit und ausgeprägtes Rangordnungsempfinden. Die konsequente Erziehung muß schon beim Welpen beginnen. Der rasch wachsende, kräftige und sehr temperamentvolle Hund stellt hohe Ansprüche an die Geduld und das Durchsetzungsvermögen seines Erziehers. Hat er seinen Platz in der Familie gefunden und seinen Boß akzeptiert, ist der Kuvasz ein angenehmer, lernfähiger Hausgenosse und zuverlässiger Wach- und Schutzhund, der Fremden gegenüber mißtrauisch bis reserviert ist. Der Kuvasz braucht angemessenen Bewegungsraum und Auslauf, allerdings muß sein Jagdtrieb durch konsequente Erziehung in Grenzen gehalten werden. Der Kuvasz verliert zuzeiten viele Haare, ansonsten ist die Pflege einfach.

Schulterhöhe: 75 cm, Gewicht: 60 kg, Farbe: weiß, elfenbeinfarben noch gestattet. Diverse Vereine im VDH.

| **Sarplaninac** | Jugoslawien | FCI-Nr. 41/2.2 |

Der früher Illyrischer Schäferhund genannte Hund scheint identisch zu sein mit der Rasse aus dem Sarplanina, einem an der albanischen Grenze gelegenen Gebiet. Großer, starker, scharfer Hirtenhund, der die Herden vor Wölfen, Bären und Luchsen, in den Dörfern Hab und Gut sowie Frauen und Kinder beschützt. In seiner Heimat wird der Sarplaninac für militärische und polizeiliche Zwecke gezüchtet. Seine Ausfuhr war bis 1970 verboten. Der Sarplaninac ist ein ernster, in seiner Familie anhänglicher, treuer Hund. Er ist Fremden gegenüber mißtrauisch und stets verteidigungsbereit. Er besitzt ein ausgezeichnetes Gedächtnis und vergißt seine Feinde nie. Er handelt selbständig und ist zuweilen in seinen Reaktionen unberechenbar, was ihn im Umgang mit Fremden gefährlich macht. Er braucht eine konsequente Erziehung, ist aber niemals ein leichtführiger, bedingungslos gehorsamer Hund. Bei seiner Kraft und Größe schwierig zu lenken, gehört er nur in Kennerhand. Fremde gleichgeschlechtliche Hunde duldet er in seinem Revier nicht und geht auch außerhalb einem Kampf nicht aus dem Wege. Ausgesprochen genügsamer Hund, der den Aufenthalt im Freien liebt und bei Haltung im Garten und Haus nicht besonders anspruchsvoll in bezug auf zusätzlichen Auslauf ist. Ein Spaziergang am Tag reicht aus. Während des Haarwechsels häufiger bürsten, normalerweise nur gelegentlich.

Schulterhöhe: 70 cm, Gewicht: 55 kg, Farben: einfarbig weiß bis schwarz, erwünscht eisengrau und dunkelgrau. Jugoslawischer Hirtenhunde-Klub.

Hovawart   Deutschland   FCI-Nr. 190/2.2

Im Mittelalter wird der „Hovewart" – der Hofwächter – erstmals schriftlich erwähnt. Leider ohne Abbildung, aber es dürfte ein großer hirtenhundähnlicher Typ mit dikkem, vor jeder Witterung schützendem Fell, Genügsamkeit, starkem Wach- und Schutztrieb und enger Bindung an den Menschen gewesen sein. Anfang des 20. Jh. begann Kurt F. König mit der Rückzüchtung des Hovawart-Hundes. Er verkreuzte Bauernhunde aus dem Harz und dem hessischen Odenwald mit verschiedenen Hirten- und Sennenhunden, Neufundländern und zotthaarigen Schäferhunden. 1922 wurde der erste Wurf eingetragen, 1937 die Rasse anerkannt, seit 1964 gehört der Hovawart zu den anerkannten Diensthundrassen. Hovawarte sind noch immer von recht unterschied-lichem Temperament. Im allgemeinen ist er ein großer, schöner Hund ohne Übertreibungen und ein temperamentvoller, lernfreudiger, umgänglicher Hausgenosse, der zuverlässig wacht und schützt. Er braucht viel Bewegung und Beschäftigung und ist kein Hund für bequeme Menschen. Stets zu neuen Streichen aufgelegt, verspielt und neugierig bis ins hohe Alter, ist der Hovawart für alle Bereiche des Hundesports bestens geeignet, aber auch für ernsthafte Aufgaben wie Polizeidienst, Rettungs- und Lawinenhund. Egal, was man mit ihm macht, er ist immer ein fröhlicher, liebenswerter Familienhund, der engen Kontakt zu seinen Menschen braucht. Das schlichte Haar ist pflegeleicht.

Schulterhöhe: 70 cm, Gewicht: o. A., Farben: blond, schwarz und schwarzmarkenfarbig. Diverse Vereine im VDH.

| **Cao da Serra da Estrela** | Portugal | FCI-Nr. 173/2.2 |

Traditioneller Hirtenhund aus dem westlichsten Gebirge Europas, dem Estrela Gebirge in Portugal. Dort schützen die Estrela-Berghunde heute noch unter extremen Witterungsbedingungen die Herden vor Wölfen. Er ist ein echter Wach- und Schutzhund. Das Militär züchtet ihn für eigene Zwecke. Als typischer Hirtenhund ist der Estrela kein Schmeichler, sondern eher von unabhängigem Charakter und allem Fremden gegenüber mißtrauisch bis aggressiv. Der Cao da Serra da Estrela ist besonders aktiv und wachsam in der Nacht. Seine Aufgabe bei der Herde verlangt selbständiges Handeln bei Gefahr, er ist deshalb kein unterwürfiger, leicht zu erziehender Hund. Seine Erziehung erfordert Einfühlungsvermögen und Durchsetzungskraft. Der richtig erzogene und in der Familie gehaltene Estrela, der viel Bewegung und eine Aufgabe braucht, ist ein liebenswürdiger zuverlässiger Beschützer der Kinder und jederzeit verteidigungsbereit. Seine verlockende Schönheit darf nicht über die Schwierigkeiten des typischen Charakters dieser noch ursprünglichen Rasse hinwegtäuschen und nicht zu unbedachtem Kauf verleiten. Außerhalb Portugals faßt dieser interessante Hund erst allmählich Fuß, es ist auch nicht einfach, gute Hunde zu kaufen.

Schulterhöhe: 72 cm, Gewicht: o. A. Das Fell des Estrela kann langhaarig oder stockhaarig sein. Farben: gelb, braun, wolfsgrau, einfarbig oder mit weißen Abzeichen. Foto: roter stockhaariger Rüde.

| **Sloughi** | Marokko | FCI-Nr. 188/10.3 |

Der nordafrikanische Windhund kam mit arabischen Einwanderern nach Afrika. Auf ägyptischen Reliefs ab 1500 v. Chr. wird der kurzhaarige, hängeohrige Windhund dargestellt. Der Sloughi gilt mit Pferd und Kamel als kostbarster Besitz der Beduinen Nordafrikas. Er lebt wie ein hochverehrtes, verwöhntes Familienmitglied im Zelt und ist deshalb seiner Familie eng verbunden. Fremden gegenüber ist der Sloughi mißtrauisch und durchaus verteidigungsbereit. In seiner Heimat bewachen die Sloughis von den Zeltdächern aus das Lager. Bei der Jagd sprang der Sloughi vom galoppierenden Pferd, sobald er das flüchtende Wild erspähte, hetzte und stellte es. Heute ist diese Jagd verboten, trotzdem bewahren traditionsbewußte Beduinenstämme die Sloughizucht. Noch immer sind diese Windhunde ausdauernde Langstreckenläufer und schwierigstem Gelände gewachsen. Sie brauchen ihrer Herkunft entsprechend, die in Europa erst wenige Generationen zurückliegt, engen Familienanschluß und viel Bewegung. Ein großes, sicher eingezäuntes Grundstück, ausgedehnte Spaziergänge und regelmäßiges Training auf der Rennbahn oder Jagd-Coursing ermöglichen dem Sloughi ein glückliches, artgerechtes Leben. Mit Verständnis und Liebe erzogen, ist der Sloughi ein gehorsamer, ruhiger Familienhund, der selten und nie grundlos bellt. Pflege und Fütterung einfach.

Schulterhöhe: 70 cm, Gewicht: o. A., Farben: sandfarben, fahlrot mit oder ohne schwarze Maske, weißlich, gestromt, schwarzloh. Deutscher Windhundzucht- und Rennverband.

| **Saluki** | Iran | FCI-Nr. 269/10.1 |

„Der Saluki ist kein Hund, er ist ein Geschenk Allahs, zu unserem Nutzen und zu unserer Freude gegeben", so sagt der Koran. Der Saluki, in seiner Heimat „Tazi" genannt, lebt in seiner heutigen Form seit Jahrtausenden im gesamten Orient, von China bis nach Arabien und in Ägypten. Je nach Region ist er derber oder eleganter, mehr oder weniger stark an Rute, Ohren und Läufen befranst. Der Saluki – vermutlich benannt nach der alten arabischen Stadt Saluq – ist ein Langstreckenläufer. Vor den Reitern sitzend, ritt er mit zur Jagd. Während der Falke das Wild erspähte und durch seine Attacken irritierte, hetzte der vom Pferd gelassene Saluki die Beute zum Stand. Gejagt wurde alles, vom Hasen über die Gazelle bis zum Vogel Strauß, sowie Onager, Wolf, Fuchs und Schakal. Um 1700 gelangte er mit arabischen Pferden nach England. Der zurückhaltende, sensible Hund schließt sich eng seiner Bezugsperson an, die sich um ihn kümmert und mit ihm „jagt" – sprich spazierengeht und ihm die Befriedigung seines Bewegungsdrangs ermöglicht, am besten auf der Rennbahn oder beim Jagd-Coursing. Der im Hause ruhige, im Freien lebhaft verspielte Hund kann mit viel Lob und Liebe zu einem gehorsamen Hausgenossen erzogen werden, allerdings vergißt er alles, wenn er ein Hetzobjekt sieht. Die Fellpflege beschränkt sich auf das Kämmen der Befransung. Ansonsten unempfindlicher, robuster Hund.

Schulterhöhe: 71 cm, Gewicht: o. A., Farben: alle Rottöne, braun-schwarz, weiß, dreifarbig, einfarbig oder gescheckt. Deutscher Windhundzucht- und Rennverband.

Podenco Ibicenco	Spanien	FCI-Nr. 89/5.7
Podenco Canario	Spanien	FCI-Nr. 329/5.7
Podengo Portugues grande	Portugal	FCI-Nr. 94/5.7

Podenco Ibicenco (oben)

Nachfahre des alten Pharaonenhundes, der sich auf den Baleareninseln erhalten konnte. Man jagt mit einem einzelnen Hund oder mehreren Hündinnen und einem Rüden auf Kaninchen, Hühner und sogar Hochwild. Mehrere Rüden arbeiten nicht zusammen und raufen. Podencos jagen mit der Nase ebenso wie mit den Augen und apportieren. Sie sind robust und dem rauhen Gelände ihrer Heimat bestens angepaßt. Der selbständige Jäger ist nach unseren Vorstellungen schwierig zu halten. Die Erziehung setzt Geduld, Verständnis und Konsequenz voraus. Das große Laufbedürfnis ist wegen der Jagdpassion kaum zu befriedigen. Schulterhöhe: 72 cm, Gewicht: o. A., rauh- und glatthaarig (Foto), Farben: weiß-rot, einfarbig weiß oder rot, löwengelb. Podenco Ibicenco Club Deutschland.

Podenco Canario (rechts oben)

Nach den dort lebenden Nachfahren antiker Laufhunde wurden wahrscheinlich die „Kanarischen" (= Hunds-)Inseln benannt. Im wesentlichen trifft die Beschreibung des Ibicenco zu. Schulterhöhe: 64 cm, glatthaarig

Podengo Portugues grande (rechts)

Zur Jagd auf Wildschwein und Hirsch verwendet, spürt er das Wild auf und stellt es bellend, bis der Jäger zum Schuß kommt. Bestens dem rauhen Gelände angepaßt und robust. Intelligent, gut erziehbar und wachsam, abgesehen von seiner Jagdpassion, angenehmer Haushund. Da der Rauhhaar weniger verletzlich im Dornengestrüpp ist, findet man den Glatthaar kaum noch. Die fast ausgestorbene Rasse befindet sich im Wiederaufbau. Schulterhöhe: 70 cm, Gewicht: o. A., Glatt- oder Rauhhaar (Foto), Farben: Gelbtöne, verwaschenes Schwarz, einfarbig oder mit weißen Abzeichen, weiß mit gelben oder schwarzen Abzeichen.

Große französische Laufhunde   Frankreich   FCI-Gruppe 6.1

Diese großen Laufhunde sind auch in Frankreich relativ selten und außerhalb ihrer Heimat nur gelegentlich anzutreffen. Sie waren an der Schaffung der beliebten Meutehunde beteiligt. Ausgesprochen edle, elegante Laufhunde mit hervorragender Nase und herrlichem Geläut. Trotz liebenswürdigem, klugen und wachsamen Wesen ohne Schärfe nicht zu empfehlen als Haus- und Familienhund, da starke Jagdpassion und wenig Gehorsamsbereitschaft verhindern, das natürliche Laufbedürfnis dieser Hunde zu erfüllen. Verein für französische Laufhunde.

Grand Bleu de Gascogne FCI-Nr. 22 (oben)
Einzigartige Fellfarbe, zeichnet sich durch feine Nase bei der Reh- und Wildschweinjagd aus. Schulterhöhe: 72 cm, Gewicht: o. A.

Grand Gascon Saintongeois FCI-Nr. 21 (rechts oben)
Auffallend schwarz-weißer Laufhund, der ebenso wie der Grand bleu de Gascogne zur

Reh- und Wildschweinjagd eingesetzt wird. Schulterhöhe: 70 cm, Gewicht: o. A.

Billy FCI-Nr. 25 (rechts außen)
Eng verwandt mit dem Poitevin und benannt nach dem Landgut seines Schöpfers. Obwohl an der Schaffung einiger Laufhundrassen beteiligt, war der Billy schon immer selten. Es besteht noch eine Meute mit etwa 60 Hunden, die in der Auvergne Wildschweine jagt. Daneben gibt es noch eine oder zwei kleine Meuten für die Hasenjagd. Charakteristisch ist die weiß-zitronengelbe Fellfarbe. Schulterhöhe: 70 cm, Gewicht: o. A.

Poitevin FCI-Nr. 24 (rechts)
Heute wieder weit verbreitete, edle, fast windhundartige Bracke, nicht allzu robust, aber von sprichwörtlicher Jagdpassion und Schnelligkeit. Alter französischer Laufhund, Vorfahre vieler anderer französischer Bracken. Schulterhöhe: 72 cm, Gewicht: o. A.

▼ Foto: Popelier

▼ Foto: Popelier

Foto: Popelier

| **Große französische Laufhunde** | Frankreich | FCI-Gruppe 6.1 |

Französische Meutehunde haben eine jahrhundertealte Tradition. Die meisten wurden während der Französischen Revolution ausgerottet. Meutehunde werden durchaus nicht immer rein gezüchtet, sondern den Bedürfnissen entsprechend verkreuzt, wobei jagdliche Leistung, Robustheit und Gesundheit im Vordergrund stehen. Gerühmt werden die hervorragende Nase, das wohlklingende Geläut, Schnelligkeit, Ausdauer und Jagdpassion. Alle französischen Laufhunde sind ausgesprochen edel und elegant, oft mit auffallend langen Ohren. Sie sind schön, freundlich und klug, aber ihres großen Laufbedürfnisses und ihrer Jagdpassion wegen sollte man französische Laufhunde generell nicht als Haus- und Familienhunde in Betracht ziehen. Verein für französische Laufhunde.

Grand anglo-français tricolore FCI-Nr. 322 (rechts)
Robuster, am weitesten verbreiteter Meutehund Frankreichs. Entstanden aus der Verkreuzung von englischem Foxhound und Poitevin. Schulterhöhe: 70 cm, Gewicht: o. A., dreifarbig.

Grand anglo-français blanc et noir
FCI-Nr. 323
Schwarz-weißer Laufhund, abstammend vom Gascon-Saintongeois. Schulterhöhe: 72 cm.

Grand anglo-français blanc et orange
FCI-Nr. 324 (rechts oben)
Aus der Verkreuzung Foxhound mit Billy entstanden, sehr selten. Schulterhöhe: 70 cm, Gewicht: o. A., Farbe: weiß-orange.

Français tricolore FCI-Nr. 219
Entstanden aus dem Anglo-français-tricolore, selektiert auf den Typ des schweren normannischen Hundes (Chien Normand). Schulterhöhe: 72 cm, dreifarbig.

Français blanc et orange FCI-Nr. 316
Billy-Einfluß, sehr selten. Schulterhöhe: 70 cm, Farbe: weiß-orange.

Français blanc et noir FCI-Nr. 220 (oben)
Bevorzugt für die Jagd auf Reh wegen seiner guten Nase und seines ruhigen Wesens, direkt abstammend vom Gascon-Saintongeois. Schulterhöhe: 72 cm, Gewicht: o. A.

▲ Foto: Popelier

| **Ca de Bestiar** | Spanien | FCI-Nr. 321/1.1 |

Vermutlich entstand der Ca de Bestiar (= Perro de Pastor Mallorquin oder Schäferhund aus Mallorca) aus der Vermischung eingeführter kastilischer Hunde mit einheimischen Bauernhunden. Jedenfalls handelt es sich um eine uralte Rasse, die früher die großen Herden hütete und beschützte. Inzwischen gibt es längst nicht mehr so große Herden, und die Aufgabe des Ca de Bestiar wandelte sich vom Hirten- zum Wach- und Schutzhund der Anwesen. Vorteilhaft war das schwarze Fell, da der Hund in der Nacht praktisch unsichtbar war. Er wurde auch als Polizeihund eingesetzt. Noch 1930 war die Rasse auf allen Balearen-Inseln beliebt und häufig anzutreffen, doch ging sie in den Wirren des Bürgerkrieges unter. Später vermischte sie sich mit Touristenhunden. 1967 fanden sich in letzter Minute einige Liebhaber der Rasse, die sich für die Reinzucht einsetzten und 1975 den Standard festschrieben. 1980 erschien der erste Ca de Bestiar im Ausstellungsring. 1985 wurden schon 87 Exemplare ins Zuchtbuch eingetragen. Der Ca de Bestiar ist ein robuster, kräftiger Bauernhund mit ausgeprägtem Schutztrieb, der als Einmannhund beschrieben wird, der ungern Fremde akzeptiert. Im übrigen ein lernfreudiger, intelligenter Hund.

Schulterhöhe: 73 cm, Gewicht: 40 kg, Farbe: schwarz, Kurzhaar: bis 3 cm (Foto), Langhaar: bis 7 cm.

Mastino Napoletano Italien FCI-Nr. 197/2.2

Seine Vorfahren waren vermutlich die Kampfhunde der alten Römer, die sich in Süditalien als Hirten-, Hof- und Bauernhunde erhalten konnten. Erst 1949 begann die Reinzucht. Vor einigen Jahren wurden die „Panzer der Antike" in der Presse als sicherster Schutz, als lebendige Alarmanlagen hochgespielt, was sofort die Menschen ansprach, die einen „gefährlichen" Hund zur Selbstbestätigung brauchen. Geschäftstüchtige Züchter nutzten den Trend: Immer faltenreichere, schrecklich gefährlich aussehende Monster, ja anatomische Krüppel, wurden vermarktet. Schutztrieb ist dem Mastino angeboren, er muß eher gebremst als gefördert werden. Welpen müssen frühzeitig den freundlichen Umgang mit Menschen lernen. Der Mastino hat kein großes Laufbedürfnis, braucht aber Lebensraum und ist ein ruhiger, angenehmer Begleiter. Er ist sehr kinderfreundlich und absolut gutartig mit „seinen Menschen". Der selbstsichere Hund bricht selten Streit vom Zaun, doch einmal provoziert, kämpft er kompromißlos. Selbst bei konsequenter, einfühlsamer Erziehung wird er nie ein ausgesprochen gehorsamer Hund sein. Der Mastino gehört nur in die Hände vernünftiger, verantwortungsbewußter Hundehalter, die mit Kenntnis der Hundepsyche und Körperkraft diesen Hund führen können. Speichelt stark. Rute wird ein Stück kupiert. Teure und aufwendige Aufzucht.

Schulterhöhe: 73 cm, Gewicht: 90 kg, Farben: grau, schwarz, gestromt, isabellfarben, mahagonibraun. Club für Molosser. (Foto: in Italien kupierte Ohren)

Azawakh   Mali   FCI-Nr. 307/10.3

Schnell wie der Wind, ausdauernd wie das Kamel und schön wie das Araber-Pferd, könnte man den graziösen Windhund der Tuareg, jener geheimnisvollen Nomaden der Südsahara, nennen, deren Herkunft ebenso unbekannt ist wie die ihrer Hunde. Die Tuareg schätzen ihn als Jagdgehilfen und Wächter der Herden und Zelte. Der Wüstenwindhund tötet seine Beute nicht, sondern verletzt sie schwer, denn tote Tiere würden in der sengenden Sonne verderben. Von ursprünglicher Wildheit, lebhaft und aufmerksam, bleibt er auch gegenüber ihm bekannten Menschen reserviert, ist aber liebenswürdig und sanft zu jenen, denen er seine Zuneigung schenkt. Der Azawakh braucht Familienanschluß und ist ein anpassungsfähiger Hausgenosse, sofern ihm täglich die nötige Bewegung verschafft und sein Laufhunger gestillt werden. Auf Ausritten, bei Windhundrennen und Coursing kann er sich ausleben. Der stolze, selbständiges Jagen gewohnte Hund will mit viel Geduld, Liebe und ruhiger Beharrlichkeit erzogen werden. Falsche Strenge und Härte machen ihn unsicher und verstört. Die Mentalität des freiheitsliebenden Hundes und seines Herrn müssen zusammenpassen, um beide glücklich zu machen.

Schulterhöhe: 74 cm, Gewicht: o. A., Farben: sandweiß bis braun über alle Nuancen von gelb bis rot. Weiße Abzeichen. Schwarze Schattenmaske erlaubt. Deutscher Windhundzucht- und Rennverband.

| **Afghanischer Windhund** | Afghanistan | FCI-Nr. 228/10.1 |

Einer der schönsten Hunde ist zweifellos der Afghane. Mit den ursprünglichen Hetzhunden Afghanistans hat er nur noch wenig Ähnlichkeit. Der Gebirgsafghane ist kompakter und reicher behaart als der hochläufige schnelle Renner der südwestlichen Wüsten. Weitgehend selbständig jagen die Hunde einzeln, zu zweit oder in der Meute alles, was das Land an jagdbarem Wild hergibt, vom Hasen über die Gazellen bis hin zum Schneeleoparden. Diese Selbständigkeit hat sich der Afghanische Windhund bis heute bewahrt. Ende des 19. Jh. gelangten die Hunde mit britischen Offizieren nach Großbritannien. Die Zucht erblühte aber erst nach dem I. Weltkrieg. Zunächst züchtete man den Wüstentyp (Bell-Murray) und den Gebirgsafghanen (Ghazni). Doch ging der weniger attraktive Wüstenrenner bald im Ghazni auf. In den 30er Jahren kamen die ersten Afghanen nach Deutschland. Das herrliche, seidige Haar verlangt intensive Pflege. Der stolze, unabhängige, niemals um Zuneigung heischende Hund braucht einen verständnisvollen Besitzer, denn die üblichen Erziehungsmethoden haben beim Afghanen wenig Erfolg. Wegen seines angeborenen Hetztriebs ist freier Lauf kaum möglich. Der Hund braucht aber außerordentlich viel Bewegung und Auslauf, der am besten bei Windhundrennen oder Coursing zu befriedigen ist.

Schulterhöhe: 73,5 cm, Gewicht: bis 30 kg, alle Farben zulässig. Deutscher Windhundzucht- und Rennverband.

Schwarzer Russischer Terrier   Rußland   FCI-Nr. 327/1.4

Diese Neuschöpfung wurde 1981 vom russischen Landwirtschaftsministerium anerkannt. Man suchte den idealen Diensthund für Zoll und Militär und glaubte, ihn durch die gezielte Verpaarung von Airedale, Rottweiler und Riesenschnauzer zu bekommen. Vom Airedale erhoffte man sich Ausdauer und Führigkeit, vom Riesenschnauzer Größe und Schärfe, vom Rottweiler kraftvollen Körperbau und ausgeglichenes Wesen. Heraus kam ein Hund, der kaum von einem ungetrimmten Riesenschnauzer oder Bouvier des Flandres zu unterscheiden ist. In Rußland gilt der Terrier heute als anpassungsfähig an die verschiedenen Klimate des großen Landes, robust, gelehrig und leicht auszubilden. Eingesetzt wird er als Schutzhund bei Polizei, Zoll und Militär sowie als Rettungshund. Man schätzt sein festes Nervenkostüm, schnelles Reaktions- und Auffassungsvermögen sowie stete Verteidigungsbereitschaft ohne unerwünschte Schärfe. Fremden gegenüber ist der große Schwarze mißtrauisch und seiner Bezugsperson treu ergeben. Man sollte sich darüber im klaren sein, daß der russische Terrier aus Diensthunderassen als reiner Diensthund herausgezüchtet wurde, der von erfahrenen Hundeführern auszubilden und zu halten ist, nicht aber vornehmlich als Haus- und Familienhund. Bislang gibt es nur wenige Exemplare des schwarzen russischen Terriers außerhalb der ehem. Sowjetunion. Kupierte Rute.

Schulterhöhe: 74 cm, Gewicht: o. A., Klub für Terrier.

| **Neufundländer** | Kanada | FCI-Nr. 50/2.2 |

Wahrscheinlich entwickelten sie sich aus Kreuzungen von Indianerhunden mit den Hunden europäischer Fischer. Zuerst gelangten weißschwarze Hunde (Landseer) aus dem Norden Neufundlands nach England. Als es keine mehr auf der Insel gab, nahmen die Fischer kleinere, schwarze Hunde aus dem Süden der Insel mit. Der bärenhafte, gutmütige Hund löste als Modeerscheinung seinen größeren, weißschwarzen Vorläufer allmählich ab. Der auf das Apportieren spezialisierte, wasserfreudige Labrador Retriever ist eine Fortzüchtung der ersten schwarzen Neufundlandhunde. Wasserpassion und angeborene Bringfreude machen den Neufundländer zum geborenen Wasserrettungshund. Berühmtester Nutznießer war wohl Napoleon, den der legendäre Boatswain rettete. An der französischen Atlantikküste bildet die Küstenwacht leichte, wendige Neufundländer aus. Der ruhige, liebenswürdige Haus- und Familienhund stellt wenig Ansprüche. Seine Kinderliebe ist sprichwörtlich, er paßt sich gut an, fordert keine langen Spaziergänge, sofern ein ausreichender Garten zur Verfügung steht, lernt leicht die notwendigsten Umgangsregeln, bellt wenig, besitzt keine Schärfe, aber seine dunkle, mächtige Erscheinung wirkt abschreckend. Ein Neufundländer braucht Platz, hält sich gerne im Freien auf und ist nur als vollwertiges Familienmitglied glücklich. Die Pflege des dichten, mit viel Unterwolle durchsetzten Fells ist relativ aufwendig.

Schulterhöhe: 75 cm, Gewicht: 72 kg, Farben: schwarz, braun, schwarz-weiß. Diverse Vereine im VDH.

Rafeiro do Alentejo   Portugal   FCI-Nr. 96/2.2

Er stammt aus der Region Alentejo, die sich südlich des Tejo bis an die Algarve erstreckt. Möglicherweise entstand er durch die Verkreuzung des Cao da Serra da Estrela mit den Hunden der Tiefebene. Die Großgrundbesitzer schätzten diesen schönen, mächtigen Hund als zuverlässigen Beschützer ihrer Güter und züchteten ihn mit viel Liebe und Sachverstand. Der Rafeiro war ein Statussymbol, der Hund der Reichen, was ihm schließlich zum Verhängnis zu werden drohte. Als die Revolution die Großgrundbesitzer vertrieb, kümmerte sich niemand mehr um die Hunde, im Gegenteil, sie waren verhaßt wie ihre Herren und wurden vernichtet. Als Ruhe ins Land kehrte, erinnerten sich Hundefreunde dieser uralten portugiesischen Rasse, die letzten überlebenden Exemplare wurden gesammelt und erfaßt und die Zucht langsam wieder aufgebaut. Besonders nehmen sich die Studenten der alten Universität in Evora der Hunde an, so daß die Zukunft des Rafeiro als gesichert gilt, wenn auch noch viel züchterische Aufbauarbeit zu leisten sein wird. Der Rafeiro ist nach wie vor ein Schutzhund, der besonders aufmerksam in der Nacht ist. Der selbständige Hund braucht eine feste, konsequente Erziehung, wird aber nie ein fügsamer, unterordnungswilliger Hund sein. Seiner Familie gegenüber ist er zuverlässig und freundlich.

Schulterhöhe: 74 cm, Gewicht: 50 kg, Farben: schwarz, falb, kastanienbraun, gestromt, cremefarben mit oder ohne weiße Abzeichen. Foto: junger Rüde.

| **Broholmer** | Dänemark | FCI-Nr. 315/2.2 |

Vermutlich Nachfahre der mächtigen germanischen Doggen, die als Wach- und Schutzhunde und zur Wildschwein- oder Bärenjagd dienten. Später nannte man sie Saupacker oder Hatzrüden. Diese starken Hunde waren die Vorfahren vieler europäischen doggenartigen Hunderassen. Vom alten Broholmer dürfte der Begriff Dänische Dogge herleiten, dem noch heute im Ausland gebräuchlichen Namen für die Deutsche Dogge. Als dank moderner Waffen die Saupacker nicht mehr gebraucht wurden, drohten diese Hunde auszusterben. 1850 begann in Dänemark Hofjägermeister Sehested mit dem Wiederaufbau der Zucht der antiken dänischen Dogge. Er sammelte im ganzen Land Hunde, die seinen Vorstellungen entsprachen und züchtete mit ihnen weiter. Ihm zu Ehren wurde die Rasse Broholmer, nach seinem Gut Broholm auf Fünen, benannt. Doch geriet die Rasse allmählich in Vergessenheit. 1974 begann die Rückzüchtung des Broholmer. Welpen werden nur mit der vertraglichen Verpflichtung zur Weiterzucht verkauft und die Zucht streng überwacht. Der Broholmer ist ein ruhiger, angenehmer Hausgenosse und geduldiger Beschützer der Kinder. Er ist wachsam, aber nicht aggressiv, sondern eher freundlich.

Schulterhöhe: 75 cm, Gewicht: o. A., Farben: hellgelb mit schwarzer Schnauze und Maske, braungelb mit schwarzem Fang und dunklen Haarspitzen, schwarz mit kleinen weißen Abzeichen.

Fila Brasileiro   Brasilien   FCI-Nr. 225/2.2

Der Fila Brasileiro schützt in Brasilien heute noch große Anwesen, treibt Vieh und jagt Jaguare. Seine Vorfahren gehen sicherlich auf die von portugiesischen und spanischen Eroberern mitgebrachten kampfstarken, doggenartigen Hunde zurück. Später wurden europäische Rassen eingekreuzt. Der Bluthund förderte die Nasenleistung zum Aufspüren von Wild und entflohenen Sklaven. Kraft und imposanten Körperbau dürfte der Mastiff beigesteuert haben. Die auf Gebrauchstüchtigkeit gezüchteten Hunde in Brasilien sind nicht immer reinrassig. Hierzulande achtet man streng auf Rassetyp. 1954 kamen die ersten Filas nach Deutschland. Schutztrieb und Kampfbereitschaft sind dem Fila angeboren. Fremde Menschen akzeptiert er nur in Anwesenheit seines Herrn. Freundschaft schließt er selten! Welpen müssen früh an Menschen und andere Hunde gewöhnt werden, die Schärfe darf nicht gefördert werden, weil der starke Hund sonst außer Kontrolle geraten kann. In der Familie zuverlässiger, freundlicher, umgänglicher, ja zärtlicher Hausgenosse, der freudig lernt und leicht zu erziehen ist. Ein Hund für Menschen, die verstehen mit der Sensibilität und der Schärfe des Hundes umzugehen, ihm engen Familienanschluß gewähren und Zeit für ihn haben. Zuverlässiger Schutzhund für abgelegene, einsame Anwesen.

Schulterhöhe: 75 cm, Gewicht: 60 kg, Farben: alle außer reinweiß, mausgrau, gefleckt oder Merlefaktor oder mehr als ein Viertel weiß. Diverse Vereine im VDH.

Foto: Izakova

| **Saarloos Wolfhond** | Niederlande | FCI-Nr. 311/1.1 |
| **Tschechoslowakischer Wolfshund** | Slowakei | FCI-Nr. 332/1.1 |

Saarloos Wolfhond
Zuchtziel von Leendert Saarloos war ein „Hund" mit den scharfen Sinnen, Vorsicht und blitzschnellem Reaktionsvermögen des Wolfs und der Verbundenheit zum Menschen sowie Lernfreudigkeit des Deutschen Schäferhundes. Der Saarloos Wolfshund ist kein Schutzhund. Welpen müssen sehr früh an Umwelt und Menschen gewöhnt werden. Der Besitzer muß Rudelführer sein, nur dann akzeptiert ihn der Hund und gehorcht. Der einzelne Hund streunt nicht, mehrere ziehen gerne auf eigene Faust los. Der Wolfshund braucht viel Bewegung und Beschäftigung. Er ist nur für gesunde, sportliche Menschen mit guter Kenntnis des Wolfs- und Hundeverhaltens ein reizvoller, wenn auch nie bequemer Kamerad. Schul-terhöhe: 75 cm, Gewicht: o. A., Farben: braun- und graugrundig wolfsfarben, hell cremefarben bis weiß.

Tschechoslowakischer Wolfshund/
Ceskoslovensky vlciak (kleines Foto)
Aus Deutschem Schäferhund und Wolf gezüchteter Diensthund des Militärs. Er ist ausdauernd, temperamentvoll, gelehrig ohne Kadavergehorsam und besitzt blitzschnelles Reaktionsvermögen, scharfe Sinne und ausgezeichneten Orientierungssinn. Fremden gegenüber mißtrauisch, greift aber nicht grundlos an. Die meisten Hunde bellen nicht, sondern jaulen, Hündinnen werden nur einmal im Jahr läufig. Schulterhöhe: 70 cm, Gewicht: o. A., gelblich-, wolfs-, silbergrau.

| **Chart Polski** | Polen | FCI-Nr. 333/10.3 |

Schon im 14. Jh. erwähnter Windhund Polens, der ursprünglich zur Beizjagd gehörte. Vermutlich entstand er aus der Verkreuzung einheimischer Hetzhunde mit tatarischen und asiatischen Windhunden sowie dem englischen Greyhound. Bis ins 19. Jh. war der Chart Polski beliebter Windhund des polnischen Adels, der zu Pferde Niederwild und Wölfe jagte. Danach wurde er nur noch der Tradition halber gezüchtet, was jedoch der II. Weltkrieg und die schweren Nachkriegsjahre beendeten. Zudem wurde 1946 die Jagd mit Windhunden und das Halten von Windhunden auf dem Lande generell verboten. Die Rasse galt offiziell als ausgestorben. Anfang der 70er Jahre wurde der polnische Windhund wiederentdeckt, denn er hatte sich heimlich bei Leuten erhalten, die ihn zum Wildern benutzten, um ihren kargen Lebensunterhalt aufzubessern. Der Chart Polski ist ein ruhiger, angenehmer, liebevoller Hausgenosse, wachsam aber nie aggressiv und geduldig mit Kindern. Er schließt sich eng an seine Bezugsperson an, von der er sich leicht und gerne, jedoch liebevoll, zu einem für Windhunde ungewöhnlich gehorsamen Hund erziehen läßt. Die anderen Familienmitglieder behandelt er freundlich wohlwollend. Ausdauernder, robuster, nicht heikler, rustikaler Windhund von selbständigem, anderen Hunden gegenüber ausgesprochen dominanten Charakter, was die Haltung zu mehreren erschwert. Auf der Rennbahn schnell und ausdauernd. Braucht viel Bewegung, gut geeignet für Jogger, Radfahrer und Reiter.

Schulterhöhe: 75 cm, Gewicht: o. A., alle Farben außer gestromt. Deutscher Windhundzucht- und Rennverband.

Greyhound

Großbritannien   FCI-Nr. 158/10.3

Der schnellste Hund der Welt gilt als Vollblut unter den Windhunden. Der Kurzstreckenspezialist erreicht im Spurt bis zu 100 km/h! Schon die Kelten brachten 375 v. Chr. Windhunde mit auf die Insel. Der Name gibt Rätsel auf, er kann sowohl vom keltischen „grey" = Hund stammen, als auch auf „gazehound" = Sichthund oder „greecehound" = griechischer Hund hinweisen. Windhunde genossen stets die besondere Zuneigung ihrer adeligen Herren, und man findet sie auf Darstellungen der Antike bis zur Gegenwart. Der Greyhound wurde in England seit Ausgang des Mittelalters sportlich beim sogenannten Coursing eingesetzt, bei dem zwei Greys den lebenden Hasen hetzen. Im Trend großer sportlicher Ereignisse begann die Ära der Windhundrennen hinter künstlichem Hasen, bei denen stattliche Summen verwettet werden. Der Greyhound wurde zum Profitobjekt, das während seiner leistungsfähigen Phase zwar bestens trainiert und gepflegt wird, aber todgeweiht ist, wenn es die Leistung nicht mehr erbringt. Greyhounds sind liebevolle, anschmiegsame, treue, ruhige Hausgenossen, die anspruchslos in Haltung und Pflege sind. Sie brauchen unbedingt engen Familienanschluß. Bei liebevoller Erziehung sind sie gehorsame Gefährten. Der Grey benötigt sehr viel Auslauf, doch der angeborene Hetztrieb macht das Freilaufenlassen sehr schwierig. Deshalb sollte man sich einem Renn- oder Coursingverein anschließen, um dem Grey die notwendige Bewegung zu verschaffen.

Schulterhöhe: 76 cm, Gewicht: o. A., alle Farben, Foto: blauer Rüde. Deutscher Windhundzucht- und Rennverband.

| Deerhound | Großbritannien | FCI-Nr. 164/10.2 |

Der schottische Hirschhund ist ein Aristokrat feinsten Adels und vermutlich der reinste Nachkomme der alten Keltenwindhunde. Schottische Clans züchteten ihn mit größter Sorgfalt für die Wolfs- und Großwildhatz im Hochland. Die Hunde sind dem rauhen Klima und Gelände bestens angepaßt. Als 1746 die Engländer die Schotten in Culloden schlugen und die Clans auflösten, war auch die Deerhoundzucht ernsthaft bedroht. Ihr Überleben verdankt sie Sir Walter Scott, dem Dichter des 18. Jh., der alles Schottische in romantisches Licht rückte und populär machte. Im 19. Jh. verewigte Sir Edwin Landseer den Deerhound auf herrlichen Gemälden. Als auch noch Queen Victoria einen Deerhound hielt, war die Rasse gerettet. Trotzdem blieb der sensible Hund in der rauhen Schale immer nur wenigen Liebhabern vorbehalten. Der Deerhound ist zärtlich, aber nie aufdringlich, ruhig im Haus und gehorsam. Draußen zeigt der robuste Langstreckenläufer sein ganzes Temperament und Hetzhunderbe. Die Aufzucht dieser großen Hunde ist teuer und aufwendig, die Haltung des erwachsenen Hundes umso einfacher, wenn ihm der entsprechende Platz, Bewegung und enge Verbundenheit zu seinem Herrn geboten werden können. Jagd-Coursing sollte neben ausgedehnten Spaziergängen oder Ausritten auf dem Programm stehen. Das Rauhhaar ist pflegeleicht.

Schulterhöhe: mind. 76 cm, Gewicht: 48 kg, Farben: Grau- und Falbtöne, gestromt, kleine weiße Abzeichen an Brust und Pfoten erlaubt. Deutscher Windhundzucht- und Rennverband.

| **Komondor** | Ungarn | FCI-Nr. 53/1.1 |

Der Komondor ist der Hirtenhund der hei ßen Grassteppen Asiens, wo er sein panzer-artig verzottendes Haarkleid als Schutz vor extremer Hitze und Kälte ebenso wie gegen Sandstürme und im Kampf gegen Wölfe entwickelte. 1544 wurde der Hund erstmals als ungarischer Hirtenhund bezeichnet. Als in Ungarn weite Steppen urbar gemacht wurden und sich die großen Viehherden nur noch auf die Nationalparks beschränkten, brauchte man den Hirtenhund nicht mehr. Das Interesse der Rassehundezüchter be-wahrte den Komondor vor dem Ausster-ben. Allerdings fanden ihn die Kynologen des 20. Jh. wegen des zottigen Haares denk-bar ungeeignet für eine „normale" Hunde-haltung und gaben den feinschnur-haarigen leichter sauber zu haltenden Hunden den Vorzug in der Zucht. Der Komondor wird jedoch nie ein Hund für „normale" Verhalt-nisse sein, soll er sein uriges Rassebild er-halten. Das betrifft nicht nur sein Zotthaar, sondern auch seinen Charakter. Der ernste, selbständige Hund ist ruhig und würdevoll, aber unglaublich schnell und gewandt im Kampf. Heute noch schützt er in den USA Schafe vor Koyoten. Er ist kein Schmeich-ler und Schmuser und selbständiges Han-deln gewohnt. Daher ist ihm Unterwürfig-keit fremd, was seine Erziehung nicht ein-fach macht. Er gehört nur in die Hände von Leuten, die sich auf ihn einstellen und sich auch der Pflege gewachsen fühlen. Der gro-ße Schutz- und Wachhund eignet sich nicht für ein Leben in der Stadt.

Schulterhöhe: 80 cm, Gewicht: 60 kg. Klub für Ungarische Hirtenhunde.

Pyrenäenberghund	Frankreich	FCI-Nr. 137/2.2
Mastin de los Pirineos	Spanien	FCI-Nr. 92/2.2
Mastin Español	Spanien	FCI-Nr. 91/2.2

Pyrenäenberghund (oben)
In den abgelegenen Bergregionen der Pyrenäen schützen weiße Hirtenhunde die Herden vor Wölfen, Bären und zweibeinigen Dieben. Sie sind hauptsächlich in der Nacht aktiv, beobachten die Herden von übersichtlicher Stelle aus und greifen Feinde sofort an. Sie sind Fremden gegenüber mißtrauisch bis scharf, aber akzeptieren, wen der Herr einläßt. Innerhalb der Familie sind die großen Hunde freundlich, anschmiegsam und geduldig mit Kindern. Die selbständiges Handeln gewohnten Tiere benötigen eine konsequente, einfühlsame Erziehung. Das langhaarige, derbe Fell braucht regelmäßige Pflege. Die robusten Hunde lieben den Aufenthalt im Freien, brauchen jedoch engen Kontakt zur Familie. Schulterhöhe: 80 cm, Gewicht: o. A., Klub für Ungarische Hirtenhunde. Farbe: weiß, graue, blaßgelbe, wolfsfarbene oder orange Flecken an Ohren und Rutenansatz.

Mastin de los Pirineos (rechts oben)
Auf der spanischen Seite der Pyrenäen heimisch, kaum als Schau- und Begleithund gezüchteter, funktionstüchtiger Hirtenhund. Schulterhöhe: 80 cm, Gewicht: o. A., Farbe: weißgescheckt.

Mastin Español (rechts)
Hirtenhund der spanischen Wanderschäfer und Schutzhund großer Anwesen, der während des Bürgerkriegs fast ausgerottet wurde. Der Fremden gegenüber mißtrauische bis aggressive Hund bedarf liebevoll konsequenter Erziehung, in der Familie zuverlässig, ruhig, sensibel. Braucht frühe Umweltgewöhnung und engen Familienkontakt. Leider wird der große, imposante, in Fütterung und Haltung anspruchsvolle Hund schon vermarktet. Schulterhöhe: mind. 77 cm, Gewicht: o. A., Farben: grau, gelb, schwarz, rot, gestromt mit weißen Abzeichen. Club für Molosser.

299

Landseer
Europäisch/Kontinentaler Typ

Deutschland/
Schweiz   FCI-Nr. 226/2.2

Wahrscheinlich vermischten sich die Pyrenäenberghunde baskischer Fischer mit den kleineren, einheimischen Indianerhunden Neufundlands. Die Hunde halfen im Sommer beim Netzeeinholen, brachten Schiffbrüchige an Land, zogen Boote ein und apportierten alles aus dem Wasser, was nicht hineingehörte. Im Winter schleppten sie, in Geschirre gespannt, Holz aus den umliegenden Wäldern. Unter denkbar harten Lebensbedingungen entwickelten sich genügsame, wetterharte Tiere. Im 18. Jh. brachten Fischer die ersten Exemplare nach England, wo der imponierende und gutmütige Hund rasch Freunde gewann. Auf zahlreichen Gemälden schmückten sich die Herrschaften mit ihrem Landseer, der den Namen seinem prominentesten Maler verdankt: Sir Edwin Landseer. Selbst die deutsche Kaiserfamilie besaß diese Hunde. Der große, temperamentvolle, fröhliche Hund darf nicht nervös, scheu oder aggressiv sein. Es ist ausgesprochen menschenfreundlich, liebt Kinder, ist verschmust, anhänglich, verspielt und sollte von klein an konsequent erzogen werden, was bei seiner Lernwilligkeit kaum Mühe macht. Der Landseer ist kein scharfer Wach- und Schutzhund, schlägt jedoch an, weiß überzeugend zu drohen und notfalls auch zu verteidigen. Er benötigt Lebensraum, liebt den Aufenthalt im Freien, braucht jedoch unbedingt engen Familienkontakt. Das dichte Fell muß regelmäßig gebürstet werden.

Schulterhöhe: 80 cm, Gewicht: o. A., Farbe: weiß mit schwarzem Kopf und schwarzen Platten. Diverse Vereine im VDH.

Leonberger	Deutschland	FCI-Nr. 145/2.2

Heinrich Essig, Stadtrat der kleinen schwabischen Stadt Leonberg, war eine begeisterte Züchternatur. Neben Klein- und Federvieh galt sein Interesse der Hundezucht, die er mit zahlreichen verschiedenen Rassen betrieb. Damals genossen solche Züchter-Händler großes Ansehen und dürfen als Begründer der modernen Rassehundezucht angesehen werden. Sein Hund sollte den Löwen im Wappen Leonbergs repräsentieren. Stammeltern waren eine Landseerhündin und ein St. Bernhardsrüde, später kreuzte er einen Pyrenäenberghund ein. Der erste Leonberger wurde 1846 geboren. Essig wußte seine Neuzüchtung gut zu vermarkten, prominente Besitzer waren Kaiserin Sissi, Napoleon III, der Prince of Wales, König Umberto von Italien, Richard Wagner, Bismarck und viele andere mehr. Der Leonberger ist ein ruhiger, nervenfester Haus-, Hof- und Familienhund, der einen besonders guten Ruf im Umgang mit Kindern genießt. Er besticht durch souveräne Ruhe, bellt selten und ist kein ausgesprochener Wachhund, beschützt jedoch zuverlässig seine Menschen und deren Hab und Gut. Überschwengliches Temperament entfaltet er, wenn er sich freut oder ein Spaziergang ansteht. Der große, gelassene, selbstbewußte, gleichzeitig liebebedürftige Hund braucht eine konsequente Erziehung ohne unnötige Härte.

Schulterhöhe: 80 cm, Gewicht: o. A., Farben: löwenfarbig, gold- bis rotbraun mit schwarzer Maske. Deutscher Club für Leonberger Hunde.

| **Mastiff** | Großbritannien | FCI-Nr. 264/2.2 |

Als die Römer auf der britischen Insel landeten, bewunderten sie die riesigen Kampfhunde der Inselbewohner und brachten sie nach Rom in die Tierkampfarenen. Der Mastiff hat eine uralte Tradition als schwerer Jagd- und Schutzhund. Während der beiden Weltkriege drohte die Rasse auszusterben, denn niemand konnte die großen Hunde ernähren. Sie mußte mit Hilfe der Rassen aufgebaut werden, zu deren Schaffung sie selbst einmal beigetragen hatte, so z. B. der Bullmastiffs. Aber auch Deutsche Dogge, Bernhardiner und Neufundländer sollen beteiligt gewesen sein. Bedingt durch Inzucht waren Wesen und Körperbau der Tiere geschädigt, auch heute noch trifft man ängstliche Riesen an. Langsam aber sicher strebt die Mastiffzucht typischen, gesunden Hunden entgegen. Die Zucht ist nicht einfach, besonders die Aufzucht des jungen Mastiff bis hin zum Erwachsenenalter ist aufwendig und teuer. Der Mastiff ist freundlich, gutmütig und ohne Falsch. Er sollte niemals ängstlich oder aggressiv sein. Der ruhige, intelligente Hund ist nicht gerade laufhungrig, braucht aber Platz und Lebensraum. Der sensible Riese läßt sich mit Liebe und Konsequenz leicht erziehen. Er besitzt natürlichen Schutztrieb, ist aber nie unnötig aggressiv. Seine eindrucksvolle Erscheinung und Drohgebärden reichen vollkommen aus, jeden Eindringling abzuweisen.

Schulterhöhe: ca. 75 cm, Gewicht: 75 kg, Farben: apricot, silber, falb, dunkelgestromt, schwarze Maske. Mehrere Vereine im VDH.

| **Deutsche Dogge** | Deutschland | FCI-Nr. 235/2.2 |

Mit doggenartigen Hunden jagten schon die Germanen Bären und Wildschweine. Später war die Haltung der sogenannten Hatzrüden fürstliches Privileg, wenn auch nicht mehr zur Jagd, sondern als Begleiter. Im 19. Jh. fand die Dogge Einzug in die Häuser wohlhabender Bürger, wurde als eine der ersten Rassen zuchtbuchmäßig erfaßt und erreichte hohe Meldezahlen auf Ausstellungen. Fürst Bismarck erhob sie zum „Reichshund". Im Ausland heißt die Deutsche Dogge „Großer Däne", vermutlich um den nicht immer populären Begriff „Deutsch" zu umgehen. Die Deutsche Dogge gilt in ihrer stolzen, mächtigen, doch edlen Erscheinung als der Apoll unter den Hunderassen. Unvernünftige Zucht auf Größe um jeden Preis führt zu anatomischen Mißbildungen, gesundheitlichen Problemen und geringer Lebenserwartung, eine wohlgestaltete Dogge von stattlicher Größe ist jedoch unbestritten ein eindrucksvoller Anblick. Bei einem solch großen und temperamentvollen Hund ist der Charakter von größter Bedeutung. Die Dogge ist sanft, gutmütig und mit liebevoller Konsequenz vom Welpenalter an leicht zu erziehen. Sie muß, um kontrollierbar zu sein, aufs Wort gehorchen und darf nie ängstlich oder aggressiv sein. Der Doggenhalter braucht Platz und Zeit, denn die Dogge will in der Familie leben und braucht viel Auslauf. Die Aufzucht ist wegen des enormen Wachstums aufwendig und teuer. Aufzuchtfehler führen zu lebenslangen Schäden.

Schulterhöhe: mind. 80 cm, Gewicht: o. A., Farben: gelb, gestromt, blau, schwarz, schwarz-weiß gefleckt (Tiger). Diverse Vereine im VDH.

| Türkische Hirtenhunde | Türkei | FCI-Gruppe 2.2 |

Anatolischer Hirtenhund / Coban Köpegi
FCI-Nr. 331 (oben)

Die Hirtenhunde Anatoliens beschützen die Herden vor Wölfen und Dieben weitgehend selbständig. Die imposanten Hunde wurden von Engländern und Amerikanern mit nach Hause genommen und dort weitergezüchtet. Sie sind intelligent und freundlich in ihrer Familie. Sie lernen schnell die nötigen Gehorsamsregeln, doch sie brauchen von klein an konsequente, liebevolle Erziehung und frühe Gewöhnung an fremde Hunde. Zu Fremden mißtrauisch, sehr wachsam mit ausgeprägtem Schutztrieb. Kindern gegenüber geduldige Beschützer, jedoch keine Kinder-Spiel-Hunde! Schulterhöhe: 81 cm, Gewicht: 65 kg, alle Farben erlaubt. VDH.

Kangal / Karabas
(oben rechts)

Nur er hat in der Türkei den Rang eines anerkannten Rassehundes. Er wird im Raum Sivas von Bauern und Militär als Wach- und Schutzhund gezüchtet. Der Export aus der Türkei ist verboten, da er unter „Naturschutz" steht; er wird aber vereinzelt in Europa gezüchtet. Schulterhöhe: 85 cm, Gewicht: 60 kg, Farben: beige oder grau mit schwarzer Maske.

Akbas (rechts)

Diesen eleganten, großen weißen Hirtenhund findet man vornehmlich westlich von Ankara. Er gilt als Vorfahre der weißen europäischen Hirtenhunde. Wird vereinzelt in Europa gezüchtet. Wesensbeschreibung siehe Anatolier. Schulterhöhe: 86 cm, Gewicht: 55 kg, Farbe: rein weiß, Langhaar oder Stockhaar (Foto).

304

Alle Fotos: Kovacova-Pecarova

Russische Windhunde   ehem. Sowjetunion   nicht FCI-anerkannt

Typisch asiatische Windhunde sind der Tazy aus Kazachstan, Turkmenien und Uzbekistan sowie der Tajgan aus der Hochgebirgsregion Kirgisiens. Beide Rassen jagen nicht nur mit den Augen, sondern auch mit der Nase und apportieren kleines Wild. Der Tazy jagt Hase, Fuchs, Wildkatze, Dachs, Reh, Wildschwein und hetzte früher die heute geschützten Gazellen und Geparden. Der Tajgan ist auf typische Gebirgstiere spezialisiert wie Wildschaf oder Steinbock, tötet aber auch den Wolf. Leider sind die Rassen vom Aussterben bedroht, da die Hunde in ihrer Heimat oft verkreuzt werden, zum Teil sogar mit Hirtenhunden. Seit 1984 werden die Rassen in Moskau gezüchtet, jagdlich und bei Rennen eingesetzt. Zuchttiere zur Rettung der Rassen zu bekommen ist schwierig, da nur Rüdenwelpen zur Jagd und Hündinnenwelpen lediglich zum Bedarf der Weiterzucht aufgezo-

gen werden und unverkäuflich sind. Die Hunde sind reserviert, sensibel, unabhängig aber auch liebenswürdig und selbstbewußt.

Tazy (oben): Schulterhöhe: 70 cm, Gewicht: o. A., Farben: grau, rot, blond, weiß, schwarz oder gescheckt. **Tajgan** (rechts oben): Schulterhöhe: 70 cm, Gewicht: o. A., Farben: schwarz, mit oder ohne weiße Abzeichen, rot, blond, grau und weiß.

Chortaj (rechts): entstand vermutlich aus der Verkreuzung der ausgestorbenen tazyähnlichen Krymka und Gorka mit Barsoi und Greyhound. Möglicherweise ist er mit dem Chart Polski identisch. Chortajs jagen heute noch im Gebiet Rostov, Volgograd und Stavropol und werden ebenfalls in Moskau gezüchtet. Schulterhöhe: 75 cm, Gewicht: o. A., Farben: schwarz, schwarz mit loh, rot, blond, weiß, gescheckt.

| **Barsoi** | Rußland | FCI-Nr. 193/10.1 |

Die Vorfahren der russischen Windhunde (Psowaya Barsaya) dürften schon die Tataren aus dem Osten mitgebracht haben. Mindestens seit Beginn der Zarenherrschaft im 14. und 15 Jh. wurde der Barsoi für Hetzjagden auf Hasen, Füchse und Wölfe gezüchtet. Im 18. Jh. waren Hetzjagden mit Hunderten von Barsois und großen Brakkenmeuten prunkvolle Veranstaltungen des Adels. Bei der Oktober-Revolution vernichtete das Volk nahezu alle Hunde des Adels. Der Barsoi drohte in Rußland auszusterben. Inzwischen hatte er aber als Repräsentationsstück in vielen reichen europäischen und amerikanischen Bürgerhäusern Einlaß gefunden, so daß die Rasse überlebte. Sein Wesen zeichnet sich im allgemeinen durch vornehme Ruhe und vorsichtige Zurückhaltung sowie durch Unerschrockenheit aus. Schneller, auf Mittelstrecken ausdauernder Hetzhund. Im Kampf ein gefährlicher, kompromißloser Gegner, der ungeheure Kraft besitzt. Angenehmer, sanfter Haushund, der jedoch reichlich Bewegung braucht. Er bellt wenig und besitzt angeborenen Schutztrieb. Im Vergleich zu anderen Windhunden ist er gut zu erziehen, jedoch nur mit liebevoller Konsequenz und Verständnis, aber ohne Härte. Man sollte ihm gönnen, sein Temperament bei Windhundrennen und Coursing auszuleben.

Schulterhöhe: 82 cm und mehr, Gewicht: o. A., Farben: weiß, gold in allen Schattierungen, rot, schwarz gewolkt mit dunklem Fang, grau, gestromt; einfarbig oder Scheckung auf weißem Grund. Deutscher Windhundzucht- und Rennverband.

| **Irish Wolfhound** | Irland | FCI-Nr. 160/10.2 |

Schon die Römer berichten von riesigen Hunden auf der Insel, die zur Wolfs- und Elchjagd verwendet wurden. Sie waren nicht nur Jagdgefährten, sondern ständige, hochverehrte Begleiter der Häuptlinge und Könige. Trotz Exportverbots der begehrten Hunde im 16. Jh. war der Irische Wolfshund im 19. Jh. praktisch ausgestorben. Ab 1860 schuf Captain Graham mit Hilfe noch vorhandener Reste wolfhoundblütiger Hunde – Deerhound, Deutsche Dogge, Barsoi und einige andere große Rassen – den uns heute bekannten, mächtigen Irischen Wolfshund. Diese ungewöhnliche Hundeerscheinung ist auf dem besten Wege, ein Modehund zu werden – mit allen daraus entstehenden Nachteilen. Irish Wolfhounds werden regelrecht vermarktet, aber kaum eine Rasse ist so anspruchsvoll in Aufzucht und Haltung, wie der irische Riese. Wer Wert auf einen gesunden Wolfhound legt, muß zunächst seine Herkunft sorgfältig und kritisch prüfen, denn die artgerechte Aufzucht ist teuer und aufwendig und darf nie am Profit orientiert sein. Dieser großrahmige Hund braucht Bewegungsraum im Hause und im eingezäunten Grundstück, ausgedehnte Spaziergänge, Fahrradtouren oder Ausritte. Junghunde dürfen nicht überlastet werden, bis Knochenbau und Muskulatur ausgereift sind und brauchen erstklassiges Futter. Der sensible Riese ist sanftmütig, im Hause ruhig und geduldig mit Kindern. Kein Schutzhund! Er braucht engen Familienanschluß. Pflege einfach. Kein Rennbahnspezialist.

Schulterhöhe: 86 cm, Gewicht: o. A., Farben: grau, gestromt, rot, schwarz, weiß, fahl. Deutscher Windhundzucht- und Rennverband.

Erklärung wichtiger Fachausdrücke der Kynologie

Aalstrich: Streifen dunkleren Haares entlang der Wirbelsäule (Mops).

Abzeichen: alle regelmäßigen oder unregelmäßigen Flecken und Farbverschiebungen im Fell.

Afterkralle (Wolfskralle): meist verkümmerte fünfte Zehe an der Innenseite der Hinterläufe; wird bereits beim Welpen entfernt, damit später keine Schwierigkeiten beim Laufen und keine Verletzungsmöglichkeiten gegeben sind. Wird bei manchen Rassen (Beauceron, Pyrenäenberghund) nach dem Standard verlangt und demnach nicht entfernt.

Agility: Geschicklichkeitssport mit Hunden.

Ahnentafel: Abstammungsnachweis des Rassehundes, der vom jeweiligen Zuchtbuchamt ausgestellt wird und über die Herkunft des Hundes Auskunft gibt. Im Volksmund „Stammbaum" genannt.

Albino: Tier mit vererbbarem, unerwünschten Mangel von Farbstoffen (Pigmenten) in Haut und Haaren.

Apfelkopf: runder, apfelförmiger Oberschädel mancher Zwerghunderassen (z. B. Chihuahua).

Apportieren: Bringen von Gegenständen (Wild, aber auch Gegenstände des Herrn), meist auf Befehl.

Art: Angehörige einer bestimmten Gruppe, die untereinander unbegrenzt fruchtbar sind.

Befederung: langes Haar an Ohren, Brust, Läufen, Bauch und Rute.

Behang: Hängeohren (z. B. Spaniel).

Belegen: Decken der Hündin.

Blesse: weißer Streifen vom Schädel zur Nasenspitze.

Blue Merle: vererbbare Farbverdünnung im Haar, aus schwarz wird graumarmoriert, kommt bei einigen Rassen als anerkannter Farbschlag vor (Tiger-Dogge, Collie, Dunker etc.).

Brackieren: Jagd mit Bracken auf niederes Wild (Fuchs oder Hase).

Brand: helle Abzeichen auf dunklem Fell, z. B. gelbe oder braune regelmäßig verteilte Zeichnung auf schwarzem Grund (Dobermann, Rottweiler).

Breitensport: frühere Bezeichnung für Turniersport (siehe dort).

Bringfreude: zeigt ein Hund, der von Natur aus gerne apportiert.

Bringselverweiser: hat der Hund das Gesuchte gefunden (Wild-Jagdhund oder Mensch-Katastrophenhund), kehrt er, mit dem am Halsband hängenden Bringsel im Fang den Fund anzeigend, zum Führer zurück.

Bringtreue: zeigt ein Hund, der zuverlässig apportiert.

Buschieren: Suche nach Wild in unübersichtlichem Buschwerk vor dem Schuß.

CAC = Certificat d'Aptitude au Championat: Anwartschaft auf einen nationalen Siegertitel (z. B. Deutscher Champion).

CACIB = Certificat d'Aptitude au Championat International de Beautè: Anwartschaft auf den internationalen Titel eines Schönheits-Champions.

CACIT = Certificat d'Aptitude au Championat International de Travail: Anwartschaft auf den internationalen Arbeitstitel (für Gebrauchshunde).

Chromosomen: Träger der Erbanlagen; der Hund hat 39 Chromosomenpaare.

Coursing: Ehemals das Hetzen lebender Hasen mit zwei Windhunden. Heute hetzen die Windhunde einen im Zickzackkurs gezogenen künstlichen Hasen, wobei Geschicklichkeit und Schnelligkeit bewertet werden.

Domestikation: Haustierwerdung von Wildtieren und Züchtung zum Nutzen und für die Gesellschaft des Menschen.

Drahthaar: dichtes, kurzes, harsches Haar mit Bart.

Erdarbeit: Arbeit unter der Erde auf Fuchs, Dachs und Kaninchen.

Fährtenhund: speziell auf das Ausarbeiten schwieriger Fährten abgerichteter Hund mit Prüfung.

Fahne: lange Haare an der Rutenunterseite.

Fang: Schnauze des Hundes vom Stop ab.

FCI = Fédération Cynologique Internationle: Internationale kynologische Vereinigung; Dachorganisation von Züchterverbänden und Hundeclubs in der ganzen Welt.

Feder: lange Haare an der Rückseite der Läufe.

Fersenbeinhöcker: Sprunggelenksknochen

Fesseln: Vordermittelfuß

Flanken: Weichteile zwischen Rippen und Keule.

Fledermausohr: breit angesetzte, langgezogene, oben gerundete Stehohren (z. B. Franz. Bulldogge).

Gebäude: Körperbau.

Gebiß: besteht aus 42 Zähnen, und zwar jeweils 6 Schneidezähnen, 2 Fangzähnen, 8 Prämolaren (Vorbackenzähne), 4 (oben) bzw. 6 (unten) Molaren (hintere Backenzähne). Es gibt Scheren-, Zangengebiß, Vor- und Hinterbiß oder Überbiß (s. dort).

Gehör: beim Hund sehr gut entwickelt; steht an zweiter Stelle nach dem Geruchssinn. Vor allem hohe Töne, die das menschliche Ohr nicht mehr wahrnehmen kann, hört der Hund noch.

Geläut: heulendes Bellen jagender Laufhunde.

Gen: Faktor der Erbanlage, ist Teil der Chromosomen.

Geruchssinn: bestentwickelter Sinn des Hundes; kann bei manchen Rassen enorm ausgeprägt sein und unersetzliche Dienste leisten (Spürhunde beim Zoll, Lawinensuchhunde).

Gesichtssinn: nur mäßig entwickelt; räumliches und exaktes Sehen wohl nicht möglich, jedoch größeres Gesichtsfeld und dadurch schnelleres Erfassen von Bewegungen.

Gestromt: Streifenzeichnung im Fell.

Haar: wird meist von Unterwolle und Deckhaar gebildet; je nach Haarbeschaffenheit unterscheidet man Lang-, Kurz-, Glatt-, Rauh-, Draht-, Stock- oder Kraushaar.

Harlekin: durch Merlefaktor gescheckte Hunde (Deutsche Dogge).

Hasenpfote: ovale, flache Pfoten.

HD: Hüftgelenksdysplasie, krankhafte Veränderung der Hüftgelenke.

Hinterbiß: Schneidezähne des Unterkiefers liegen deutlich hinter den Schneidezähnen des Oberkiefers.

Hinterhand: Hinterläufe, Keulen und Hüften.

Hinterhauptbein, Hinterhauptstachel: nach hinten stehende Fortsetzung der Scheitelleiste des Schädels, bei manchen Rassen stark ausgeprägt erwünscht.

Hirtenhund: große wehrhafte Schutzhunde der Herden (z. B. Kuvasz).

Hitze: Brunftzeit der Hündin, im allgemeinen alle 6 Monate.

Hosen: lange Haare an der Rückseite der Keulen.

Hütehund: meist mittelgroße, sehr ausdauernde und bewegliche Hunde, die die Herden zusammenhalten und treiben (z. B. Puli, Border Collie).

Inzestzucht: Paarung nahe verwandter Tiere (Eltern/Kinder, Geschwister).

Inzucht: s. Inzestzucht.

Kampfhund: kräftige, schmerzunempfindliche, leicht in Angriffsstimmung zu versetzende, meist doggenartige Hunde, die zum Kampf gegen andere Tiere gezüchtet wurden (z. B. Bull Terrier, Mastino Napoletano).

Karpfenrücken: hochgewölbter Rücken (z. B. Franz. Bulldogge).

Katastrophenhund: für den Einsatz zum Finden von Menschen in Trümmern oder Vermißten im Gelände ausgebildete Hunde mit Prüfung.

Katzenpfote: runde, geschlossene Pfote mit gewölbten Zehen.

Kehlhaut: lose Haut an der Halsunterseite.

Kehlwamme: s. Kehlhaut.

Kippohr: aufrecht stehendes Ohr mit nach vorne kippender Spitze (z. B. Collie).

Knopfohr: hoch angesetztes, nach vorn fallendes, am Kopf dicht anliegendes Ohr.

Kondition: erworbene Körperverfassung, abhängig von Fütterung, Haltung und Training.

Konstitution: von der Anlage und den Umwelteinflüssen bestimmte Verfassung, abhängig von Art, Rasse, Geschlecht und äußeren Gegebenheiten.

Kraushaar: gelocktes Haar, das zum Verfilzen neigt.

Kruppe: Hinterteil des Hunderückens vom letzten Lendenwirbel bis zum Rutenansatz; gebildet vom Kreuzbein, den beiden Beckenbeinen und den bedeckenden Muskeln.

Kupieren: Kürzen von Rute und Ohren.

Kynologie: (gr. kyon = Hund, logos = Lehre); Wissenschaft vom Hund.

Läufe: Beine des Hundes.

Läufigkeit: s. Hitze.

Langhaar: besonders langes Deckhaar, je nach Rasse mit oder ohne Unterwolle.

Lawinenhund: speziell für das Suchen von Lawinenopfern ausgebildete Hunde.

Lefzen: Lippen des Hundes.

Loh: hell- oder leuchtendbraune Abzeichen im Fell.

Mannschärfe: bei Bedrohung zeigen Hunde Menschen gegenüber Aggression.

Maske: meist dunkler pigmentierte Partie um den Fang (Leonberger, Mops) oder auf dem Schädel.

Merlefaktor: Erbanlage, die Farbverdünnung verursacht und Scheckung im Fell und teilweise oder ganz blaue Augen hervorruft. Paart man zwei Tiere mit Merlefaktor, können verstümmelte oder lebensunfähige Welpen kommen.

Meute: Familienverband, zu jagdlichen Zwecken gehaltene, große Anzahl von Hunden (Foxhounds, Beagles).

Nachsuche: Suchen von angeschossenem Wild auf der Schweißfährte (Blutspur).

Nasenschwamm: Nasentrüffel, vordere Nasenkuppe.

Niederwild: Reh, Hase, Kaninchen, Fuchs, Dachs usw.

Oberkopf: Oberschädel, Hirnschädel.

Ohren: Fledermaus-, Kipp-, Knopf-, Rosen-, Schmetterlings-, Steh- oder Tulpenohr (s. dort).

Paria: echter Haushund, der völlig sich selbst überlassen im oder am Rande menschlicher Siedlungen lebt.

Paßgang: gleichzeitige Vorwärtsbewegung beider Läufe einer Körperseite (charakteristisch für Bobtail).

Parforce Jagd: Jagd zu Pferde hinter der Hundemeute auf lebendes Wild (in Deutschland verboten).

Phänotypus: äußeres Erscheinungsbild.

Pigment: im Körpergewebe vorkommende Farbstoffe.

Platten: großflächige andersfarbige Flecken im Fell.

Ramsnase: im Profil gesehen stark gebogener Nasenrücken (Bull Terrier, Barsoi).

Rasse: Untergruppe einer Art, die alle Individuen mit bestimmten Merkmalen und Eigenschaften umfaßt und diese an ihre Nachkommen vererbt.

Raubzeugscharf: Jagdhunde und Terrier mit starkem Trieb Raubzeug zu töten.

Reibegebiß: ganz dicht aneinander reibende vordere Schneidezähne.

Reinrassigkeit: Rassetypische Eigenschaften werden von reinerbigen Eltern weitervererbt.

Rettungshund: siehe Katastrophenhund.

Ridge: gegen den normalen Haarwuchs wachsender Streifen Fell auf dem Rücken.

Rosenohr: Rückseite des Ohrs nach innen gefaltet, so daß das Innere der Ohrmuschel sichtbar wird; oberer Teil des Ohres nach hinten gebogen (Engl. Bulldog, Greyhound).

Rüde: männlicher Hund.

Rute: Schwanz des Hundes.

Schecken: großflächige Fleckung des Fells.

Scherengebiß: Schneidezähne des Unterkiefers liegen knapp hinter den Schneidezähnen des Oberkiefers.

SchH: Schutzhund, SchH I, II, III = Prüfungsstufen

Schimmel: weißgrundiges Fell mit kleinen, z. T. etwas verschwommenen Flecken.

Schlag: Gruppe von Hunden, die sich innerhalb einer kynologischen Rasse durch besondere Merkmale oder bestimmte Eigenschaften abhebt (z. B. besondere Farben oder Haarlänge).

Schlittenhund: zum Ziehen von Schlitten gezüchtete Hunde vom Spitztyp.

Schnippe: kleines, weißes Fleckchen direkt über dem Nasenschwamm.

Schnürenhaar: langes Haar, das sich abgestorben mit dem nachwachsenden Haar verdreht und lange Schnüre bildet (Puli, Komondor).

Schopf: langes, feines Haar auf dem Schädel (Chinesischer Haarloser Schopfhund, Dandie Dinmont Terrier).

Schur: mit der Schere oder dem Scherapparat In-Form-Schneiden des Haarkleides (Pudel, Bedlington Terrier).

Schwarzmarkenfarbig: dunkles Fell mit hell- oder leuchtendbraunen (lohfarbenen) Abzeichen siehe Rottweiler.

Schweißarbeit: (Schweiß = Blut); Suche des Jagdhundes nach angeschossenem oder verwundetem Wild auf der Schweißfährte; mit ihrem ausgezeichneten Geruchssinn können manche Hunde die Fährte noch nach über 40 Stunden auffinden.

Sprunggelenke: aus den 7 Knochen der Hinterfußwurzel zusammengesetztes Gelenk, von denen das Fersenbein mit seinem Fersenbeinhöcker sichtbar ist. Form und Winkelung sind u. a. bedeutend für die Art der Vorwärtsbewegung.

Spurlaut: Hetzlaut des Hundes, der bellend eine Spur verfolgt, ohne das Wild zu sehen.

Standard: Rassekennzeichen, die vom Zuchtverband des Heimatlandes der Rassen, sofern es dort einen gibt, aufgestellt werden. Er wird durch die FCI anerkannt und ist für das Beurteilen von Hunden dieser Rasse in allen der FCI angeschlossenen Ländern der Erde bindend.

Stockhaar: kurzes bis mittellanges Grannenhaar mit sehr dichter, weicher Unterwolle (z. B. Deutscher Schäferhund).

Stöbern: der Hund verfolgt das Wild in unzugänglichem Gelände ohne Beachtung der Fährte mit hoher Nase und unter Zuhilfenahme von Auge und Ohr.

Stop: Stirnabsatz zwischen Schädel und Nasenbein.

Stromung: dunkle Streifen auf hellem Fellgrund.

Totverbeller: hat der Hund das verendete Wild gefunden, bleibt er dort und ruft durch anhaltendes Bellen den Jäger.

Totverweiser: Hund, der zum Jäger zurückläuft und ihm anzeigt, wo das gefundene, verendete Stück liegt.

Treibhund: Hund, der Herden über lange Strecken von einem Ort zum anderen treibt (Bouvier, Rottweiler).

Tricolour: dreifarbig, meist schwarze Grundfarbe mit weißen und braunen Abzeichen (Sheltie) oder weiß mit schwarzen und braunen Flecken (Beagle).

Trimmen: Ausrupfen abgestorbener Haare, um eine gleichmäßige vom Standard vorgeschriebene Form des Hundes zu erhalten (Foxterrier).

Trocken: in der Kynologie Bezeichnung für einen Hund mit gut anliegender Haut, ohne lose Falten und ohne Fettablagerungen unter der Haut.

Turniersport: sportlicher Wettbewerb von Besitzer und Hund in Gehorsams- und sportlichen Übungen.

Überbiß: die Schneidezähne des Oberkiefers ragen über die des Unterkiefers hinaus.

Unterwolle: weiche, dichte, meist kurze, feine Haare, die der Wärmeisolierung des Fells dienen.

VDH = Verband für das Deutsche Hundewesen e. V.: Dachorganisation der deutschen Hundezuchtverbände.

Verlorensuche: Arbeit eines Jagdhundes, der angeschossenes Niederwild selbständig aufstöbert und apportiert bzw. den Jäger aufmerksam macht, wo das Stück liegt.

Vorbiß: Schneidezähne des Unterkiefers stehen vor den Schneidezähnen des Oberkiefers.

Vorstehen: Eigenschaft bei Jagdhunden, die reglos vor dem aufgestöberten Wild ausharren, bis der Jäger herankommt, typische Haltung dabei: ein Vorderlauf wird angewinkelt erhoben.

Wamme: lockere Kehlhaut.

Wasserfreudigkeit: besonders bei Jagdhunden geschätzte Eigenschaft, wenn der Hund ohne zu zögern auch in kaltes Wasser springt, um z. B. eine geschossene Ente zu apportieren.

Welpe: Junghund bis zum 2. Lebensmonat.

Widerrist: höchster Punkt der Rückenlinie, bzw. des Schulterblattes.

Widerristhöhe oder Schulterhöhe: wird vom Boden bis zum Widerrist in senkrechter Linie gemessen.

Wolfskralle: s. Afterkralle.

Wurf: alle Welpen einer Hündin bei einer Geburt.

Zangengebiß: Schneidezähne des Oberkiefers stehen genau auf den Schneidezähnen des Unterkiefers.

Zucht: gezielte Vereinigung von Rüde und Hündin mit der Absicht, Welpen mit den erwünschten Eigenschaften der Eltern zu erhalten.

Zuchtbuch: wird beim jeweiligen Zuchtbuchamt des Rassehundeklubs (im Ausland durch den nationalen Dachverband) geführt und enthält alle Angaben über jeden Hund, der unter den Zuchtbestimmungen dieses Vereins gezüchtet wurde. Anhand des Zuchtbuchs kann man die Abstammung eines Hundes bis zum Beginn der zuchtbuchmäßigen Erfassung einer Hunderasse zurückverfolgen, und damit auch seine Reinrassigkeit.

Register

314

317

318

West Country Harrier =
   Harrier 144
West Highland White Terrier
   36
Westfälische Dachsbracke 96
Westgotenspitz 48
Westsibirische Laika 186
Wetterhoun 182
Whippet 108
Wildbodenhund † 132

Windspiel = Ital. Windspiel 81
Wolfsspitz 184
Wolfs-Chow = Eurasier 183
Working Sheepdog = Border
   Collie 138
Working Terrier 76

Xoloitzcuintle =
   Mexikanischer Nackthund
   170

Yorkshire Terrier 24

Zapadno Sibirskaia Laika 186
Zwergpinscher 44
Zwergpudel 85
Zwergschnauzer 52
Zwergspaniel 33
Zwergspitz 23

Adressen kynologischer Dachverbände

Australien:
Australien National Kennel
Council
P.O. Box 285
Red Hill South
Victoria 3937
Tel. 00 61/01 53 04 338
Telefax: 00 61/05 98 96 343

Belgien:
Union Royale Cynologique
Saint Hubert
98, avenue Albert Girauddlaan
B-1030 Bruxelles
Tel. 00 32-2/2 45 48 40
Telefax: 00 32-2/2 45 87 90

Bundesrepublik Deutschland:
Verband für das Deutsche
Hundewesen
Westfalendamm 174
D-44141 Dortmund
Tel. 02 31/59 60 96/97
Telefax: 02 31/59 24 40

Dänemark:
Dansk Kennel Klub
Parkvej 1, Jersie Strand
DK-2680 Solrød Strand
Tel. 00 45-56/14 74 00
Telefax: 00 45-53/14 30 66

Finnland:
Suomen Kennelliitto
Finska Kennelklubben
Kamreerintie 8
SF-02770 Espoo
Tel. 00 35-8/08 05 77 22
Telefax: 00 35-8/08 05 46 03

Frankreich:
Société Centrale Canine pour
l'Amélioration
des Races de Chiens
en France

155, avenue Jean Jaurès
F-953535 Aubervillers Cedex
Tel. 00 33-1/49 37 54 00
Telefax: 00 33-1/49 37 01 20

Griechenland:
Kennel Club of Greece
P.O. Box 52825
146 01 Nea Erythrea
Tel. 00 30/16 46 20 83
Telefax: 00 30/16 44 99 95

Großbritannien:
Kennel Club
1 Clarges Street
Piccadilly
London W1 Y8 AB

Indonesien:
Perkumpulan Kynologi
Indonesia (Perkin)
The All Indonesia Kennel
Club
JLN Tanah Abang 111/19
Jakarta Pusat
Tel. 00 62/21 58 26 44

Italien:
Ente Nazionale della
Cinofilia Italiana
Viale Premuda 21
I-20129 Milano
Tel. 0 03 92/76 02 17 06
Telefax: 0 03 92/78 31 27

Japan:
Japan Kennel Club
1-5 Kanda, Suda-cho,
Chiyoda-ku
Tokyo 101
Tel. 00 81-3/32 511 651
Telefax: 00 81-3/32 511 659

Jugoslawien:
Fédération Cynologique
de la République
Socialiste de Yougoslavie
Rue Alekse Nenadovica,
19-23
YU-11000 Belgrad
Tel. 00 38/11 437 652

Marokko:
Société Centrale Canine
Marocaine
Boite Postale 15941
Casablanca Principal

Niederlande:
Raad van Beheer op
Kynologisch
Gebied in Nederland
P.O. Box 75091
NL-1070 AX Amsterdam Z
Tel. 00 31-20/66 44 471
Telefax: 00 31-20/67 10 846

Norwegen:
Norsk Kennel Klub
Nils Hansens vei, 20
Box 163 Bryn
N-0611 Oslo 6
Tel. 00 47/2 65 60 00
Telefax: 00 47-2/720 474

Österreich:
Österreichischer
Kynologenverband
Johann Teufelgasse 8
A-1238 Wien
Tel. 00 43-1/88 70 92/3
Telefax: 00 43-1/88 92 621

Polen:
Zwiazek Kynologiczny
w Polsce
Nowy-Swiat 35
PL-00 029 Varsovie
Tel. 00 48/22 26 05 74

Portugal:
Clube Portugués
de Canicultura
Praça D. Joao Da Camara 4,
3⁰ ESQ.
P-1200 Lisboa
Tel. 00 35-1/19 32 14 78
Telefax: 00 35-1/13 47 86 17

Rumänien:
Asociatia Chinologica
din Republica
Socialista Romania
Calea Mosilor, Nr. 128,
Codul 30334
Of. Postal 37, sectorul 2
Bucarest
Tel. 00 40-40/15 45 23

Schweden:
Svenska Kennelklubben
Rinkebysvängen 70
S-163 85 Spänga
Tel. 00 46-08/7 95 30 00
Telefax: 00 46-08/7 95 30 40

Schweiz:
Société Cynologique Suisse
Langgaßstraße 8
Case Postale 8217
CH-3001 Bern
Tel. 00 41/31 23 58 19
Telefax: 00 41-31/24 02 15

Slowakische Republik:
Slovnska Kynologicka Jednota
Stefanikova 10
SK-81105 Bratislava
Tel./Telefax: 00 42 7/49 22 98

Slowenie:
Kinoloska Sveza Slovenije
Ilirska 27
61000 Ljubljana
Tel. 00 386/61 32 09 49
Telefax: 00 386/61 31 54 74

Sowjetunion:
Frau Neilli Romaschowa
SU-123367 Moskau
Borokoramckoe Mocce
49-14

Spanien:
Real Sociedad Central de
Fomento de las Razas
Caninas en Espana
Los Madrazo 20-26
E-28014 Madrid
Tel. 00 34-1/522 24 00
Telefax: 00 34-1/5 22 51 92

Tschechien:
Ceskomoravxka Kynologickà
Unie
U Pergamenty 3
17000 Praha 7
Holesovice
Tel./Telefax: 00 42 /8 72 22 42

Ungarn:
Magyar Ebtenyésztök
Orszagos Egyesülete
Tétényi ùt 128/b-130
H-1116 Budapest
Tel. 00 36-1/2 03 01 52
Telefax: 00 36-1/1 81 21 53

USA:
American Kennel Club
51, Madison Avenue
New York, N.Y.
10010 USA

Adressen weiterer nationaler
Dachorganisationen, die der
FCI angeschlossen sind, er-
fährt man bei Fédération
Cynologique Internationale
13, Place Albert I
B-6530 Thuin
Tel. 00 32-71/59 12 38
Telefax: 00 32-71/59 22 29

Quellen

Neben persönlichen Erfahrungen, zahlreichen Gesprächen mit Züchtern und Hundehaltern, offiziellen Informationen der Rassezuchtvereine, Veröffentlichungen in internationalen kynologischen Fachzeitschriften sowie Rassemonographien, die alle aufzuführen unmöglich ist, zog ich folgende Bücher zu Rate:
American Kennel Club: The Complete Dog Book, New York 1979
Baumann: Nordische Hunde, Stuttgart 1984
Cavill: All About Spitz Breeds, London 1978
Daub: Windhunde der Welt, Melsungen 1979
Delaix: Los Perros Espanoles, Barcelona 1986
Fleig: Kampfhunde, Mürlenbach 1981
Gebhardt/Haucke: Die Sache mit dem Hund, Hamburg 1988
Glover: Pure Bred Dogs, London 1977
Haseder/Stinglwagner: Knaurs Großes Jagdlexikon, München 1984
Hölzel: Die Deutschen Vorstehhunde, Mürlenbach 1986

Horner: Die Terrier der Welt, Mürlenbach 1984
Jagdhunde: Hamburg 1975
Johnston: Illustrated Guide to Gundog Breeds, Kelso 1980
Kennel Control Councel: Dogs of Australia, Victoria 1984
van Lier: De Brakken, Baarn 1988
Macgregor/Johnston: Illustrated Guide to Hound Breeds, Kelso 1987
Plummer: The Working Terrier, Woodbridge 1978
Räber: Die Schweizer Hunderassen, Zürich 1980
Räber: Schnauzer und Pinscher, Mürlenbach 1987
Sarkany/Ocsag: Ungarische Hunderassen, Budapest 1977
Wynyard: Dogs of Tibet, Rugby 1982
Zahlreiche deutsche und englische Standardwerke des 19. und frühen 20. Jh.